행복의 문을 여는
가족세우기

행복의 문을 여는 **가족세우기**

초판 1쇄 인쇄	2014년 08월 22일
초판 1쇄 발행	2014년 08월 29일

지은이	박병식, 이현주, 하현숙		
펴낸이	손 형 국		
펴낸곳	(주)북랩		
편집인	선일영	편집	이소현, 이윤채, 김아름, 이탄석
디자인	이현수, 신혜림, 김루리	제작	박기성, 황동현, 구성우
마케팅	김회란, 이희정		
출판등록	2004. 12. 1(제2012-000051호)		
주소	서울시 금천구 가산디지털 1로 168, 우림라이온스밸리 B동 B113, 114호		
홈페이지	www.book.co.kr		
전화번호	(02)2026-5777	팩스	(02)2026-5747

ISBN   979-11-5585-327-6 03180(종이책)   979-11-5585-328-3 05180(전자책)

이 도서의 국립중앙도서관 출판예정도서목록(CIP)은 서지정보유통지원시스템 홈페이지(http://seoji.nl.go.kr)와
국가자료공동목록시스템(http://www.nl.go.kr/kolisnet)에서 이용하실 수 있습니다.
(CIP제어번호 : CIP2014025758)

행복의
문을 여는

가족세우기

• 삶을 바꾸는 가족치료 상담서 •

박병식 • 이현주 • 하현숙

북랩 book Lab

추 천 사

청년기를 앞두고 있는 자녀에게 배우자의 조건에 대해 말한 적이 있다.

"결혼 상대를 선택할 때 조건은 한 가지면 된다. 평범한 가정에서 부모 사랑을 충분히 받고 자란 사람, 그 한 가지다. 그런 사람은 '사랑할 준비가 된 사람'으로, 어떠한 역경과 어려움, 갈등 속에서도 쉽게 무너지지 않고 성숙한 가정을 함께 가꾸어 갈 수 있다."

일본의 기독교 사상가 우치무라 간조는 이렇게 말했다.

"가정은 행복을 저축하는 곳이지 행복을 캐내는 곳이 아니다. 얻기 위해 이루어진 가정은 반드시 무너지고, 주기 위해 이루어진 가정은 행복하게 된다."

행복을 캐낸다는 것은 가족사의 결핍을 보상받기 위한 동기에서 사랑하기보다는 사랑받기를 갈구하는 것이며, 행복을 저축한다는 것은 사랑할 준비를 갖춘 자가 사랑을 키워가기 위해 결혼과 가정을 선택하는 것이라 할 수 있다. 가족사의 결핍을 보상받고자 선택한 결혼은 많은 빚을 지고 시작하는 일과 같다. 빚을 갚아야 하는 위치에서 사랑할 준비를 갖추기까지 많은 상처와 아픔을 가족관계 안에서 겪어내야 한다. 그 빚을 갚는 과정에서 서로 실망하고, 가정이 파괴되고, 자아가 무너질 확률이 높다. 더욱이 나와 비슷한 배우자를 선택한 경우에는 그 빚이 배가 되고, 원가족의 고통의 역사를 고스란히 물려받아 재현할 처지에 놓이게 될 수도 있다.

이제 한국사회에도 뿌리를 내리고 있는 가족세우기는 독일인 버트 헬링거 박사가 발전시킨 심리치료 및 영성수련의 한 형태로, 이러한 가족사가 어떻게 전수되는지를 우리 눈앞에 명료하게 보여준다. 헬링거 박사와 그의 한국인 제자 박이호 선생의 문하생으로 가족세우기를 전수받고 오랜 시간 임상에서 실천해 온 지은이들이 그들의 경험을 함께 나누고자 책을 편찬한 것에 대하여 반갑고 고마운 마음이 앞선다. 특히 우리나라 사람의 손으로 이런 귀한 책이 쓰인 것은 축하할 일이다. 가족세우기의 이론과 실제를 이해하려는 많은 사람들에게 좋은 지침서가 될 것이다.

생각이 많다는 것은 생각이 없이 사는 것과 같다. 생각은 많이 하는 것이 아니라 깊이 해야 한다. 생각이 많으면 여러 가지 어지러운 생각들로 생각을 정리할 수 없기 때문에 생각 없이 사는 것과 같은 것이다. 가족세우기는 나의 가족관계를 깊이 생각하고 통찰할 수 있도록 돕는다. 무엇이 가족 관계의 행동을 만들어내고, 그 행동의 이면에 어떤 가족사가 있는지 살펴볼 기회를 제공할 지침서를 펴낸 지은이들에게 아낌없는 감사와 격려를 보낸다.

서동진
(대한상담협동조합연합회 회장, 인간발달상담연구소 소장,
한국상담학회 부부가족 및 초월영성 수련감독)

책머리에

많은 이들에게 "당신은 사랑이 참 많으십니다."라고 말하면, 백이면 백의 사람이 다 말한다. "아니에요. 저는 사랑이 없어요." 나도 사랑이 없는 사람이라고 스스로 생각했다. 적어도 가족세우기를 만나기 전에는.

사랑이 없는 사람이라고 생각한 나는 사랑이 많은 사람이 되려고 무척이나 노력했다. 그러나 그런 사람이 되려고 하면 할수록 나는 더 허전해졌다. 그 이유를 가족세우기를 하면서 알 수 있었다. 고치기 어려운 병을 앓는 아이가 사실은 가족에서 제외된 누군가를 사랑으로 대신하여 앓고 있는 걸 본 순간, 나는 깜짝 놀랐다. 그리고 그 제외된 사람이 가족의 한 사람으로 존중되고 받아들여지자 난치병이 치유되는 걸 본 순간, 더 놀랐다. 우리가 겪고 있는 고통은 사랑이 모자라거나 없어서 생긴 게 아니었다. 사랑이 넘쳐서 그렇게 아팠던 것이다. 나는 그동안 거꾸로 생각을 하고 살고 있었다.

이런 깨달음은 나와 세상을 보는 눈을 바꾸었다. 그러자 이 세상 그 어디에도 허전함이나 외로움, 그리고 원망이나 불평이 있을 곳은 없었다. 이 세상은 사랑이 없는 고통의 바다가 아니라 사랑이 넘치는 행복의 바다이고, '예'와 '고마움'의 천국이었다. 모두가 사랑으로 함께하는 세상이었다. 나에게 오해나 아픔을 준 사람도 사랑으로 그리한 것임을 알고 나니, 이 세상이 참으로 안전하고 따뜻한 곳으로 바뀌었다. 물론 때론 큰 파도도 치지만, 우리가 그 흐름에 나를 맡기면 바다는 늘 우리를 안전한 항구에 이르도록 인도했다. 일체가 은혜요, 일체가 고마움뿐인 세상을 만난 기쁨!

사랑만이 그 중심에 흐르고 있는 세상에 휩싸인 감격! 우리 세 사람은 가족 세우기를 만나 이렇게 아름다운 삶을 만난 기쁨과 감격을 알리고 싶었다.

나는 2009년부터 인터넷 언론매체인 프레시안에서 운영하는 '키워드 가이드'에 가족세우기 관련 글을 쓰기 시작했다. 내가 경험한 이야기, 아내(이현주)가 경험한 이야기를 꾸준하게 싣기 시작했다. 이렇게 쓴 글들과 2004년 원광대학교에서 강의한 글이 1차 원고가 되었고, 이것들을 정리하고 확장한 결과 이 책이 탄생했다. 이 책이 나오기까지 6년의 세월이 걸린 셈이다. 여기에 하현숙 선생님의 경험담과 대학원에서 발표한 글을 손질하여 첨가했다.

1부는 우리들의 이야기 즉, 세 사람의 경험담을 실었다. 가족세우기를 만나기 전과 후의 이야기를 통해 가족세우기가 우리들의 삶에 끼친 영향력을 있는 그대로 쓰고자 했다.

2부는 2004년도에 원광대에서 행한 강의안에 기초한 내용으로서 마음 공부하시는 분들과 나누고 싶은 글이다. 이어서 '나(의뢰인)' 대역 세우기에 대한 내용을 위주로 기술했다. 이를 통하여 '나(의뢰인)' 대역 세우기가 왜 우리나라에 맞는 방식인가를 설명하고자 했고, 진행하는 방법과 청소년을 대상으로도 적용이 가능함을 언급했다.

3부는 가족세우기 통찰의 핵심인 양심과 사랑의 질서에 대한 기술이다. 양심에 대한 통찰은 아주 중요한 내용이다. 양심에 대한 이해는 가족 사이의 평화뿐만이 아니라 조직 내부 및 조직 사이, 민족 사이, 종교 사이에 평화를 이루기 위한 중요한 기틀이다. 그리고 사랑의 질서는 우리가 머리로 아는 지식 너머의 인류의 오랜 생명의 질서의식에 대한 인식을 새롭게 한다. 한편, 몇 편의 치유 사례는 가족세우기와 가족세우기 통찰을 적용한 상담 사례로서 가족세우기를 하고 싶은 분이나 배우고 싶은 분, 나아가 이를 상담 현장에 저용히고 싶은 분들을 위한 내용이나.

4부 낙태에 대한 글은 낙태 후유증에 대한 연구나 상담 사례가 많지 않은 우리나라에 앞으로 보다 많은 연구가 진행되기를 바라는 마음으로 서술했다.

5부에서는 버트 헬링거와 가족세우기의 이해를 돕기 위한 몇 가지 지식을 소개했다. 그리고 가족 공동체계의 얽힘을 풀어지게 하는 생명의 말은 독자들의 가족세우기에 대한 이해를 높일 것이다. 마지막으로 헬링거 방식의 가족세우기가 어떻게 진행되는지 보여주기 위해서 버트 헬링거의 가족세우기 세션 및 사례를 덧붙였다.

먼저 박이호 선생님께 고마운 마음을 보낸다. 그분과의 만남은 내 평생 화두를 푸는 데 결정적인 열쇠가 되었다. 처음 만났을 때 가족세우기에는 도교의 무위사상과 유교의 질서의식, 불교의 인연론 및 기독교의 사랑이 녹아들어있다는 설명을 들었는데, 이 말은 호기심 많은 내 심장에 불을 붙여 놓았다. 그리고 열정과 사랑을 가지고 지도하신 전주 가족세우기 워크샵과 홈페이지에 실린 번역글들은 삶에 대한 깊은 통찰로 나를 이끌었다.

심리치료 영역뿐만 아니라 명상 및 영성 방면에도 적용 가능한 가족세우기를 만들고 발전시킨 버트 헬링거 선생님을 세 차례나 만난 나는 정말 행운아였다. 고마운 마음을 평생 간직하고 싶다.

늘 목사, 시인, 영성가의 길을 묵묵히 가심으로 후배인 나도 흔들리지 않고 늘 오롯한 마음으로 영성의 길을 가도록 코치하신 이병창 목사님께도 고마운 마음을 알린다.

이 책을 쓰도록 격려해주시고 추천사를 작성해주신 서동진 대한상담협동조합연합회 회장님, 옆에서 묵묵히 지켜봐주신 대한상담협동조합연합회 임원 및 조합원들과 전북상담협동조합 임원 및 조합원들께도 고마운 마음을 전한다. 그리고 우리들이 안내하는 전주 가족세우기 워크샵에 참가하여 귀한 사례를 나눠주신 모든 분들께도 고마운 마음을 보낸다. 만날 때마다 책을 쓰라고 재촉하여 용기를 북돋아준 벗이자 요가 및 단식 프로그램 지도자인 다연 김삼곤 씨도 잊을 수 없다.

이 책에는 그동안 가족세우기 워크샵 혹은 가족세우기 통찰에 근거한 개인 상담에 참여했던 수많은 의뢰인(내담자)들의 사례가 있지만, 그들의 사생활을 보호하기 위해 이름을 밝히지 않거나 가명을 썼으며, 어떤 사례들은 내용을 바꾸어 수록하였음을 밝힌다.

2014년 8월
저자를 대표하여
박병식

목 차

I부

눈뜬 사랑으로
이끄는 가족세우기

01 가족세우기란? - 박병식

'가족세우기'는 말 그대로 가족을 가족세우기 마당(장)의 가운데에 세우면서 시작된다. 의뢰인(내담자)이 자신을 포함한 가족(부모님, 형제자매 등)을 대신할 사람을 뽑아 자신의 느낌에 따라 대역代役들을 적당한 자리에 세운다. 때로는 가족세우기 전문가가 대역을 뽑아 세우기도 한다. 이때부터 놀라운 일들이 벌어진다. 대역은 순식간에 내담자의 마음 상태나 몸의 상태를 그대로 느끼고 표현하기 시작한다. 대역이 의뢰인의 정보를 전혀 모르는데도 의뢰인의 상태를 정확하게 표현하는 것을 볼 수 있다. 이와 같은 통찰로 이어서 가족의 대역을 세우면, 가족의 대역은 의뢰인의 가족이 앓고 있는 질병과 똑같은 증상을 그대로 표현하기도 한다.

최근에 우리가 지도했던 가족세우기에서 여자가 자신의 대역으로 남자를 세운 일이 있었다. 그러자 모두 깜짝 놀랐다. 대부분 여자는 여자 대역을 세우고, 남자는 남자 대역을 세우기 때문이다. 아니나 다를까? 이 의뢰인의 부모님은 성 정체성과 성 역할이 아주 모호했다. 그런 가정에서 태어나 자란 의뢰인 역시 성 정체성과 성 역할이 모호했다. 그래서 자기도 모르게 자신의 대역을 여자가 아닌 남자로 선택한 것이다. 가족세우기 장에서는 이렇게 자신의 무의식이 저절로 나타나는 경우가 많다.

얼마 전에 열렸던 가족세우기 워크샵에서는 의뢰인의 아들 대역이

"한쪽 팔과 다리에 힘이 빠진다."고 말했는데, 의뢰인은 자기 아들이 어릴 적에 소아마비를 앓았다면서 "보지도 않고 어떻게 저렇게 내 아들의 몸 상태가 그대로 나타날 수 있느냐?"고 놀란 표정이었다. 또 어린 두 아들이 날마다 치고받고 싸워서 힘들다는 어머니의 고민을 가지고 의뢰인 가족의 대역들을 세운 사례가 있었는데, 갑자기 남편의 대역이 비틀거리며 몸을 가누지 못하고 눈을 게슴츠레하게 뜨고 우왕좌왕하고 있었다. 의뢰인에게 "혹시 남편에게 무슨 일이 있습니까?"라고 물어보았더니, 의뢰인은 자기 남편이 알코올 중독이라고 대답했다. 가족세우기 마당에서는 이런 사례 외에도 무수히 놀라운 일들이 벌어진다.

'어떻게 이것이 가능한가?' 라는 질문에 버트 헬링거 선생은 "심연深淵에서는 모든 것이 같이 흐르며, 과거와 미래가 동일하다. 거기에는 시간이 없고, 단지 공간만이 있을 뿐이다. 가끔 인간은 이 심연과 연결된 상태에 놓인다. 이때 숨겨진 질서들이 나타나 영혼의 큰 부분과 만난다."라고 말했다. 이 질서들은 계속 반복되고 먼 거리에서도 인식되어 '가족세우기'에서 그대로 드러난다고 보는 것이다.

그는 노벨상 수상자인 게르트 비니히(Gerd Binnig)의 『무로부터』라는 책을 인용하면서 '프랙탈 이론'으로도 이 현상을 설명하고 있다. 그 책에는 다음과 같은 말이 있다. "물질과 정신의 진화 이전에 공간의 진화가 선행했음이 분명하다. 이 공간은 질서 있게 균형이 잡혀 있으며, 이 질서는 같은 방법으로 계속된다. 나뭇잎 하나는 전체의 나무와 같이 조직되어 있다. 나뭇잎들은 다르게 보이지만 같은 질서를 가지고 있다." (5부의 3. '가족세우기 이해를 돕는 몇 가지 지식' 참조)

또 화엄경은 "한 티끌 속에 모든 우주가 들어 있고(一味塵中含十方), 무량한 시간이 한 생각에 다 들어있다(無量遠怯則一念)."고 이야기한다. 이처럼 하나에 모든 것이 있고, 한 생각이 바로 무량한 시간이라는 말로도 생각해보면, 이런 현상을 어느 정도 이해할 수 있을 것이다. 같은 에너지장에 들어와 있기에 의뢰인의 대역과 가족의 대역들은 의뢰인과 가족의 상태를 있는 그대로 나타낸다고 볼 수 있다. 물론 이 현실은 의뢰인이 보고 듣고 느끼고 믿는 현실이다.

이렇게 가족세우기에서 가족의 질서가 반복되고 생각 속에 감춰진 진실이 그대로 드러난다. 그리고 생명의 질서에 맞게 가족을 재배치하면서 존중하는 태도와 더불어 그에 알맞은 '가족세우기 생명의 말'을 나누면, 의뢰인과 가족의 삶에 긍정적 변화가 생기기 시작한다. 병이 낫거나 가족 사이가 좋아지거나 자신을 사랑하게 되는 힘이 생긴다. 더 나아가서 대역을 통해 얽힘이 풀어졌다면, 가족세우기에 참석하지 않은 가족도 이 가족세우기에 있는 것과 같은 효과를 얻는다. 그들이 가족세우기에 대해서 전혀 모른다고 해도 말이다.

예를 들면 이렇다. 어떤 중년 여성의 어머니가 위암을 앓고 있었는데, 그녀는 '나도 암에 걸리면 어떻게 하지?'하는 염려 때문에 자신과 어머니의 대역을 뽑아 가족을 세웠다. 어머니의 대역은 배가 아프다고 했고, 이에 딸은 어머니에게 고개를 숙이며 다음과 같이 말했다. "저도 어머니와 똑같이 몸이 아파서 고통받고 삽니다." 그랬더니 몸과 마음이 가벼워졌다고 했다. 이때 이 여성의 어머니는 아들의 집에 있었다. 며칠 후 어머니를 만나러 남동생 집으로 가자 놀라운 일이 벌어져 있었다. 그전에는 식사도 잘 못하고, 돌아다니지도 못하던 분이 갑자기 식사도 맛있게 하고 다른 집으로 놀러가기도 했다는 것이다. 어머니가 전혀 알지 못했는데도 가족세우기가 공간을 넘어서 효과를 발휘했다고밖에 설명할 수 없는 일이었다. 정말 신비스러운 일이 생긴 것이다(이 어머니는 지금도 살아 계신다).

02 가족세우기를 만나기까지 - 박병식

나는 어릴 적부터 성격이 급하고 들떠있다는 지적을 많이 받았다. 그런 말에 상처를 받은 나는 성격개조나 명상이나 내면 관찰, 철학 등에 관심이 많았다. 초등학교 시절 소에게 꼴을 먹이러 산으로 들로 다닐 때 혼자서 명상 같은 걸 시도해본 적도 있었지만, 지도자 없이 혼자 하는 게 쉽지 않아 포기하고 말았다. 또한 내게 큰 기대를 갖고 계신 부모님, 특히 어머니의 기대에 부응하기 위한 학교 공부의 부담감에 떠밀려 그저 월간지 샘터나 철학책을 가끔 몇 권 읽는 것으로 10대를 쓸쓸하게 보낼 수밖에 없었다.

혼돈과 격정의 80년대와 파란만장한 20대 시절을 보내면서, 나는 민주주의와 평화통일, 노동자·농민·도시빈민들의 보다 나은 삶의 실현에 몸과 마음을 바쳤다. 박정희 대통령의 반공정책과 유신헌법으로 국민들의 입과 귀가 막히고, 수많은 형들과 누나들이 감옥에 갇히는 모습이 내 젊은 피를 끓게 했기에 나는 대학교 1학년 때부터 '학생 운동'

에 열정적으로 참여했다.

1979년 10월 27일 아침, 서울 길음동 시장 입구에 뿌려진 호외는 박정희 대통령의 서거 소식을 전했다. 나는 두 눈을 의심하며 보고 또 보았다. 세상에…… 박정희 대통령이 죽다니, 그렇게 강력했던 무소불위의 권력자와 유신체제가 이리 허무하게(?) 무너지다니……. 나는 대학교 2학년 때인 소위 '서울의 봄' 시절 학내 민주화 투쟁에 앞장섰다. 1980년 5월 15일에는 경희대학교 교문 앞에서 서울역까지 시위대 맨 앞에서 태극기를 들고 목이 터져라 민주주의의 회복을 부르짖었다.

하지만 1979년 12·12 쿠데타로 정권을 잡은 전두환 군부 독재 세력에 의해 서울의 봄은 '겨울 공화국'이 되고 말았다. 이에 저항하는 광주 민중들에 의해 5·18 광주민주화운동이 일어나고, 나는 광주에 들어가서 같이 싸울 수 없음을 한탄하다가 학교 측으로부터 무기정학을 통고받았다. 그렇게 때를 기다리던 1980년 9월 9일, 선배들 및 친구들과 함께 군부독재타도를 주장하는 유인물을 뿌리고 시위를 주동하다가, 나는 어쩔 수 없이 도망자의 신세가 되고 말았다. 물론 내 대학생 신분도 무기정학에서 제적처분으로 강등되어 학교에서 영구 추방이 되고 말았다. 나중에 알았는데, 계엄법을 어긴 시국 사건의 수배자인 나를 잡는 형사에게는 두 계급 승진이 보장되어 있었다고 한다. 헐!

도망자가 된 나는 몸이 이끄는 대로 고등학교 친구들이 있는 광주로 갔다. 거기서 친구의 도움으로 전라남도 영광군으로 피신했다. 하도 부모님이 보고 싶어서 집에 몰래 간 바로 그 시각에 형사 두 명이 들이닥쳤는데, 아버님이 "빨리 도망쳐"고 말씀하셔서 순간 기지를 발휘하여 '걸음아, 나 살려라' 하고 뒷산으로 도망을 친 일도 있었다.

훗날 부모님과 형님의 설득으로 자수 형식으로 잡힌 나는 성동구치소에 갇혀서 재판을 받고 집행유예로 풀려나와 집에서 지냈다. 그러다 광주에서 우연히 만난 운동권 선배가 내가 고등학교 1학년 때부터 교회를 다녔다는 말을 듣고, 나와 같이 시국 사건으로 제적된 대학생들을 위한 신학교가 있다며 소개해주었다. 나는 집에 있기도 답답하고, 부모님께 죄송하기도 하고, 평소에 문익환 목사님을 존경했기에 신학을 공부하기로 결심했다. 1982년도 2학기에 입학해서 1984년에 신학교를 졸업했다. 이어서 1년 동안 서울의 어느 교회에서 전도사로 일하다가 지금의 아내와 결혼식을 올리고 노동운동을 위해 경기도 부천으로 내려갔다.

노동운동을 하려고 위장 취업을 했지만, 워낙 작은 회사여서 조직을 이루기 쉽지 않은 탓에 퇴사하고 말았다. 그리고 경기도 성남에서 빈민 목회를 하려다가 공동 주최자가 돈을 가지고 사라져버린 바람에 전재산을 홀라당 날려버리고 말았다. 삶의 의욕을 잃고 마음이 축 처져서 지내는 나에게 아내는 강력하게 목회를 권유했다. 그 말에 마음이 움직여서 1990년 3월부터 전라북도에 있는 농촌교회를 시작으로 목회를 시작했다.

나는 처음에 사회과학과 민중신학으로 무장하여 목회 현장에 뛰어들었지만, 막상 목회 현장에 들어서니 민중신학보다 인간의 내면과 마음에 대한 관심이 커져만 갔다.

시골교회에서 목회를 시작한 지 한 달도 못 되어 귀신 들렸다고 하는 사람을 만났다. 30대 후반쯤 되는 여자였는데, 교인의 시누이라고 했다. 계속 자기 손으로 자기 몸을 때리고 헛소리를 하고 잠시도 가만히 있지 않는다며 내게 기도를 해달라는 게 아닌가?

　나는 그런 사람을 본 적도 없으며, 다른 사람에게 안수기도를 해주기는커녕 직접 받아본 적도 없었다. 어떻게 해야 할지 난감해하는 내 옆에 다행스럽게도 3대째 크리스천이자 모태신자인 내 아내가 있었다. 아내는 다섯 살부터 할머니를 따라서 산 속에 있는 바위에 올라가서 새벽기도를 드린, 화려한(?) 기도 경력의 소유자였다. 거기에 크리스천 고등학교(영어로 미션 스쿨이라고 한다)를 다닌 이력까지 있어서, 아내는 이런 일을 자주 보았다고 했다. 현신애 권사나 이천석 목사가 인도하는 부흥회를 아주 어릴 때부터 할머니나 어머니 따라서 다녔다고 한다. 나는 그런 사람들이 있는 줄을 목회하면서 처음 알았는데…….

　내가 "진즉에 좀 알려주지 그랬어요?"라고 하자 아내 왈, "민중 신학에 빠져서 언제 내 말에 귀 기울인 적 있었어요?" 허참!

　그날 나는 내 아내의 코치를 받으며 귀신을 쫓아내야(?) 했다. 아내는 보혈 찬송가를 많이 부르라고 가르쳐주었다. 그리고 귀신에게 "나가라!"고 명령하라고 했다. 머리에 손을 얹고 강력하게 외치라고 했다. 나는 믿지는 않았지만, 교인들의 눈이 있으므로 어쩔 수 없이 내 아내의 코칭대로 했다. 그런데 이게 웬일인가? 정말로 귀신이 나갔는지 그 여자가 조용해지는 것이었다. 희한한 일이었다. 내게 무슨 믿음이 있었겠는가? '에라, 나도 모르겠다.'는 마음으로 그저 아내가 하라는 대로 했는데 귀신이 나가다니!

　그 일이 주일(일요일) 밤에 있었는데, 수요일 밤에 교인이 그 여자를 교회에 데리고 와서는 "준목님(목사 안수를 받기 전에 목사 고시에 합격한 사람을 한국기독교장로회는 준목이라고 한다. 예수교장로회에서는 강도사라고 불린다), 우리 시누이가 준목님이 기도하시고 나서 많이 좋아졌는데, 아직 귀신이 덜 나간 모양이에요. 한 번 더 기도해주세요." 하시는 게 아닌가? 할 수 없이 나는 그 여자를 가운데 앉히고 교인들이 빙 둘러서서 보혈 찬송가를 계속 부르도록 한 후에, 두 손을 그 여자의 머리에 얹었다. 그런데 갑자기 그 여자의 머리에서 매캐한 냄새가 확 나는 게 아닌가? 나는 '오랫동안 머리카락을 안 씻어서 그런가 보다.'라고 생각하면서 안수 기도와 명령 기도를 드렸다. 그러자 매캐한 냄새가 사라지더니 그 여자의 얼굴에 화색이 돌고 평안해지는 것이었다. 귀신이 완전히 나간(?) 모양이었다.

이런 일을 겪으면서 나는 성경을 새롭게 보기 시작했다. 나는 지금도 귀신을 믿지 않는다. 다만 사람의 마음의 작용이라고 믿는다. 나와 가족, 그리고 교인들의 열렬한 관심이 그 여자의 얼어붙은 마음을 녹였고, 그런 뜨거운 사랑이 살고 싶은 마음을 일으켜서 정상으로 돌아갔다고 믿는다. 태양이 나그네의 외투를 벗긴다고 하지 않는가?

이처럼 신비한 일을 겪으면서도 나는 신비주의에 빠지지 않았다. 귀신 쫓아내는 일에 열중하기 보다는 귀신에게 자리를 허용하는 사람의 마음에 대한 관심이 더 커졌다. 특히 "먼저 네 눈 속에서 들보를 빼어라. 그 후에야 밝히 보고 형제의 눈에서 티를 빼리라(마태복음 7:5)."는 말씀은 내 머리를 떠나지 않고 맴맴 돌고 있었다. 분명히 예수의 가르침도 결국 자기의 마음을 먼저 보고, 남을 판단하고 단죄하는 마음, 즉 들보를 빼라는 말씀이다. 다만 어떻게 남을 판단하고 단죄하는 마음을 다스리고 평화롭게 할 수 있는지에 대한 말씀은 없었다.

어떻게 해야 이 마음을 정화할 수 있을까? 도대체 진정한 회개란 무엇일까? 마음의 정화와 평화, 그리고 깨달음! 뭔지 모를 불같은 열정과 강렬한 호기심은 나를 성경 묵상이나 기도 등 기독교 전통 방식에만 묶어두지를 않았다. 물론 성경 묵상과 기도는 기본이었지만, 동서고금의 경전이나 기독교 성인聖人들에 관한 책들, 그리고 명상 관련 책들도 많이 읽었다. 이때 가장 유명했던 사람들이 바로 '지두 크리쉬나무르티'와 '오쇼 라즈니쉬'가 아닌가 생각한다. 지두 크리쉬나무르티의 저서 『자기로부터의 혁명』은 내게 큰 도전이 되었다. 이 책의 첫 페이지는 이렇게 말하고 있다. "있는 것은 있는 대로 보라."

그는 "자기 인식을 통해서 정신이 정적을 찾았을 때, 그 정적과 침묵 속에서 진실한 실재라는 것이 탄생한다. 또한 그때에야 비로소 한없는 지복과 창조적 행위가 생겨난다."고 했다. 기독교에서는 서로 사랑하라느니, 믿음을 가지라는 말을 자주 하는데, 이처럼 지두의 자기 인식을 강조하는 말들은 기독교 목회자인 나에게 굉장한 충격이었다. 어찌 보면 예수님의 들보를 빼라는 가르침이나 자기 자신을 먼저 이해하라는 지두의 주장이나 비슷한 말로 들렸다. 나는 '어떻게 하면 그렇게 되느냐'에 대한 고민이 컸는데, 책을 보는 것만으로는 풀리지 않는 수수께끼처럼 답답했다.

또한 오쇼 라즈니쉬의 책들을 읽어도 마찬가지였다. 책을 읽을 때는 뭔가 마음에 울림이 있었지만, 책을 덮고 나면 다시 평소의 나로 되돌아가고 말았다. 오쇼가 말하는 명상법들을 가지고 혼자서 시도해보기도 했다. 그러나 별다른 진척이 없었다. 알쏭달쏭의 연속.

1992년도에는 합천 해인사의 일타 스님 방에서 선배 목사님들 및 마음공부 하는 분들과 함께 남방불교 명상법인 '위빠사나(vipassanā)'를 4

박 5일 동안 하기도 했다. 몸의 감각 및 느낌, 그리고 마음의 변화를 알아차려라! 그리고 현상이 일어나기 이전과 일어나 사라진 후의 상태를 관찰하라! 새벽 3시에 일어나 경전을 읽고, 1시간 동안 가부좌 틀고 앉아서 내 마음과 몸의 흐름을 지켜보기, 그리고 약 30분 간 일어나서 천천히 걸으며 몸과 마음의 움직임과 감각을 알아차려라!

솔직히 대부분의 시간이 따분함 그 자체였다. 가끔가다 의식이 선명해지는 체험도 있었지만, 따분함과 고통을 억지로 참고(물론 참는다는 생각도 알아차림의 대상이지만, 늘 그렇게 하려니 지루했다) 하는 방식이었다. 젠장, 이런 명상법은 집을 떠나 산속에 틀어박혀서 사는 사람이나 할 수 있지, 나처럼 속세에 사는 사람이 하기에는 잘 맞지 않는걸? 역시 명상은 어렵고, 마음의 평화를 얻는 길은 쉽지가 않구나……. 깨어있음의 중요성에 대해서는 알겠으나, 마음 관찰이 잘 되지 않은 실망감이란! 참으로 답답했다. 시간이 흐를수록 내적인 갈증은 커져만 갔다.

그러다가 해리 팔머라는 미국 사람의 저서, '뜻대로 사는 길'이라는 부제의 『창조학』이라는 책을 보고 강한 호기심이 발동하여 1995년도에 '아봐타 코스'를 했다. 아봐타 코스에서 안내하는 경험이 잘 되지 않아서 답답했기에 아내와 함께 해보고 싶어서 참여를 설득했다. 아내는 유행성 출혈열을 앓았다가 임사체험을 한 후에 다시 살아나서 몸이 회복이 되었으나, 워낙 출혈을 많이 겪어서 몸에 기운이 없고 눈이 별로 좋지 않던 상태였다. 내가 해보자고 자꾸 조르는 바람에 아봐타 코스에 등록하여 함께 참여했다.

예상대로 내 아내는 나보다 더 아봐타 코스에서 안내하는 대로 잘 따라했으며, 나보다 더 좋은 경험을 하는 것 같았다. 2부 코스가 끝나자 갑자기 세상이 환해졌다며 좋아했다. 눈이 좋아진 것이다. 야! 이런 대단한 프로그램이 있다니! 우리는 없는 돈을 만들어서 1996년도에 더 상위 코스인 '아봐타 마스터 코스'에 참가했다. 그 프로그램을 하던 중, 나는 호흡이 배에 딱 붙어버린 느낌에 사로잡혀서 거의 미쳐버릴 지경이 되기도 했다. 마침 내 근처에서 연습을 하고 있던 내 아내의 도움으로 간신히 풀려나왔던 그 경험은 지금도 잊히지 않는다.

　그 프로그램을 다 마친 후의 내 마음은 마치 천국을 거니는 것처럼 편안하고 행복했다. 나무를 보면 나무와 하나가 되었고, 잎사귀가 흔들리는 걸 보면 마치 내 마음이 춤을 추는 것 같았다. 나는 깨달은 것 같은 착각에 빠지곤 했다. 그런 붕 뜬 삶을 약 1년 정도 살았다. 그러나 시간이 흐르자 예전의 나로 다시 되돌아간 기분이 되었다. 프로그램에서 배운 대로 자주 해보았지만, 더 이상 나아가지 않고 멈춰버린 듯한 생각이 들었다. 그것이 오히려 나를 더 힘들게 했다. 또한 사람을 많이, 그리고 계속 만나야 하는 직업 때문에, 내 눈에 부정적으로 비친 사람의 이미지가 잘 사라지지 않으면 실망감이 컸다. 붓다는 생노병사 뿐만 아니라 좋아하지 않는 사람과 만나는 것도 고통이라고 말했는데, 바로 내가 그랬다. '도대체 어떻게 해야 내 눈의 들보를 빼낼 수 있는 거야?'라는 고민은 계속될 수밖에 없었다.

　물론 그렇다고 내가 아봐타 코스를 폄하하는 것은 아니다. 나는 그 프로그램에서 많은 도움을 받았음을 늘 고마워하고 있다. 특히 1부 '다시 떠오르기'에 있는 '자기 기만에 대한 신호'를 공부하고 적용하는 과정에서 마음공부에 대한 철학이 확실하게 정립된 것과, 신념과 경험에 대한 이해는 그 후의 공부에 결정적인 도움이 되었다. 지금 생각해

보면 그 프로그램에 대한 내 기대가 지나치게 컸던 탓에 실망을 했던 것 같다. 또 켄 윌버(Ken Wilber)는 심리치료 영역과 명상 영역이 다르다고 말했는데, 어찌 보면 나는 먼저 심리치료가 필요한 사람이라고 볼 수도 있다. 아봐타와 아봐타 마스터 코스는 자기의 의식 속에 있는 신념과 신념체계를 탐사하는 프로그램이다. 겸손하게 당시의 내 마음 상태를 보면, 내 자신의 의식 탐색을 위한 준비가 부족했고, 그런 내게 조금 사치스런 프로그램이었다고 생각하기도 한다. 2014년 초에 아봐타 코스의 1부를 다시 참여했었는데, 이해도와 경험의 깊이가 예전보다 훨씬 깊어졌다. 역시 나 자신이 '된 만큼' 보고, 듣고, 느끼고, 체험하는 것이다.

어쨌든 명상의 대가라는 지두 크리쉬나무르티와 오쇼 라즈니쉬의 책을 읽어도, '나는 누구인가?'라는 의문을 가지고 계속 탐구하라는 라마나 마하리쉬나, 또는 '나는 그것이다(I am That).'라는 니사르가다타 마하라지의 책을 읽고 또 읽어도 알 수가 없었다. '의식을 주시하라.'거나 '그대의 본래 상태가 평화이다. 마음이 본래 그 상태를 가로막고 있다.'는 막연한 말은 많이 했어도, 내 고민인 들보를 빼내는 방법에 대한 안내는 거의 없었다. 내 눈의 들보를 빼내는 방법을 안내해주실 분 어디 안 계시나요?

✳

2001년 12월! 나와 친한 분이 천안에서 가족세우기 워크샵이 열리는데 참여하고 싶다고 하면서, 나에게 동참을 권유했다. 그 전에 나는 위에서 말한 아봐타 코스 및 마스터 코스를 경험한 분으로부터 가족세우기에 대해서 좋게 말하는 걸 들어서 호기심이 약간 생겼던 차였다. 하늘 아래 새 것이 있으랴? 하는 생각에 별로 내키지 않았지만, 나는 같이 가기로 했다. 나와 내 아내, 그리고 그분과 함께 참여한 가족세우기! 그때 천안에서 독일에서 6년간 버트 헬링거 선생님에게 가족세우기를 배운 박이호 선생님을 처음으로 만났다.

키가 크지 않은 분이 검정색 외투를 입고 워크샵이 진행되는 방으로 들어오는데, 첫인상은 솔직히 좀 실망스러웠다. 그때 나에게는 명상가나 워크샵 인도자에게 가진 일종의 환상이 있었던 모양이었다. 풍채도 멋있고, 얼굴도 평화스러워 보이고……. 박이호 선생님은 그런 내 환상과는 거리가 조금 있어 보이는, 지극히 평범한 인상을 풍기는 분이셨다. 그러나 워크샵이 진행되면 될수록 가족세우기는 나에게는 충격 그 자체였다. 의뢰인이 박이호 선생님에게 상담 받고 싶은 내용을 말하면, 그분은 대역을 세웠다. 의뢰인의 가족들도 대역을 세우도록 했다. 대역들에게 그냥 서 있으라고 하면서, 몸에서 어떤 반응이 오면 그대로 움직이라고 했다. 그러자 대역들이 움직이기 시작하면서 여러 가지 일들이 벌어졌다.

내 순서가 되었다. 어려서 죽은 작은 형이 그립다고 했더니, 박이호 선생님은 내 앞에(나는 대역을 쓰지 않고 나를 직접 세웠다) 작은 형의 대역을 얼굴이 하늘을 보는 모습으로 눕게 했다. 그러자 나도 모르게 어떤 힘에 이끌려 형(비록 대역이지만)에게로 손을 내밀면서 다가갔다. 그러자 형의 대역은 내 손을 뿌리치면서 모로 드러눕고 말았다. 얼마나 서운하던지……. 그러자 박이호 선생님은 나에게 문장을 따라서 말하라고 했다.

"형의 죽음을 있는 그대로 받아들이고 존중합니다. 아픔과 사랑으로 형을 떠나보냅니다. 형을 부모님의 가슴에 안겨드립니다."

내 눈에서는 나도 모르게 이별의 아픔의 눈물이 주르륵 흘렀다. 그러자 모로 누웠던 형의 몸이 다시 원래 모습으로 되돌아오면서 얼굴도 평안해졌다.

작은 형은 내가 중학교 2학년 때 스스로 목숨을 거두었다. 무슨 일이었는지 정확하게 모르지만, 서울에서 자신의 처지를 비관하여 이생을 하직하고 만 것이다. 그 가슴 아픈 일로 우리 부모님은 엄청난 슬픔을 겪으셔야 했다. 평소에 기관지 천식으로 고생하시던 아버지의 기침 소리는 더 커졌고, 말수는 더 줄어 드셨다. 작은아들을 잃은 어머니의 아픔은 혼자서 하는 넋두리와 한이 되어 내 귀에 못이 박혔다.

"나는 절대로 부모님 속을 썩이지 않을게요. 착한 아들이 될게요. 아버지, 어머니!"

어린 나는 다짐하고 다짐했었다. 그러나 시대의 큰 흐름에 떠밀렸던 나는 결국 시위를 주동하여 계엄법을 어긴 대학생이 되었고, 무기정학을 당하고 제적 처분까지 받았다. 거기에다 경찰에게 쫓기는 통에 우리 부모님의 마음 고생은 말로 표현할 수 없을 정도로 심했다. 형사들은 수배자인 나를 찾는다고 아버지 친인척과 외가집 친인척 집들을 벌집 쑤시듯 쑤시고 다녔다고 한다. 서울에 있는 대학교에 들어간 나는 부모님의 자랑거리요 착한 효자였지만, 이제는 불효자에 부모 속 썩이는 아들이 되고 말았던 것이다.

내 나이 24살에 아버님은 돌아가시고, 어머니는 시골집에서 홀로 농사를 지으시며 살고 계셨다. 어느덧 40대가 된 내게 작은 형의 죽음은 잊힌 지 오래였다. 오직 어머니의 건강하심에 감사하며 자주 찾아뵙지 못하는 죄송한 마음으로 살고 있는데, 25년 전에 죽은 작은 형을 내 무의식은 떠나보내지 않고 있었던 것이다. 그때 나는 알았다. 아직까지 작은 형과 진정한 이별을 하지 못했었다는 것을! 죽어서 안식하고 있는 작은 형을 내가 못 보내드리고 붙잡고 있었다는 것을! (릴케에 의하면, '우리가 어려서 죽은 사람을 두고 한탄하면 그가 가는 것을 방해해서 그를 귀찮게 한다'고 한다.)[1] 그래서 나에게 가끔 삶의 허무가 느껴지고, 죽음에 대한 동경이 있었던 게 어렴풋하게 이해되기 시작했다.

사실 나는 작은 형과 마음으로 이별할 여유가 없었다. 부모님의 슬픔이 워낙 크셨기에 작은 형을 잃은 내 슬픔을 느끼기 전에 부모님 걱정이 더 들었다. 우리 가족과 내 마음의 그런 상태가 가족세우기에서 나타나다니, 나는 놀랄 수밖에 없었다. 나는 한 번도 작은 형의 죽음과 내 감정을 연결 지어 생각한 적이 없었기에 더욱 더 충격이 컸다. '어쩐지 우울감이 내게 자주 찾아온 이유도 여기에 있는 게 아닐까? 그렇다면 사람의 감정은 가족의 감정과 밀접하게 연결되어 있단 말인가?' 이런 생각이 들면서 가족세우기에는 그동안 내가 배우고 경험한 것보다 심오한 무엇인가가 있는 것 같다는 느낌이 들었다. '그래, 좀 더 경험해보자.'

그리하여 나는 2002년 1월에 전북 김제에 있는 기독교농촌개발원을 빌려 내가 아는 사람들을 초청하여 박이호 선생님을 모시고 가족세우기 워크샵을 열었다. 다행히도 처음부터 약 30명이 모여서 성황리에 시작할 수 있었다.

그때 참으로 놀라운 경험을 했다. 6·25 전쟁 때 가족 일부는 경찰이었고, 다른 쪽은 빨치산(partisan)이었던 어떤 가정의 가족세우기를 했다. 가족끼리 서로 원수가 되어 죽이고 죽은 가슴 아픈 사연을 가진 가정이었는데, 박이호 선생님이 가족세우기 방식대로 가족을 재배치하고, 가족세우기 생명의 말을 따라서 하게 하자, 원수처럼 으르렁대던 그 가족의 대역들이 서로 화해하며 얼싸안는 게 아닌가? 살아있는 사람들은 원수네 뭐네 하면서 서로 미워하고 분개하지만, 죽음의 세계에선 이미 화해와 평화의 딴 세상이 펼쳐지고 있었던 것이다.

이를 어떻게 받아들여야 한단 말인가? 살아있는 우리가 지난 옛일에 끼어들어 옳고 그름을 따지고, 누가 가해자고 누가 피해자인가를 가려내는 것보다는 그들 모두의 운명과 아픔에 고개 숙이는 것이 훨씬 더 인류의 평화에 기여한다는 걸 우리에게 보여주고 있다는 생각이 든다. 운동권 출신인 내게는 새롭고 신선한 통찰이었다. 평화는 영혼에서부터 시작해야 하는 것이다. 그래서 6·25 전쟁과 같은 날에 남과 북이 서로 옳다고 비난하고 분노하기보다는, 차라리 같이 슬퍼하는 것이 전쟁을 막고 민족 사이의 화해를 이루며 평화통일을 향해 앞으로 나갈 수 있는 길이라는 생각도 들었다. 한 번도 생각하지 않은 새로운 길이 열리다니, 가족세우기는 개인 문제의 해결을 넘어서서 민족 문제의 해결에도 중요한 지혜를 제공할 수 있겠구나! 이렇게 좋은 거라면 사람들에게 열심히 알려야지, 하는 결심을 했다.

우리는 거의 달마다 워크샵을 열었다. 2005년도 말까지, 적게는 7~8명에서 많게는 30여 명이 모였던 것으로 기억한다. 열릴 때마다 우리 민족이 겪었던 전쟁의 아픔, 보릿고개라는 배고픔의 아픔, 첫째 아내가 아들을 못 낳아서 둘째 아내를 얻다가 생긴 가정 내 갈등과 아픔, 언니만 6명이 태어나 아들을 기대했건만 또 딸로 태어나 부모님이 엄청나게 실망하셔서 죄책감에 시달리는 아픔 등 이런저런 아픔들을 보고 느끼면서, 모두 다 사정이 다르고 아픔의 무게는 다르지만 어려움이 없는 가정은 없다는 걸 알 수 있었다.

돈의 많고 적음, 권력의 있고 없음보다 중요한 건 생명의 질서였다. 부모와 자녀 사이의 질서, 형제·자매 사이의 질서, 먼저인 사람과 나중 사람 사이의 질서, 이런 것들이 화목하고 행복한 가정의 필수 조건임을 알 수 있었다. 일제 침략과 급격한 서구화를 겪으면서 유교의 질서의식이 무너진 우리 사회의 어두운 면 아래에, 그래도 무너질 수 없는 생명의 질서가 도도히 흐르고 있음에 한국 사람으로 태어난 것이 고맙게 여겨졌다.

나는 위에서 인용한 책인 『삶의 얽힘과 풀림에 관한 버트 헬링거와의 대화』를 자주 읽었다. 내용 하나하나가 새롭고 도전적이며 힘이 있었고, 부정하거나 거부할 수 없는 것들뿐이었다. 그와 동시에 이해가 바로 되지 않는 글들도 많았다. "고통받음이 풀어짐보다 수월하다." "악의를 가질 수 없을 만큼 좋은 사람은 관계를 맺을 수 없다." "성장은 죄책감을 동반한다." "죄 지음은 좋은 결과를 가져오기도 한다." 이것들은 그 책의 소제목들 중에서 몇 개를 뽑은 것이다.

◎ 악의를 가질 수 없을 만큼 좋은 사람은 관계를 맺을 수 없다

특히 용서를 강조하는 기독교 가르침에 익숙한 내게 '악의를 가질 수 없을 만큼 좋은 사람은 관계를 맺을 수 없다'는 말은 쉽게 이해가 되지 않았다. 헬링거 선생님은 말한다.

"누군가로부터 무엇을 당한 나는 되돌려주고 싶은 욕구가 생긴다. 복수의 욕구이다. 이것이 충족되면 새 시작이 가능하다. 내가 무엇을 당했어도 용서해버리면, 나는 우월한 위치에 서 있기에 상대는 내게 악의를 품는 것 이외에는 동등한 관계에 이를 방법이 없다. ……보상을 요구함으로써 관계가 다시 맺어질 수 있다." [2]

인간관계를 지속시키기 위해서는 내가 받은 상처보다 덜 주어야 하고, 사랑을 받았을 때는 사랑을 더 주어야 한다고 버트 헬링거 선생님은 말한다.

나는 그동안 성경공부나 설교 시간에 하나님과 사람 사이의 수직적 용서에 대해서는 자주 말했지만, 사람 사이의 용서하고 용서받는 과정이나 관계를 지속시키는 방법에 대해서는 자주 말하지 못했었다. 사실 가정의 부부 사이나 교회의 교인들끼리 다투고 편이 갈라지는 건 하나님이 용서를 안 하시기 때문이 아니라 사람끼리의 주고받기가 제대로 되지 않아서임은 조금만 관심을 가져도 알 수 있다. 이처럼 인간관계는 보상을 할 때에만 사랑이 가능하다는 건 내게 성경을 보거나 부부 사이 또는 친구 사이 등 인간관계를 이해하는 데 중요한 통찰이 되었다.

◎ 성장은 죄책감을 동반한다

또 '성장은 죄책감을 동반한다'도 생각을 많이 하게 된 주제였다. 버트 헬링거 선생님은 그 책에서 말한다.

"부모님으로부터 '너는 착한 아이'라는 칭찬을 받고 싶은 욕구는 순수 무죄의 욕구로서 유아적 욕구이다."

이것이 어릴 때에만 작용하면 괜찮겠지만, 문제는 자라서도, 특히 결혼해서도 이 욕구가 작용한다는 것이다. 그래서 단지 부모님만 보고, 실재하는 현실(아내·남편·자녀)을 보지 못하게 한다. 그런 사람은 좋고 나쁜 것을 구별할 수가 없다. 결국 성장하려면 이 유아적 욕구에서 해방되어야 하고, 해방되기 위해서는 부모님을 떠나야 하는데, 문제는 죄책감을 마주 보고 이 죄책감에 동의하는 게 쉽지가 않은 것이다.

이 글을 읽으면서 나는 우리 부모님께 '너는 착한 아이'라는 소리를 듣기 위해서 얼마나 노력했는지 이해되었다. 그리고 결혼해서도 죄책감을 마주 보지 않고, 죄책감에 동의하지 않고 유아적 욕구에 사로잡혀 있었기에 경제적 사기를 당한 적도 있었다. 특히 내 아내가 시어머니에게 지독하게 시달리도록 방치한 채 나 몰라라 하는 태도로 일관한 것도 바로 여기에 원인이 있었음이 이해되었다.

어머니! 철부지 아들 때문에 얼마나 힘드셨나요? 아, 사랑하는 내 아내는 철부지 같은 남편을 만나 얼마나 고생을 많이 했던가? 아이들은 또 어떻고? 나는 40대가 되어서야 나 자신이 내면에서 성장해야 함을 강하게 자각했다.

그동안 나를 알고 나를 성장시키기 위해 경험했던 많은 프로그램들이 내게 유익했고 어느 순간 나를 행복과 기쁨으로 안내했지만, 여전히 성장이 멈춰있다는 생각이 들었는데, 그 이유는 내가 기본이 약했기 때문이었다. 가족세우기를 통해서 비로소 부모님을 배신한 죄책감에서 해방되어 성장하기 시작했다. 부끄럽게도 40대의 나이에 말이다.

◎ 죄 지음은 좋은 결과를 가져오기도 한다

히브리 성경(구약성경)에 보면 유다의 며느리인 다말이 시아버지를 속이고 삼을 자서 시아버지의 아이(쌍둥이)를 낳는다는 이야기가 있다(창세기 38장). 이 이야기도 이해하거나 설교하기가 쉽지 않은 내용이다. 도덕적으로 도저히 받아들일 수 없는 이야기가 성서에 버젓이 등장하고 있으니, 이를 어찌 해석해야 할까? 독일에 다섯 명의 남자들로부터 다섯 명의 사생아를 낳은 여자가 있다고 한다. 사람들은 도덕을 내세우며 흥분하고 분노할 수 있겠지만, 버트 헬링거 선생님은 말한다. "죄 지음은 가끔 아주 좋은 결과를 가져온다." [3]

어쨌든 아이들이 생겼다. 기독교에서는 태어나고 죽는 게 하나님의 뜻이라고 고백한다. 하나님의 절대 주권의 영역이다. 사람이 어찌할 수 없는 것이다. 그렇지 않은가? 그런데 우리는 태어난 생명에 대해서 인간의 도덕적 잣대 혹은 종교적 교리를 들이댄다. 하지만 그 도덕 위에서 일하시는 하나님은 흔히 쉽게 잊어버리고 만다. 성경의 다말이나 독일의 그 여자는 그녀의 성의 실행과 그 결과를 받아들였으며, 아이들을 잘 키웠다. 이를 통해서 우리는 비난하는 사람들이 가지지 못한 특별한 힘이 그들에게 있음을 볼 수 있다.

이렇게 가족세우기는 내 가치관, 신관, 인간관, 성관, 도덕관에 일대 혁신을 불러오고 있었다.

◎ 들보

잘 생각해보면, 남에게서 자주 보는 허물(들보)는 자기 자신에게 있는 것이라는 사실을 알 수 있다. 물론 자기 자신을 속이기로 굳게 결심한 사람은 인정하고 싶지 않겠지만, 정직하게 조금만 자기의 마음을 살피면 어느 정도 인정하게 될 것이다.

그러면 어떤 사람에게는 남의 허물이 장점으로 보이고, 어떤 사람에게는 단점(들보)으로 보이는 이유가 무엇일까? 혹시 내가 부모님(조부모님·외조부모님)의 어떤 부정적인 모습(내가 받아들이지 않고 제외하거나 거부하는 모습)을 상대방에게 투사하는 것은 아닐까? 술 먹는 남자를 보고 괜찮다고 생각하는 여자가 있을 수 있다. 반대로 술 먹는 남자만 봐도 지긋지긋하다고 생각하는 여자가 있을 수 있다. 그 원인은 무엇일까? 전자의 여자는 어릴 때부터 아버지가 술 몇 잔을 하시고 사랑하는 딸의 뺨에 뽀뽀를 하면서 "어이구, 이쁜 내 딸!"이라고 말할 정도로 사랑을 받으면서 자라지 않았을까? 그리고 그녀의 어머니도 술 드신 아빠에 대한 불평이 별로 없지 않았을까? 후자의 여자는 아버지가 술만 마시면 아이들에게 폭언이나 폭행을 하고, 그녀의 어머니는 그런 아버지의 모습에 정나미가 떨어진다고 하지 않았을까?

내가 아는 어느 중년 부부가 있다. 남편은 가끔가다 밤늦게(대개 밤 12시 무렵) 우리 집에 술을 잔뜩 마시고 찾아와서는 내 앞에서 칼로 누구를 어쩌고 하면서 아주 무서운 소리를 하곤 했다. 그러면서도 술을 너무 많이 마시지 말라고 타이르는 나에게 자기는 절대로 알코올에 중독되지 않았다고 항변했다. 그는 혼자서 술을 마시고 아내가 돈 벌러 다니는 일이나 돕다가 끝에 가서는 그 일마저 망쳐버리기가 일쑤였다. 결국 그 부부는 경제적으로 파산했고, 어쩔 수 없이 이혼을 할 수밖에 없었다. 그러나 그 이혼도 서류상으로만 가능했지, 실제로 남편은 계속 집에 머물면서 같은 일을 되풀이하여 아내에게는 이혼하나마나한 고통스런 상태가 반복되었다.

그 아내는 초창기 가족세우기를 한두 번 참석했다가 별로 마음에 들지 않았던지 더 이상 참석하지 않았다. 내가 "○○님은 사랑이 많아서 그런 아픔을 겪고 계십니다. 그 사랑을 덜어내야 합니다."라고 말하면, "술 먹는 사람은 남편이고, 남편이 문제이다. 술 먹는 남편 때문에 힘든 것은 나인데, 왜 나보고 문제가 있다고 하느냐?"며 가족세우기에 대한 거부감을 보였다. 일종의 저항이었다. 나는 '당신에게 문제가 있다'고 말한 적이 없었는데, 그녀는 그렇게 듣는 것 같았다. 얼마나 힘들었으면 그렇게 들렸을까?

그러기를 1년 정도 지나, 그녀는 다시 우리를 찾아왔다. 나는 가족세우기에 참가하기를 다시 권유했고, 그녀도 동의했다. 며칠 후 열린 가족세우기 워크샵에서 그녀는 남편의 알코올 중독 때문에 정말 살기 힘들다는 이슈를 가지고 가족세우기를 했다. 그런데 놀랍게도 그녀의 친정어머니의 아버지, 즉 외할아버지가 알코올 중독자였다! 외할아버지와 닮은 운명의 사람을 남편으로 만난 것이다. 버트 헬링거 선생님은 이를 '가족의 운명을 같이 짊어지고 가겠다는 각오'요, 원가족에 전적으로 충실함과 관계가 있다고 했는데, 그 말 그대로였다. 그녀는 깊이 머리를 숙여 외할아버지와 친정어머니의 운명을 있는 그대로 받아들이고 존중한다는 코멘트를 따라서 말했다. 가족세우기 직후 그녀의 얼굴에는 평안의 미소가 번지기 시작했다.

그 후에 어떤 결과가 나타났을까? 남편을 보는 아내의 눈이 따뜻해졌을 뿐만 아니라, 놀랍게도 남편의 태도도 엄청나게 많이 변화되었다. 첫째, 술을 많이 마시지 않을 정도의 자제력이 생겼다. 둘째, 가정에서도 착한 남편이 되어서 아내의 일을 열심히 도왔다. 셋째, 그러자 차츰 가정 경제도 좋아지기 시작했다.

아내에게 나타난 알코올 중독자인 남편의 모습(=현상)은 어머니가 거부한 어머니의 아버지·어머니의 운명과 동일시되어 있기에, 외손녀가 거부한 외할아버지의 부정적인 모습(들보로 작용함)이었다. 앞에서 말한 것처럼 남들에게서 자주 보는 허물(들보)는 자기 자신에게 있는 것이라는 가족세우기에서 나타난 통찰이다. 이 들보로부터 어떻게 자유로워질 수 있는가? 우리가 나쁘다고, 비극이라고 생각하여 제외하거나 거부한 그분들의 운명을 있는 그대로 존중하고 동의하여 받아들이는 데에 있다.

여기서 인정 혹은 동의란 무조건 좋게 본다는 뜻이 아니다. 그것을 평가하거나 판단하는 월권을 행하지 않고, 일어난 혹은 있었던 것으로 순순히 인정하거나 동의한다는 뜻이다.

◎ 부모 공경으로 풍성한 삶이 시작되다

다음은 필자와 함께 가족세우기에 참여한 분이 직접 쓴 글이다. 가족세우기가 어떠한 힘을 주는지 보여주는 글이라고 생각되어 여기에 싣는다.

나는 어릴 적부터 '내 정체성'을 찾기 위해 몸부림을 쳤다. 초등학교를 들어가기 전이었으니까 6, 7살 무렵부터였다. 그냥 몸부림을 쳤다기보다는 '생각 키우기 몸부림'이라고 하는 편이 더 옳겠다. 동네를 뛰어 돌아다니며 노는 대신 거울 앞에 앉아서 '나는 누구일까?' '나는 어디서 왔을까?' '나는 어디로 가는 걸까?' '내 인생은 어디쯤 와 있을까?' 하는 물음으로 가득했다. 그래서 여느 아이들처럼 재미있게 놀고, 여기저기 돌아다니던 기억이 거의 없다. 어린이다운 아무런 행동이 없었다. 그 때문인지 나는 운동신경도, 공간 지각 능력도 발달하지 못했다. 초등학교에 갓 입학했을 무렵 운동장에서 아이들이 나에게 마구 모래를 뿌리던 일, 등굣길 도중의 논두렁에 나를 밀어 넘어뜨리던 덩치 큰 남자 선배, 2학년 때 나를 몹시도 괴롭히던 남자 짝꿍, 고학년이 되어서도 나를 놀려대던 남자 아이들이 몹시도 싫었던 기억만이 초등학교 시절을 회상할 때마다 떠오른다.

그렇게 자라서 대학교를 졸업했고, 직장에 들어갔고, 결혼을 했고, 딸과 아들을 낳았다. 그럼에도 불구하고 일상에서 아무 것도 행한 기억은 없고, 여전히 나는 정체성 문제로 '생각 키우기'만을 반복해댔다. '어떻게든 삶이 무엇이라고 결정이 나지 않으면 아무

것도 하지 않으리라' 하기를 30여 년 간 계속했고, 나는 기쁨이 아닌 부단감으로 결혼생활과 아이들 양육과 직장일 등의 일상을 살아갔다.

연역적 삶을 추구하던 나에게 일상의 소소한 경험들은 하찮고 귀찮기만 한 것들로 여겨져서 어디서 힘 얻을 데도 없었고, 결국 심한 우울증을 앓고 말았다. 아이들의 아빠는 밤마다 나를 의심하거나 괴롭히기 일쑤였고, 난 불면증에 시달려서 밤을 거의 하얗게 지새고는 다음날 출근을 하곤 했다. 내 아이들 둘은 마치 5, 6명이 있는 것처럼 늘 시끄럽게 떠들고 싸우고 주의 산만하게 들떠 있는 상태가 지속되었다(저들 엄마의 마음이 그러니, 저들 마음이야 오죽했으랴?). 게다가 건강도 극히 나빠져서 나는 모든 것을 다 버리고 딱히 죽을 수밖에 없다는 생각까지 이르러 자살을 결심하였다. 이런 나를 어떻게든 살리려는 친정어머니의 마음은 정말 간절하셨다. 무당인 이모에게 굿을 해보기도 하셨다. 그러다가 친정어머니의 친척이 소개한 목사님을 만나 새로운 교회를 다니기 시작하였고, 마지막이라는 심정으로 아봐타 코스라는 프로그램에 매달려 보았다.

2001년 8월 그 뜨겁고 끈끈하던 여름날, 서서히 살아난 내 감각은 나를 구름 위에 떠서 살게 하였다. 해바라기 꽃잎 한 잎 한 잎 살아서 나에게 메시지를 주던 그 해바라기 가득한 마당을 잊을 수가 없다. 그해 가을, 바닷가의 모래가 준 부드러움과 갈매기 울음소리를 처음 마주쳤다. 갯벌 냄새와 생명력도 처음 느꼈다. 난 서른일곱 해를 살고 나서야 처음으로 바닷가 모래밭을 맨발로 걸어

보았다. 발바닥에 모래 묻는 게 싫어서, 감기 걸릴까 두려워서 모래와 바람의 감각도 제대로 모르고 살았었다.

하지만 차츰 시간이 지나면서 뭔지 모를 집요한 끈질김 — 외로움이나 공허함과 같은 — 이 조금씩 나타나기 시작하였다. 그때 『지금여기』라는 잡지에서 '가족세우기'를 보았고, 나는 강렬한 빛이 나를 관통하고 지나감을 느꼈다. '내가 살 길은 바로 이 프로그램이구나.' 싶어 참석하길 원했다. 그러나 프로그램의 특성상 십여 명 이상이 모여야 구성되는데, 참가 인원이 적어 그 해를 넘기고, 이듬해 1월에 목사님과 사모님, 그리고 나까지 셋이서 천안으로 가서 드디어 '가족세우기'를 하였다.

거기서 나는 아주 어려서 죽었기에 생각지도 못했던 동생들의 죽음이 내 감정에 깊은 영향을 끼치고 있음을 보았다. 신기하고 놀라운 경험이었다. 가족에게 일어난 지난 일들이 지금 내 운명과 감정에 영향을 끼치다니……. 그로부터 1년여에 걸쳐 거의 매달 목사님과 사모님이 조직하고 박이호 선생님이 지도하는 가족세우기에 참가했다. 조상들의 운명이 나도 모르게 내 삶에 깊이 관계되어 있음을 보고, 고개를 숙이고 가족세우기에서 하는 '으뜸느낌 문장들'을 따라서 말했다. 내가 나도 모르게 사랑으로 끌어들였기에 힘들어하는 그 얽힘으로부터 자유로워지기 위해 말한 '으뜸느낌 문장들'은 내게 현실을 받아들이고 인정할 수 있는 힘을 주었다. 죽음은 어떠한 죽음이든 평온의 세계이고, 그것은 내가 관여할 바가 아닌 신의 영역이라는 통찰을 준 것이다.

서서히 내 아이들이 눈에 들어왔고, 여느 어머니들처럼 악다구니 아줌마가 되기도 했다. 그전에는 거의 관심도 없었던 아이들 공부에도 마음이 가서 공부하라고 소리를 지르기도 했고, 그전에는 신경조차도 쓰지도 않던 낡은 가구들이 눈에 들어와 새것으로 교환하기도 했다. 사회적 친교를 위해 플루트 연주도 시작했고, 나하고는 상관없었던 승진에도 관심을 가지게 되었다. 자연스럽게 내가 하는 일에도 더 많은 관심과 사랑이 흘러 들어감을 느낄 수 있었다. 또한 아이들 아빠가 그동안 나에게 했었던 의심이나 지나친 간섭이 없어지는 놀라운 변화가 있었다. 이제 사방을 휘둘러보아도 크게 거리낌 없는 일상이 되었다.

그리하여 낱낱의 일상이 풍성해졌고, '왜 살아야 되는지' 몰라도, '내가 누군지' 몰라도, 내가 해야 할 일을 하나씩 함으로써 서서히 나를 알아가게 되었다. 이제 와 되돌아보면, 내 나이 7살 때 친어머니가 돌아가시고 그 죽음을 확인도 못한 채 새어머니와 살면서 치를 떨었을 친정아버지의 외로움과 힘듦을 맏이인 내가 '생각 키우기'의 형태로 짐작했던 것 같다. 즉, 친정아버지의 그 외로움과 힘듦을 내가 나도 모르게 대신했다고 볼 수 있다. 각종 난리와 전쟁 때 죽은 조상들의 억울함을 덩어리째로 앉고 살길 원했었다. 저 깊은 내 가족 무의식에서! 몹시 교만하게도 명목은 '내 정체성을 찾아서'라고 포장하면서.

그러나 그러한 시간들이 있었기에 지금 내 삶의 역량은 깊어졌고 힘이 생겼다. 내 자신에게 빠져 잘 돌보지 못했음에도 불구하고 우리 아이들은 잘 커 가고 있다. 그저 고마울 뿐이다. 지금의 나를 묵묵히 기다려준 남편에게도 고마운 마음뿐이다. 지금도 나는 부모님을 알아가고 받아들이는 과정 속에 있지만, 나는 확신하고 있다. 내 내면이 자라고 풍성해지고 있음을. 부모 공경은 곧 나를 사랑하는 길이다.

◎ 간질이 치유되다 (1)

내가 아는 분 중에 우리를 믿고 처음부터 가족세우기에 적극적으로 참여한 부부가 계셨다. 이 부부의 둘째 아들이 바로 그렇게 고통스럽다는 간질을 앓고 있었다. 아주 어릴 때부터 말이다. 이 부모님은 가족세우기에 참여하면서 아들의 질병이 치유될 것을 철썩같이 믿었다고 한다. 우리가 운영하는 가족세우기였기에 신뢰가 컸다고 말했다. 그리고 바로 약을 끊어 버렸다. 약을 먹으면 후유증이 너무 크기에 먹이기도 힘들었지만, 이왕 약 없이 치유하기로 마음을 먹은 이상 그대로 두고 치유하자는 용기였다. 아들을 끔찍이도 사랑하는 훌륭한 부모님이었다. 그리하여 차츰차츰 간질이 좋아지고 있었다.

2004년 3월 3일, 드디어 버트 헬링거 선생님이 한국에 처음으로 방문하셨다. 우리는 박이호 선생님을 도우면서 헬링거 선생님의 한국 방문 가족세우기 워크샵이 성공리에 진행되기를 바랐다. 이 행사에는 감사하게도 격월간지 『지금여기』를 펴내는 미내사클럽이 협찬했다. 아래는 그때의 가족세우기 홍보글이다.

Hellinger 선생님 초청 한국 워크샵

Hellinger 선생님은 가족세우기의 모든 참가자들을 표면적이고 통상적인 것을 넘어서는 앎의 길로 이끕니다. 이 길은 삶이 근원의 힘과 화음을 이루도록 준비하게 하고, 가능하게 하며, 동반하는 통찰의 길입니다. 그러기에 이 워크샵은 직업상 남을 도우는 사람들뿐만 아니라 자신을 위해 결정적인 새로운 것을 경험하려는 분들을 위한 모임이기도 합니다.

가족세우기는 Hellinger 선생님에 의해 지금도 계속 발전해 가고 있는, 사람 간의 문제를 풀어주고, 치료하고, 화해를 하게 하는 하나의 방법입니다. 이때 지금까지 우리가 닿을 수 없었던 깊이가 보입니다. 운명적인 얽힘과 인간관계를 고착시키는 보이지 않은 형태들이 나타나 풀리기도 합니다. 많은 병들에 관한 의문과 원인들에 대한 해답과 함께 치료를 받기도 합니다.

우리 모두는 우리가 원하지 않는 것을 하기도 하며 할 수 없는 것을 하려고 합니다. 우리는 우리 내면의 엄청난, 어찌할 수 없는 충동에 이끌려서 우리에게뿐만 아니라 다른 사람에게도 상처를 주고, 희생을 하고 희생을 강요하기도 하며 외롭고 불행한 삶을 영위합니다. 가족세우기는 우리의 이러한 삶이 우리가 알지도 못하는 사람들을 위한 맹목적인, 주술적인 어린아이와 같은 깊은 사랑의 표현이라는 것을 보여줍니다.

가족세우기에서 우리는 대역을 세웁니다. 대역들을 세운 곳에는 에너지장이 형성되고 대역들은 실제 사람들의 본질적인 면을 드러냅니다. 거기에서 우리는 우리가 이제까지 설명할 수 없었던 마음이나 몸의 아픔에 대해 깊은 이해와 명쾌함을 얻습니다. 직접 가족세우기를 하지 않고 단지 정신을 차려 참가한 것만으로도 모두 치료와 힘과 통찰, 그리고 자신의 힘의 원천의 통로를 찾아, 남은 삶을 위한 성장의 충동과 깨달음을 경험합니다.

* 일시: 2004년 3월 3일 오후 2시~3월 4일 오후 6시
* 통역: 박이호 선생님
* 참가비: 14만 원(숙식 각자 해결)
* 장소: 서울 여성프라자(지하철 1호선 대방역 하차 30미터)

이날 가족세우기의 하이라이트는 앞에서 말한 간질로 고통 받는 아들을 둔 가족의 가족세우기였다. 내가 바로 그 가족의 증조할아버지 대역을 서기도 했다. 물론 그 아이는 집에 있었고, 아버지가 대신 가족세우기를 했다. 그리고 가족세우기가 끝난 후 미내사에서 인터뷰가 있었다. 다음은 인터뷰가 거의 끝날 무렵의 내용이다. 4)

미내사: 가족세우기의 효과는 천천히 오는 것이 아닙니까?
Hellinger: 간질을 가진 아이의 아버님이 오늘 가족세우기를 했습니다. 그분은 집에 가면 벌써 변하고 있는 아이를 볼 것입니다. 가족세우기는 바로 효과를 미칩니다. 어떤 분이 가족세우기에서 말씀했습니다. "아버님과 8년

동안 연락이 두절되었습니다." 가족세우기를 끝내고 집에 가자 시버님의 전화가 왔습니다. 가족세우기에서 작용하는 것은 당사자에게 같은 순간에 작용합니다. 그러기에 집에 가서 설명할 필요가 없습니다. 그것은 <u>스스로</u> 작용합니다.

또 하나의 이야기를 해드리겠습니다. 어느 부인의 가족세우기 도중 부인의 아버님의 대역이 멀리 다른 분을 주시하고 있었습니다. 아버님에게 옛 애인이 있었다는 것이 가족세우기에서 드러났습니다. 집에 돌아간 부인은 아버님에게 옛 인연에 대해 질문했습니다만, 아버님은 그런 일이 없었다고 했습니다. 몇 주가 지나 우크라이나에서 이분들이 사는 독일로 전화가 왔습니다. 어느 부인이 아버님을 찾는 전화였습니다. 아버님은 2차 전쟁 중 우크라이나에 주둔하셨는데, 거기에서 한 여인과 사랑에 빠졌던 적이 있습니다. 지금도 그 여인은 아버님을 사랑하고 있었습니다. 아름다운 일이 아닙니까? 가족세우기의 덕택입니다.

인터뷰 끝에서 이야기한 헬링거 선생님의 말처럼 진짜 그랬다. 간질로 고통받는 아이의 치유를 위해서 가족세우기를 했는데, 집에 가서 보니 진짜로 많이 변해 있었다. 그때의 놀라움과 경이로움이란 이루 말로 표현할 수 없었다. 시간이 흐르자 옛날만큼 심하지는 않았지만 다시 재발이 되기도 했다. 그러나 결과적으로 완치되었다. 어떻게 해서 완치가 되었을까?

바로 어머니의 간절함이 있었기에 가능했다. 그 아이의 어머니는 아이의 간질이 다시 재발하자 당황하면서도 결코 포기하지 않았다. 비록 재발되었지만, 증상이 이전보다 약한 것을 확인하자, 완쾌된다는 믿음을 가지고 기도하며 우리와 함께 계속 가족세우기를 진행했다.

그리고 나는 그 아이의 부모님이 가족세우기에서 말하는 행동을 실천하도록 격려했다. 먼저 부부 사이에서 제대로 주고받기가 이루어지도록 했다. 그동안 아픈 아이에게 신경 쓰느라고 부부 사이의 주고받기가 제대로 되지 않고 있었다. 그래서 아픈 아이만 보지 말고, 부부가 서로를 보도록 안내했다. 부모 됨(부모 역할 잘 하기)보다 부부 됨(부부 사이가 더 좋아지고, 주고받기의 조절이 잘 되는 것)이 우선임을 역설했다. 다행스럽게도 그들은 우리의 말을 신뢰하고 따라주었다.

그러자 자연스럽게 아이의 아버지가 그동안 겪었던 자기 어머니(아이의 할머니)와의 순수한 무죄 의식에서 해방되기 시작했다. 어머니와 아내 사이에 불화가 생기면 그전에는 무조건 어머니 편을 들었는데, 이제는 아내를 위해 어머니에게 할 말을 하는 아들이 되어가고 있었다. 심지어는 어머니께 화를 내는 게 꿈도 꾸지 못할 일이었는데도 이제는 가끔 의견이 다르면 화를 내기도 했다. 물론 며칠 지나면 잘못했다고 싹싹 빌기는 하지만, 무조건 착한 아들이 아닌, 한 아내와 자식들을 둔 아버지로서의 힘을 회복해 가고 있었다. 한 번 불효자가 되어야 영원한 효자가 되고, 아버지와 남편으로서의 자리를 잡는 법이다.

그렇게 그 가정이 안정되어 가자 아이의 건강이 좋아지기 시작했다. 약을 먹는 횟수가 줄어들고, 양도 줄어들기 시작했다. 그러자 키도 쑥 쑥 크기 시작했다. 어느 날 눈을 떠보니 그 아이는 건강한 청소년으로 자라고 있었다. 약과의 이별, 건강과의 만남! 이렇게 그 아이는 다 자라서 어엿한 청년이 되었다.

이런 힘든 과정을 함께 기도하고 안내하며 지켜보았던 나는 가족세우기가 요행으로 병을 고치는 것이 아님을 보았다. 물론 가끔 그런 기적이 일어나기도 하지만, 핵심은 아이의 어머니의 간절한 마음이요, 부부 사이가 좋음이요, 부모가 원가족으로부터 정서적으로 독립해야 하는 것이었다. 기적은 그런 여러 가지 요소들이 창조적으로 작용할 때 이루어지는 것이거늘. 하늘은 스스로 돕는 자를 돕는다.

◎ 간질이 치유되다 (2)

한번은 이런 일이 있었다. 어떤 모임에서 내가 청소년들 대상으로 강의를 하고 있었다. 그런데 강의를 듣고 있던 한 남학생의 고개가 갑자기 옆으로 젖혀지는 게 아닌가? 강의를 듣다가 조는 사람들의 고개는 주로 앞으로 떨어지는데, 그 학생은 그게 아니었다. 나는 '조는 건 아닌 것 같고, 무슨 일이지?'라는 생각이 들어 그 이유가 궁금했지만, 강의를 계속할 수밖에 없었다. 강의가 끝난 후 점심식사를 마치고 나는 그 남학생을 잘 아는 학교 후배에게 그 학생의 병력에 대해서 물어보았더니, 간질을 앓고 있다고 했다. 나는 그 학생을 따로 불러서 물어보았다.

"네 집안에 무슨 일이 있었는지 말해주겠니?"

"제 어머니는 몸이 아파서 거의 드러누워서 지내시고, 아버지는 군인이서요. 그래서 어머니를 돌보실 시간이 없으셔서서 참 고민이 많으신 거 같아요."

"저런……. 네 어머니와 아버지께서 고생이 많으시구나. 어머니는 언제부터 그렇게 누워 계셨니?"

"저를 낳으시고 얼마 후에 중풍으로 쓰러지셔서 지금까지 누워 계셔요."

그래서 내가 "혹시 네 외가에 대해서는 아는 게 없니?" 라고 다시 묻자,

"무슨 일이 있었는지는 모르지만, 제 외할아버지를 동네 사람들이 돌팔매질을 해서 죽인 후 저수지에 빠뜨렸대요. 그 후로 제 어머니 집안에 우환이 끊이지 않았다고 어렴풋이 들은 것 같아요."

"쯧쯧……. 그런 가슴 아픈 일이 있었구나."

나는 그 학생의 말을 듣고 '그 누구의 잘못이거나 저주를 받아서가 아니라, 우리나라는 전쟁이 많았던 나라여서 이런 일들이 쉽게 일어나는구나.'라는 생각이 들어 안타깝기 그지없었다. 그 말을 듣고 그 학생의 얼굴을 보자 수심이 깊고, 어딘가 불만이 많아 보이고, 화를 꾹 누르고 있는 것이 보였다.

나는 그 학생이 살해당한 외할아버지와 외할아버지를 살해한 동네 사람들 사이에서 자신도 모르게 심한 갈등을 겪고 있는 것 같다는 생각이 들었다. 우리나라의 시골은 상당수가 집성촌으로서 동네 사람들이 삼촌, 사촌, 오촌 당숙, 육촌 등으로 얽혀 있음을 시골 출신인 나는 짐작할 수 있었다. 그래서 나는 그 학생에게 이렇게 말했다.

"네가 할 수 있는 유일한 일은 그 사건을 있는 그대로 받아들이는 일 뿐이야. 네가 힘들게 산다고 해서 과거의 아픔이 사라지거나 사건이 바뀌지는 않잖아? 그렇지? 어때, 내가 하는 말대로 따라서 해보겠

니? 고개를 깊이 숙이고 몸에서 힘을 빼라."

그리고 그 학생에게 몇 마디를 따라하도록 시켰다.

"엄마, 저도 엄마와 똑같습니다. 저도 엄마처럼 고통을 즐기며 이렇게 삽니다. 이제 더 이상 엄마 일에 상관하지 않습니다. 이제 저는 제 안에 있는 살인자와 살해당한 자를 그대로 받아들고 존중합니다. 저는 엄마의 아들일 뿐입니다. 엄마는 크시고 저는 작습니다. 엄마는 주시고 저는 받습니다. 엄마 옆에는 항상 아빠가 계십니다. 사랑으로. 엄마, 고맙습니다."

이와 같은 가족세우기 생명의 말을 따라서 한 그 학생의 얼굴 표정은 맑아지고 밝아지고 평안해졌다.

그 학생의 후배 말에 의하면, 그 학생은 학교에서 평소에 고분고분하고 착한 아이로 소문이 났고, 선생님들의 심부름도 잘 했다고 한다. 그 말이 떠올라서 나는 다시 물어보았다.

"너, 선생님이 심부름을 시키실 때 기분이 어땠어? 좋았어? 안 좋았어? 솔직하게 말해줄래?"

"기분요? 별로 좋지 않았지만, 선생님들께 인정받고 싶어서 앞에서는 '예' 했어요. 하지만, 뒤돌아서는 순간에 죽여 버리고 싶은 생각도 들고, 그러는 내가 싫기도 했어요. '내가 이러면 안 되는데' 하지만, 그런 생각이 드는 저를 제 스스로 달래면서 그냥 살았던 거 같아요. 그리고 지금 와서 말하지만 뾰족한 물건을 보면 찔러 죽이고 싶은 생각도 들었어요. 그런데 방금 불러주신 대로 따라서 하고 나니까 목욕한 것처럼 개운해지는 느낌이 드네요." 라면서 학생은 신기하다는 듯이 말했다.

"그랬구나. 이제부터는 그런 생각이 안 들걸?"

"예, 저도 그랬으면 좋겠어요."

한 달 후에 볼일이 있어서 그 학생이 다니는 학교를 방문했다가, 마침 그 학생의 담임선생님을 만날 수 있었다. 나는 그 학생의 이름을 말하며 안부를 물어 보았다.

"그 녀석이 옛날에는 심부름을 잘 하더니, 요즘엔 잘 안 하려고 해요. '왜 맨날 나만 심부름시켜요?' 하고 따지기도 하는데, 좀 달라진 것 같아요. 그런 애가 아닌데……."라는 담임선생님의 말에 살짝 안심이 되었다. 일시적으로 마음이 좋아진 걸로 그친 것이 아니라 아주 좋아진 것이다. 싫은 걸 싫다고 말할 수 있는 힘과 용기가 생겼으니, 어찌 대견스럽지 않으랴?

청소년이 어른의 말에 무조건 예, 예, 하면 착하다는 말은 듣겠지만, 나는 가끔씩 싫으면 싫다고 표현하는 게 더 청소년답고 정신적으로 건강하지 않을까 생각하며, 그 녀석의 긍정적 변화에 기분이 좋았다.

모든 청소년들에게는 고비가 있다. 이 고비를 지나고 나면 정말 건강하고 씩씩한 청년이 될 거라고 나는 믿는다. 그 후 그 학생은 군대를 다녀와서 잘 살고 있다는 소식을 얼마 전에 전해 들었는데, 지금까지도 나는 내가 한 일에 보람을 느낀다.

◎ 바람피운 남편이 돌아오다

어느 날 한 통의 전화를 받았다. 약간은 흥분이 고조된 목소리였다.

"참 고마운 일이 생겨서 전화 드렸어요. 제 남편이 속을 썩여서 제가 많이 힘들었잖아요? 그런데 며칠 전부터 제 남편이 집에 잘 들어와요."

나는 "그래요? 정말 잘 되었군요. 그동안 마음고생 많이 하셨는데, 앞으로 행복하게 잘 사시길 바랍니다."라고 진심으로 기뻐하고 축하해 준 후에 전화를 끊었다. 나는 깨지기 일보 직전이었던 그 가정이 다시 정상가정으로 회복된 것이 내 일처럼 기뻤다.

전주에서 가족세우기를 경험한 사람들이 가족세우기의 힘에 매료되어 서울에서, 그리고 대전에서 사람들을 모아 박이호 선생님을 모시고 가족세우기 워크샵을 열기 시작했다. 이제 가족세우기가 전국으로 확산되고 있었다. 그곳에서 이미 경험한 사람들이 전주에서 하는 가족세우기 워크샵의 분위기가 좋다며 찾아오기도 했다.

그 중에서 남편 때문에 속을 썩이는 여성이 있었다. 남편이 다른 여자와 눈이 맞아 바람을 피우면서 집에도 잘 들어오지 않아 마음의 고통이 이만저만이 아니었다. 가족세우기를 몇 번 했지만 아직 특별한 일이 없다며 우리에게 상담을 요청했다.

박병식(이하 박): 남편과 바람을 피우는 여자 사이에 아이가 있습니까?

소위 바람을 피우는 경우 그들 사이에 '아이가 있느냐, 없느냐'는 아주 중요하다. 만약 아이가 있다면 그들은 이미 새로운 부부 사이가 된 것이다. 그러나 아무리 바람을 피워도 아이가 없는 경우가 있다. 이 사이는 말 그대로 지나가는 바람을 피우는 사이라고 볼 수 있다.

의뢰인: 없는 걸로 알고 있어요.

박: 그래요? 그러면 남편이 돌아올 가능성이 있는 것 같은데요?

의뢰인: 돌아와도 필요 없어요.

박: 돌아와도 필요 없어요?

의뢰인: 에, 필요 없어요. 남편은 지금 제가 아이들까지 키우고 있는데 양육비 한 푼 안 주고, 술에 만취하면 아이들과 나를 아주 힘들게 굴어요. 어쩔 땐 돈까지 요구하는 그런 남편, 필요 없어요.

박: 그러면 이혼하시면 되지, 무엇 때문에 자꾸 가족세우기를 하시나요?

의뢰인: 뭔지 모르는 두려움이 제게 있어요.

박: 이혼에 대한 두려움? 이혼하면 혼자 사는 두려움?

의뢰인: 그건 아닌 것 같아요.

박: 그런 게 아니라면? 음…… 무슨 이유일까요? 혹시 친정어머니가 이혼하셨나요?

의뢰인: 아뇨.

박: 그럼, 외할머니는요?

의뢰인: 외할머니께서는 이혼하셨대요.

박: 아, 그러니 의뢰인께서 이혼에 대한 두려움이 별로 없을 수 있겠네요. 외할머니께서 이혼하신 적이 있으니, 그 후손들은 상대적으로 덜 두려워할 수 있지요. 가족 양심의 작용이지요. 이혼하신 후에 어떻게 사셨대요?

의뢰인: 재혼하셨다고 해요.

박: 재혼을요? 옛날에는 과부가 재혼하면 안 좋은 소문 때문에 괴로우셨을 텐데요?

의뢰인: 그런가 봐요. 저도 이혼하는 것까지는 괜찮은데, 재혼에 대한 두려움이…….

박: 재혼에 대한 두려움이…… 아, 바로 그것 같습니다. '나도 재혼하면 외할머니처럼 안 좋은 소문에 시달리면 어떻게 하나?' 하는 두려움……. 그리고 '우리 외할머니는 얼마나 힘들게 사셨을까?' 하며 외할머니의 운명을 자신의 운명과 동일시하고 있는 것 같네요. 자신도 모르게 그럴 수 있지요. 그렇게 살아남으셨던 외할머니의 운명을 존중하고 받아들이는 대신에 자신을 동일시하고 불쌍하게 여기고 있는 것 같아요. 제 말이 인정이 되시나요?

의뢰인: 예. 가족세우기를 몇 번 했기에 어느 정도는 알아듣겠어요.

박: 이걸로 가족세우기를 합시다. 고개를 숙이시고, 몸을 이완시키세요. 그리고 제가 하는 코멘트를 따라서 하세요.

의뢰인: 예.

박: "외할머니, ……."

나와 상담하고 한 달쯤 지나서 남편이 바람피운 여자와의 관계를 정리했다고 한다. 그리고 약속대로 집에 잘 들어오고, 그녀도 남편을 받아주어서 부부 사이가 회복이 되었다고 한다. 정말 기쁘고 감사해서 그 소식을 내게 전한 것이다. 가족세우기 참여와 개인 상담으로 그녀에게 있던 막연한 두려움이 사라지고 정신이 차려지자 기적이 일어난 것이다.

우리는 대개 나를 힘들게 하는 사람이 있다면 '그 사람이 나쁘다.'라고 생각한다. 그렇지만 가족세우기 통찰은 '나를 힘들게 하는 그 사람'

이, 비록 눈먼 사랑이지만, 바로 사랑으로 나를 정신 차리게 하는 사람이라고 말하고 있다. 이것이 가족세우기 통찰을 이성理性으로 받아들이기 쉽지 않은 이유이다. 그리고 가족세우기를 다른 사람들에게 말로 이해시키기 어려운 부분이다. 그러나 사람이 이성보다 가족 양심이나 무리 양심에 따라서 움직이는 걸 어떻게 하랴? 우리는 이성보다 가족 양심 혹은 무리 양심에 따라서 행동할 때 '나는 죄가 없다.'는 무죄 의식을 가진다. 그래야 양심이 편하기 때문이다.

또한 많은 사람들은 피해 의식 속에서 살아간다. 지금까지 내가 만나본 사람들은 거의 다 피해 의식을 갖고 있었다. 가족 양심에 따라서 스스로를 희생자로 보고 있는 것이다. 그래서 우리네 삶은 불행과 고통이라는 미로에 빠져서 허우적거리는 것이다. 가족세우기는 이러한 가족 양심이나 무리 양심, 그리고 피해 의식을 알아차리고 존중하고 받아들이게 해서 행복한 삶으로 이끄는 길잡이와 같다고 말할 수 있다. 나 혼자서 아무리 끙끙거려 보아도 길이 없는 것처럼 여겨지는 것도 가족세우기를 통해 대역의 움직임(이를 버트 헬링거는 '영혼의 움직임'이라고 한다)과 풀림의 상相을 봄으로써 기적처럼 길이 보이는 경우가 아주 많다. 위의 사례는 바로 그런 경우이다. 행복의 길은 누구나 찾을 수 있는 아주 가까운 곳에 있다. 어려운 명상을 하고, 고행을 하고, 인도 같은 나라에 가서 구루(Guru, 교육자)를 만나야 하는 것이 아니다. 바로 가족, 특히 부모님의 운명을 있는 그대로 받아들이고 존중하면 되는 것이다.

이런 경험이 가족세우기에 내 마음을 더욱 열게 했으며, 더욱더 연구하고 공부할 수 있게 했다. 나는 어느덧 가족세우기로 개인상담도 조금씩 할 수 있을 정도로 자라고 있었다.

◎ 변덕스런 내 성격이 치유되다

내 성격이 변덕스럽다는 것을 결혼하고 나서야 알았다. 내 아내가 나보고 감정의 기복이 심하다는 말을 가끔 했다. 나는 기분이 좋을 땐 하늘을 날듯이 좋다가 기분이 나쁘거나 자기 자신에게 빠지면 기분이 축 처지고 울적해진다. 이런 일이 자주 있다 보니, 아내와 애들이 혼란스러워하고 상처를 받았다. 밖에서는 한없이 좋은 사람이었지만, 집에만 오면 괴팍한 성격의 사람으로 바뀌었다. 사실 이런 내 성격을 가족세우기를 하기 전까지는 받아들이지 않았다. 그 전엔 아내가 내 성격에 대해서 말하면 화를 내거나 인정하고 싶지 않았다. '타고난 성격 바뀐 사람 봤어?' 하는 마음이었다. 이랬다저랬다 해서 비위 맞추기 어려운 사람의 성격을 말할 때 '변덕이 죽 끓듯 하다.'는 표현을 자주 들은 기억이 있는데, 내 성격이 하필이면 그런 사람과 같다고? 허참! 난 아니야! 강하게 부정하고 싶었다. 한편으로는 달라지고 싶었고 일관성이 있는 사람이 되고 싶었지만, '나는 본래 그런 사람인가 보다.' 하고 있었다.

그러다가 가족세우기를 하면서 알 수 있었다. 내 무의식 중에 어머니를 불쌍하고 안쓰럽게 생각하는 마음이 강하게 자리 잡고 있음을 보았다. 안타깝게도 나는 어머니 앞에 그저 아이로 머물지 못하고 월권을 행하여 어머니를 도우려 했던 것이다. 그러므로 어머니를 통해서 흘러들어오는 생명을 받아들이지 못하여 마음이 이랬다저랬다 했던 것이다. 어머니를 향하는 원초적 움직임은 오직 어머니에게서만 충족될 수 있다. 하지만 나는 아내나 내가 찾는 어떤 것이 어머니를 대신해서 나를 충족시켜 줄 거라고 갈망했다. 그러나 충족되지 않았다. 그랬기에 마음이 평온하지 않았던 것이다.

결국 나는 어머니 앞에 아이로서 겸손하게 엎드렸다(우리는 모두 부모 앞에서 영원한 아이이다!). 어머니의 운명을 있는 그대로 존중하고 받아들였다. 그렇게 어머니에 대한 내 생각과 느낌을 정화했다. 또 내가 어릴 때부터 어머니의 양육보다 큰누나의 양육을 더 많이 받았던 상처도 정화했다.

어머니께서는 살림하시랴, 농사지으시랴, 형들과 누나 돌보시랴, 그야말로 눈코 뜰 새 없이 바쁘게 사셨다. 그래서 자연스럽게 일곱째 막내인 나를 큰누나가 많이 돌봐주었다. 그런 이유로 어린 내 마음엔 우울감이 있었다. '내가 괜히 태어나서 어머니 고생시키는 것 아냐?' 하는 죄책감이 잠재의식 속에 있었던 것이다. 타고난 내 성격은 명랑하고 쾌활한데 이런 가정환경의 영향으로 나도 모르게 괜히 위축되는 감정이 있었다. 오전엔 좋은 날씨였다가 오후엔 천둥 번개 치며 소나기가 오는 여름 날씨처럼 그렇게 내 마음도 변덕이 심했다.

그런데 가족세우기를 하다 보니 그런 변덕이 차츰 줄어들었다. 어머니를 죄책감의 눈이 아닌 고마움의 눈으로 바라보았다.

'그래, 우리 어머니는 나를 정말 사랑하고 아끼고 기대도 많이 하셨지. 내가 해달라는 것은 안 해주신 것이 없잖아? 다만 내가 요구를 안 해서 못 받은 거지. 어머니의 사랑을 제한한 건 나였지, 어머니가 아니었어. 우리 어머니는 늘 내게 주실 준비가 되어 있으셨어. 그래서 그렇게 열심히 일하신 거였어. 사랑하는 어머니, 고맙습니다.'하는 자각이 들면서 어머니의 모습이 그저 고마운 분으로, 불쌍한 분이 아니라 아들인 나를 위해서 모든 걸 하실 수 있는 힘 있고 강한 분이라는 상으로 바뀌었다. 나는 어머니께 겸손과 감사를 드렸다. 내 마음이 갈망하는 것을 사랑으로 드렸다. 그러자 신기하게도 내 마음은 여기에서 평안해졌다. 마음으로 드린 것이 다시 마음으로 되돌아왔다. 내가 되돌아오는 어머니의 사랑을 진심으로 고마워하자 사랑의 순환이 완성되기 시작했다. 죄책감과의 이별, 그리고 고마움과의 새로운 만남. 이것은 '변덕대학교' 졸업장이 내게 준 크고 귀한 선물이었다.

이제는 성격도 많이 느긋해지고, 기쁘고 평온한 마음이 자주 든다. 때때로 충만한 존재라는 느낌이 들고 마음의 여유도 생겼다. '이제 여기'에 사는 힘이 커졌으며, 염려도 사라지고 죽음에 대한 두려움도 없어졌다. 생사일여가 아닌가! 이렇게 변화된 내 성격을 내 아내와 애들도 인정하니, 그저 고마울 뿐이다.

요즘 10~20년 전에 읽었던 손때 묻은 책들인 『나는 누구인가?』 『자기로부터의 혁명』 등의 명상서적을 다시 보고 있다. 옛날에는 머리로 이해는 되었어도 막막한 느낌이었는데, 이제는 가슴에 울림으로 다가온다. 내면의 진정한 있음(존재)와 만났을 때 깊은 내면에서 오는 행복이 있는데, 이 행복은 외부(환경과 조건)에 의존하지 않기 때문에 오래 지속된다. 이것은 경험이라기보다는 상태에 가깝다. 선입견 없이 온전히 '이제 여기'에 머물면서 깊이 이완하는 순간 분명하게 드러난다고 하는데, [5] 역시 가족 운명과 가족 양심에게서 자유로워지고 보니 과거에 의해 조정되지 않는 행복을 누리는 게 아닌가 싶다. 사랑이 순환하는 가족 양심 너머의 눈으로 보면 세상은 온통 사랑과 평화, 그리고 행복으로 넘실댄다. 책을 읽어도 사람을 만나도 사건을 겪어도 모든 게 사랑이다. 사랑만이 실재이고 나머지는 허상이다. "사랑하지 아니하는 자는 하나님을 알지 못하나니 이는 하나님은 사랑이심이라." (요한일서 4:8)

03 시어머니와 며느리 - 이현주

◎ 갑자기 눈이 멀어버린 기막힌 일

내 친정집은 조부모님, 부모님, 고모님들이 함께 사는 대가족이었기에 서로 잘 지내고 사는 게 자연스럽게 내 목표였다. 그래서 내 관심은 항상 사람이다. 나는 사람이 참 좋다. 사람과 함께 있는 것 자체로도 참 행복하고 좋다. 나이에 상관없이 말이다. 이렇게 사람을 좋아하다 보니 고등학교 때부터 자연스럽게 상담을 할 기회가 많았다. 친구들도 나를 찾아와서 대화를 하다 보면 기분이 좋아진다고 말했다.

중학교 3학년 여름방학 때였다. 오전에 머리를 감고 말리고 있는데, 갑자기 눈앞이 캄캄해졌다. 이리 저리 둘러봐도 어둠뿐이었다. 나는

"엄마, 방안이 왜 이렇게 캄캄해? 사방이 캄캄해요."라고 물었다. 그러자 엄마가 "아니, 얘가 왜 이래? 지금이 몇 시인데? 백주대낮이다, 현주야" 하시지 않는가? 나는 "아냐, 엄마. 너무 어두워. 아무것도 안 보여." 하며 엉엉 울고 말았다. 갑자기 눈이 멀어버린 것이다. 나는 너무나 무서웠고, 집에서는 난리가 났다. 멀쩡하던 딸의 두 눈이 실명을 해버렸으니, 부모님이 얼마나 놀라고 당황했겠는가? 안과에 가서 진단을 받았는데 이상이 없다고 했다. 환장할 일이었다. 나는 볼 수 없는데 이상이 없다고 하니 정말 죽고 싶었다.

어머니는 그 후 할 수 없이 나를 데리고 기도원에 가서 안수 기도를 받게 하고, 교회 집회에 가서 유명한 목사님이나 은사자(기독교에서 병 고치는 능력을 받은 사람을 가리키는 말)에게 안수 기도를 받게 하여도 낫지 않았다. 그러기를 한 달 정도 지난 후, 교회에서 기도를 많이 하시는 어떤 분이 엄마에게 '하루에 한 번씩 소금물에 머리를 감게 하되, 10번을 감게 하면 나을 수 있다'고 말했다고 한다. 엄마는 지푸라기라도 잡는 심정으로 내 머리를 소금물에 10일간 감겨 주셨다. 그래도 낫지를 않자, 아직 10일이 다 안 된 모양이라며, 한 번 더 하자고 하셔서 그렇게 했다. 그런데 갑자기 내 눈에 불이 확 들어왔다. 기적적으로 눈이 다시 회복된 것이다.

내가 이 이야기를 하는 이유는 이런 아픔을 통해 남의 이야기를 편견 없이 듣는 힘이 길러졌다는 걸 말하기 위해서다. 한참 감수성이 예민할 때 눈이 멀어서 볼 수 없는 대신에 들을 수는 있었기에 한 달 동안 열심히 남의 말을 들을 수밖에 없었다. 그때는 몰랐지만 지금 와서 생각하면, 그런 힘든 삶을 겪으면서 하늘이 내게 남의 말을 듣고 공감

하는 훈련을 시켰다는 생각도 든다.

　그렇지만 나는 내 적성과 재능이 무엇인지를 잘 모른 채 지금의 남편을 만나 결혼을 했다. 그리고 집에서 사랑과 관심을 독차지하며 자랐던 내게 시어머니와의 갈등은 그동안 한 번도 겪어보지 못한 고난과 시련의 연속이었다.

◎ 결혼, 그리고 무섭기만 한 시어머니와의 만남

　나는 3대째 크리스천으로서 5살 때부터 할머니의 손을 잡고 새벽에 산 기도를 하러 다닐 정도로 기독교 신앙의 뿌리에서 나서 자랐다. 그래서 결혼 후에는 시어머니의 사랑을 받으려고 열심히 기도도 많이 하고, 시어머니께 내 나름대로 잘 해드리려고 무척이나 노력을 했다. 우리 형편상 비록 모시고 살지는 못했지만, 명절과 시아버지 추도일, 시어머니 생신, 모내기(내 남편의 고향은 전형적인 농촌 마을이다) 때와 추수 때마다 항상 신경을 곤두세우며 내 나름대로 시어머니의 비위를 맞추기 위해서 그야말로 많은 노력을 하며 살아왔다.

　시어머니는 밤에 일찍 주무시고, 새벽(대개 3시경)에 일찍 일어나셨다. 전형적인 새벽형 인간이었다. 그 시간에 나에게 전화를 해서 "아직도 자냐?"며 나를 게으르다고 나무라기도 하셨다. 농사를 짓다가 사소한 일로 시어머니 논과 이웃한 사람과 다툼을 벌여도 나에게 전화를 해서 나 때문에 싸웠다고 말씀하셨다. 심지어는 비가 오는 것도 내 탓으로 돌리셨다.

그런 얼토당토않고 기가 막힌 말을 들은 나는 시어머니께 하소연을 할 생각조차 나지 않았다. 워낙 나에게 무섭게 대하셨기 때문이요(아니, 내가 무서워했다고 하는 표현이 더 정확할 것이다), 또 그때는 대꾸할 말이 생각조차 나지 않았다. 나는 다만 '내가 잘못해서 그렇게 하시는 모양이다'라고 생각해서 잘 해드리려고 하면 할수록 시어머니의 얼토당토않는 말씀은 더해 갔다. 내가 잘 해드리려고 하면 할수록 오히려 나에 대한 기대치가 점점 더 높아져 가는 것 같았다. 그래서 남편을 원망할 때도 많이 있었고, 시어머니를 뵈러 가야할 때(명절이나 생신, 추도일 등)마다 초긴장 상태가 되고 말아서 아프지 않던 몸까지 갑자기 아프기도 했고, 정신이 몽롱해지기도 했다. 시어머니를 뵈러 가기 전에는 악몽에 시달려서 그 전날에 더 많은 기도를 하고, 나 자신에게 최면을 걸기도 했었다.

남편과 함께 대구에 있는 모 명상 수련 단체에 가서 "어머니 감사합니다, 아버지 감사합니다."라는 말을 반복하며, 살아오면서 했던 나의 불효에 대하여 눈물을 흘리며 반성하기도 했었다. 마음은 개운해졌지만, 시어머니와의 관계 개선에 큰 도움은 받지 못했다. 새벽 기도 시간마다 젖 먹을 때부터 지금까지 살아오면서 생각나는 모든 일들에 대해 회개 기도도 해보았지만, 기도하는 순간만 마음이 안정이 될 뿐이었다.

내 몸무게는 40kg쯤 되고, 키는 163cm이다. 내 남편의 몸무게는 70kg쯤이고, 키는 175cm다. 누가 봐도 나의 몸이 남편 몸보다 훨씬 더 말랐다고 할 것이다. 하지만 시어머니는 나를 만나실 때마다 거꾸로 말씀하셨다. "너는 무엇을 먹기에 뒤룩뒤룩 살이 쪘고, 우리 아들은 삐쩍 말려 놓았냐?"라며 핀잔을 주셨다. 우리 집 큰애가 딸로서 외모와 성격이 아빠를 많이 닮았고, 둘째 아이가 아들로서 외모와 성격이 엄마인 나를 많이 닮았는데, 큰애는 엄마를 많이 닮아서 밉고, 둘째는 아빠를 많이 닮았다고 예쁘다고 하셨다. 옆에서 그런 말을 들은 시댁 동네 어른들이 이상한 눈빛으로 우리 식구를 바라보곤 했었다. 그러면 그럴수록 나는 정말 시어머니께 사랑받는 며느리가 되고 싶었다. 지금 와서 생각해보면, 사랑받고 싶었지만 사랑받는 며느리가 되는 방법을 몰랐기에 고통이 더 심했던 것 같다.

정말 늪에 빠진 기분이 이럴까? 이러지도 못하고 저러지도 못했다.

◎ 유행성 출혈열로 죽을 고비에서 서다

1995년 가을에 시어머니께서 벼 수확하는데 일손이 없다며 우리더러 내려오라고 하셨다. 사실 우리가 간다고 해서 크게 도움이 되지도 않지만, 그리고 시어머니 만나는 게 마음이 편치 않지만, 먹을거리를 준비해서 시어머니 논으로 찾아가서 시어머니와 일꾼들에게 차려드리고 벼 수확 일을 도와드리고 집으로 돌아왔다. 그런데 그때부터 몸에 열이 나며 아프기 시작했다. 안 하던 농사일을 했다고 몸살감기가 온 것 같아 전주에 있는 내과병원엘 갔더니 약을 지어주어서 먹었지만, 낫지 않았다. 그러기를 2주 정도 보냈을까? 내 몸이 하루가 다르게 변해가는 걸 본 교인이 아무리 봐도 감기 몸살은 아닌 것 같고 유행성 출혈열 같다며, ○○의료원(시골 읍내에 있는 공립 병원)에 가보라고 권해주었다.

◎ 사모님, 이미 늦었으니 맛있는 음식이나 실컷 드세요.

○○의료원에서 내 상태를 검진한 의사 선생님은 고개를 절래절래 흔들며 "늦었는데, 이미 늦었는데……."라고 연발하셨다. 워낙 출혈이 심해서 삐쩍 마른 내 몸에 주사바늘도 들어가지 않았다. 의사 선생님은 또한 "왜 이렇게 늦게 오셨어요? 유행성 출혈열은 빨리 발견만 하면 치료가 돼요. 쯧쯧쯧. 며칠만 빨리 오셨어도 고칠 수 있었는데, 워낙 출혈이 심해서 어렵겠어요."라고 하지 않는가? 나는 힘없는 목소리로 "저희 집(목사 사택) 화장실이 푸세식이라 이렇게 출혈이 심한 줄을 몰랐어요. 그리고 전주에 있는 병원에서 오진을 하는 바람에 때를 놓치기도 했고요."라고 대답했다.

"그랬군요. 사모님, 사정이 이렇게 되었으니 잡수고 싶은 것이라도 실컷 드세요."

"예, 잘 알겠습니다."

◎ 마지막 기도를 하다

집으로 돌아온 나는 내 몸이 죽는 것을 받아들이기로 했다. 한편으로 이렇게 죽는 게 억울하기도 하고, 애들이 걱정되기도 했다.

다음 날 오전 9시가 약간 지나서 남편은 교인 하관식 예배를 주관하기 위해 집을 나갔다. 애들은 학교에 가고 집에는 나밖에 없었다. 나는 죽음을 받아들이기로 마음먹었지만, 한편으로는 살고 싶기도 했다. 하지만 방법이 없었다. 이왕 죽을 바에야 회개라도 실컷 하다가 죽자는 생각이 들었다. 3대째 크리스천으로서 혹시 지옥에 가면 안 되니까…….

얼굴과 허리를 엎드린 채로 한참 회개기도를 하는데, 내 삶의 장면들이 주마등처럼, 영화 화면처럼 지나갔다. 나는 큰오빠와 작은오빠 바로 밑의 딸로 태어났기에 유난히도 사랑을 많이 받고 자랐다. 할아버지께서 어린 나를 당신의 무릎에 앉히고 명심보감을 가르치고 재미있는 옛날이야기를 구수하게 해 주셨던 일들도 지나갔다. 태어나서 엄마 젖을 빨던 장면까지 떠올랐다. 엄마 심부름 하는 장면, 엄마가 잘했다고 칭찬하시는 장면……. 하나하나 지나가다가 드디어 내가 결혼해서 고생하는 걸 알면서도 묵묵히 지켜보실 수밖에 없는 엄마와 아빠의 얼굴이 보였다. 지독히도 나를 사랑하신 부모님께 결혼해서 효도 한 번 못 해드리고 마음만 아프시게 한 걸 생각하면 가슴이 미어지는 것 같았다. 나는 엉엉 울었다. 눈물이 그칠 줄 모르고 흘렸다.

◎ 낙원(?)에 올라가다

그러던 어느 순간에 다리에서부터 어떤 느낌이 올라오더니 머리 정수리로 쑥 빠져 나왔다. 소위 유체이탈을 한 것이다. 몸에서 빠져나온 나는 이 방 저 방을 둘러보았다. 며칠 동안 치우지 못해서 방이 지저분했다. 창피하다는 생각이 들었지만, "내가 죽었는데 누가 욕한들 어때?" 하고 쿨하게 넘어갔다. 그러다가 어떤 곳으로 쑥 올라갔다. 나도 모르게 낙원에 올라간 것 같았다. 영화 콘택트에서 본 것 같은 장면이었다(조디 포스터 주연으로 1997년에 미국에서 개봉된 SF영화다. 여기서 주인공인 조디 포스터는 지구 밖으로 나와 외계인과 만나면서 지구 밖의 우주가 너무나 아름다워 황홀경에 빠지는 장면과 비슷한 경험을 말한다). 무슨 유리 같기도 하고, 젤 같기도 한 곳을 쑥 빠져나갔다. 그러자 도저히 말로 표현할 수 없는 아름다운 장면들이 펼쳐졌다. 지구상의 아무리 아름다운 곳이라도 그곳처럼 아름답지는 않을 것이다. 한참을 구경하다가 갑자기 할아버지 생각이 났다. 그러자 할아버지의 인자한 모습이 나타났다. 할머니가 보고 싶었다. 역시 따뜻한 미소를 띤 할머니가 보였다. 참으로 신기했다. 마음으로 생각하면 다 보이는 세계가 있다니…….

'지옥은 어디지?' 하는 의문이 들면 갑자기 내 앞에 불기둥이 치솟고 있는 게 보였다. '아, 저게 지옥의 모습이구나.' 하도 신기해서 이런저런 곳을 둘러보고 있는데, 갑자기 천둥치는 소리보다 큰 소리가 내 귀에 들렸다.

"아직 때가 아니다."

이 소리에 깜짝 놀란 나는 내 몸속으로 다시 들어왔다. 너무도 순식간에 이루어진 일이라 정신이 없었다. 갑자기 몸과 혼이 합쳐지자 몸이 공중으로 붕 떠올랐다 떨어졌다. 그러자 바로 내 앞에 있던 화장대가 난장판이 되고 말았다.

정신을 차린 나는 몸을 추슬러 화장대를 치웠다. 그리고 거울을 보았다. 그렇게도 핼쑥했던 내 얼굴에 어느덧 화색이 돌고 있었다. 아! 내가 다시 살아났구나!

◎ 죽었다 살아나니 병도 사라지다

　그때 누가 문을 두드리는 소리가 들렸다. 남편 목소리였다. 방에 들어온 남편은 내 얼굴을 보자마자 "당신 얼굴에 화색이 도는데 무슨 일이 있었어요?"라고 물었지만, 아직 기력이 없던 나는 기어가는 목소리로 "별 일은요. 기도하다가 깨어났어요. 나 배고파요. 누룽지 좀 끓여줘요."라고 했다. 그러자 남편이 "어? 밥맛이 돌아왔어요? 그것 참 이상하네. 물 한 모금 못 마시던 사람이." 하면서 누룽지를 끓여다 주었는데, 그때 먹었던 누룽지는 내 평생에 잊을 수 없는 꿀맛 그 자체였다. 이렇게 해서 밥맛이 돌아오고 기력이 차츰차츰 회복되었다.

　다시 ○○병원에 갔더니 의사 선생님이 깜짝 놀라며,

　"아직까지 살아계셔요?"

　"네, 하나님이 아직 때가 아니라시네요."

　"허참, 그 병에 걸려서 치료시기를 놓치면 살아날 수 없는데. 허참, 그것 이상하네." 하시며 믿지 못하시겠다는 눈치였다. 링거 주사를 맞는데, 전에는 그렇게 찔러도 들어가지 않던 주사 바늘이 쑥 들어갔다. 몸이 완전히 회복된 것이다. 약 한 알 먹지 않고 주사약 한 방울 맞지 못했는데, 임사 체험 후 그렇게 몸이 회복이 되었다. 지금도 내 왼팔 위쪽에는 그때 앓았던 상처 자국이 남아있다. 약 2주간을 워낙 못 먹고 피를 많이 흘려서인지 사물이 흐릿하게 보였다. 그래도 다시 살아난 보너스 인생에다 살고 죽는 것에 대한 두려움이 사라져서 생긴 내면의 평화로움으로 나는 감사와 감격의 시간을 보내고 있었다.

◎ 아봐타 코스 참여로 눈이 좋아지다

그러다가 마음의 평화와 행복을 키우는 프로그램이라면 기어코 배우러 다니는 남편이 자신은 아봐타 코스의 핵심인 '느끼기'가 잘 안 된다며 내가 하면 잘할 것 같으니 꼭 해보라고 거의 강제적으로 권했다. 가격이 비싸서 비용이 부담스러웠지만, 자의 반 타의 반으로 아봐타 코스에 참여했다. 임사 체험 후 비록 눈이 안 좋아졌지만, 나무를 보면 나무가 나에게 걸어오는 듯 하나가 되었는데, 아봐타 코스에는 그와 비슷한 경험을 하도록 고안된 연습 프로그램이 있었다. 나는 그런 경험을 이미 하고 있었기에 신나고 재미있게 참여한 결과, 내가 보는 모든 사물이 나와 하나가 되는 체험을 하며 기혈 순환이 더 잘 되는 것을 느꼈다. 그 프로그램의 2부가 끝나갈 무렵에 갑자기 사방이 환하게 보였다. 유행성 출혈열로 출혈이 심해서 눈이 나빠지고 사물이 흐릿하게 보였던 것이 기적적으로 치료된 것이다. 이것도 덤, '내 인생에 이렇게 보너스가 많아도 되는 거야?' 하며 즐거운 비명을 질렀다. 아! 세상이 이렇게 평화롭고 고요하다니!

중학교 3학년 때 한 달간 시각장애인이 되었다가 치료된 것만 해도 평생 감사하며 살아야 할 인생인데, 거기다가 유행성 출혈열을 2주간 앓아 의사 선생님에게 끝났다는 말을 듣고도 다시 살아난 고마움 곱빼기의 덤 인생, 게다가 나빠졌던 눈까지 회복되었으니 나는 정말 복을 많이 받은 사람이다.

그러나 아직도 시어머니와의 사이는 풀리지 않았다. 이제는 시어머니가 무섭거나 만나기 두렵지는 않았으나, 아직도 시어머니께 무슨 말이든지 하긴 해야 하는데, 그런 말이 입 밖으로 나오지는 않았다.

◎ 가족세우기에 참여하다

2001년 12월, 아는 분이 천안에서 열리는 가족세우기에 같이 가자고 하셔서 남편과 함께 참석했다. 그때의 경험이 너무 신선하고 충격적이어서 2002년 1월부터 박이호 선생님을 모시고 한 달에 한 번씩 가족세우기 워크샵을 개최했다. 가족세우기 워크샵에 참석해서 친정집의 삶의 패턴이 내 삶에서 그대로 재현되는 걸 보고 깜짝 놀랐다.

친정할머니께서 친정어머니를 시집살이 시킬 때 나는 엄마 편을 들었다. 아버지는 큰아들이라서 조부모님을 모시고 살아야 했고, 시집 안 간 고모들과도 함께 생활해야 했다. 이런 대가족의 맏며느리로 시집을 오신 어머니는 할머니께 시달리고, 고모들 눈치를 보며 살아야 했다. 다행히 아버지가 어머니에게 잘해주셔서 살 수 있었지만, 잔소리가 심하신 할머니로 인해서 힘들어 하셨다. 이때 나는 할머니께서 어머니를 이해해주시기를 바랐다. 어머니께 잔소리 하시는 게 정말 싫었다. 고생하시는 어머니를 보면서 할머니 같은 시어머니를 만날까 두려웠다.

그런데 막상 시집을 와서 보니 어머니께서 겪었던 고부 사이의 갈등을 나도 겪고 있었다. 할머니와 친정어머니와의 갈등을 보고 두려워했던 마음이 그대로 반영되어 할머니 같은 시어머니를 만났고, 나는 어머니처럼 아무 말도 못하는 며느리가 되어 있었다. 이 세계는 내 거울이라더니! 그렇다. 나는 정말 할머니 같은 시어머니가 싫었다. 두려웠다. 그리고 그런 할머니께 시집살이 당하는 어머니를 불쌍하게 여겼다. 어떻게든 어머니를 돕고 싶었다. 그런 원가족에 대한 상과 두려움에 뿌리를 둔 마음이 결합하여 나도 그런 시어머니를 만나고 그런 며느리가 된 것이다. 기도를 많이 하고, 아봐타 코스와 아봐타 마스터 코스를 경험했지만, 한 번도 생각하거나 배우지 못했던 공부였다. 부정적인 가족 이미지, 그로 인해 나도 모르게 두려움으로 위축되어 있던 나, 그래서 겪어야 했던 고부 사이의 갈등과 고난이 이제야 이해가 되었다.

반대로 내 바로 밑의 여동생은 아들만 셋인 집안의 맏이 집안으로 시집을 갔다. 어머니처럼 맏며느리가 되었다. 그러나 상황은 정반대였다. 시어머니로부터 공주 대접을 받으며 살고 있다. 시집살이가 아니라 '공주살이'다. 나중에 우리는 이에 대해 말한 적이 있었다. 나는 말했다. "할머니가 어머니 힘들게 하실 때 나는 엄마 편이었어. 할머니가 이해하고 참아주셨으면 했어. 어머니가 불쌍하시잖아?"

내 여동생은 말했다. "언니, 아냐. 난 어머니가 참고 이해하기를 바랐는데? 할머니는 연세가 많으니까 얼마든지 잔소리 하실 수 있는 거지, 뭐. 세상을 더 오래 사신 할머니 눈으로 볼 때 엄마가 하시는 일이 서툴고 맘에 안 드실 수 있잖아? 그러면 잔소리 하실 수 있는 거지, 뭐."

헐! 똑같은 일을 보고 이렇게 반대로 생각하다니. 나는 더 이상 할 말이 없었다. '그렇구나, 자매라고 해도 부모님을 보는 눈이 이렇게 다르구나.' 부모님을 어떻게 보고 어떻게 생각하느냐에 따라 다르게 펼쳐지는 오묘한 인생살이!

나는 가족세우기를 하면서 고개를 숙여서 친정어머니의 운명과 친정할머니의 운명을 있는 그대로 존중하고 받아들였다.

"어머니, 어머니의 운명을 있는 그대로 받아들이고 존중합니다. 어머니는 크시고, 저는 작습니다. 어머니는 주시고 저는 받습니다. 어머니는 저에게 항상 옳으십니다. 고맙습니다, 어머니!"

"할머니, 할머니의 운명을 있는 그대로 받아들이고 존중합니다. 할머니는 크시고, 저는 작습니다. 할머니는 주시고 저는 받습니다. 할머니는 제 아버지를 통해서 제게 생명을 주심으로 다 주셨습니다. 고맙습니다, 할머니!"

그러자 마음이 한결 더 편해지고, 어머니에 대한 마음도 바뀌었다. 약하고 불쌍한 분의 상에서 강하고 힘 있는 분으로 바뀌었다. 우리 다섯 남매를 낳아 훌륭하게 키우시고, 아버지를 잘 내조하시고, 아버지가 잠깐 한눈 파실 때도 우리들을 버려두고 외갓집으로 가지 않고 꿋꿋하게 우리들을 돌보셨던 어머니! 고모들과 함께 생활하시면서도 한 번도 싫은 내색을 안 하실 만큼 강인하신 분으로 내게 새롭게 다가 왔다. 그리고 잔소리꾼 이미지의 할머니도 사랑이 많아서 하신 말씀으로, 우리 집 잘 되라고 하신 말씀으로 새롭게 보였다. 고마운 할머니!

더 중요한 건 내 잠재력이 살아나기 시작한 것이다. 나는 어릴 때 머리가 좋다는 말을 자주 듣고 자랐다. 멍청하다는 말을 들어본 적이 없다. 다만 큰오빠가 순천에서 천재 났다는 소리를 들을 만큼 공부면 공부, 운동이면 운동, 노래면 노래, 뭐든지 잘해서 괜히 기가 죽고 공부하는 걸 별로 좋아하지 않았지만, 그래도 기억력이 좋고 생각이 깊다는 말을 많이 듣고 자랐다. 초등학교 때부터 무슨 고민만 있으면 선생님을 찾아가 상담을 했는데, 고등학교에 가서는 이제 친구들의 상담자가 되어 있었다.

남편이 목회를 하기 전에도 동네 아줌마들은 힘만 들면 내게 상담을 요청하였고, 나와 말을 하고 나면 마음이 편해진다며 좋아했다. 나는 피곤하다가도 사람과 만나 대화를 하면 그 자리에서 피곤이 풀린다. 사람 만나는 맛으로 산다고 할까? 남편이 목회를 시작하자 나는 기도하며 조용히 내조하는 생활을 하고 싶어 했지만, 역시 타고난 끼(?)는 어쩌지 못하는지, 이런저런 상담을 많이 한 편이었다.

아바타 마스터가 되고 난 후에 10명의 아바타를 배출했는데, 사람들이 나와 아바타 코스를 하면 편안해서 좋다고 긍정적인 피드백을 해줘서 마음이 기뻤다. 그렇지만 내가 상담사의 길을 가리라고는 생각하지 못했다. 시집 와서 시어머니에게 '멍청하다'느니, '넌 그것도 못하냐?'느니 하는 부정적인 말을 하도 많이 들어서 난 정말 바보가 된 기분이었다. 사람들 앞에 나서서 말하거나 가르칠 자신이 없었다.

그렇지만 임사 체험 후, 두려움이 사라지고 몸이 회복되고 난 후에 만난 가족세우기는 내가 상담사가 되는 길의 결정적인 디딤돌이 되었다. 가족세우기가 끝나고 나서 일주일쯤 지나면 이런저런 분들의 전화 상담이나 방문상담을 해주어야 했다. 사람들을 모아 가족세우기 워크샵을 운영했기에 어느 정도 책임감은 있었다. 또 교인들이 가족세우기를 경험한 후에 이런저런 질문을 해왔기에 어쩔 수 없기도 했다. 때로는 개인 상담을 하기도 했고, 사람들이 많이 모이면 집단으로 가족세우기를 하기도 했다. 물론 모두가 무료 상담이었다. 가족세우기 마당에서는 풀렸지만 실제 삶에서는 변화가 없는 경우에도 애프터서비스 상담을 해주기도 했다.

그렇게 나는 가족세우기 상담사로 성장하고 있었다. 그리고 시어머니에게 세뇌된(?) 것처럼 바보가 아니라, 어릴 적부터 똑똑하다는 말을 많이 들은 사람으로 다시 회복되고 있었다. 거기에 이런저런 고난과 역경을 겪으면서 생긴 마음의 여유와 유머감각도 상담하는 데 큰 자산이 되었다고 볼 수 있다.

◎ 시어머니와 한바탕 다투다

헬링거 선생님이 한국에 다녀가신 후의 일이다. 목요일이 시어머니 생신이었다. 나는 내일 내려가려고 부침개와 나물, 갈비를 준비해놓은 상태였다. 그런데 시어머니는 수요 예배 드리러 갈 준비를 하는데 전화를 하셔서 "지금 당장 내려와." 하셨다. 내가 내일 아침에 일찍 가겠다고 말씀드렸더니 다짜고짜 욕을 하며 "어른이 오라면 와야지, 무슨 말이 많냐?"고 화를 내셨다. 나는 더 이상 참을 수가 없어서, "어머니, 당신 아들이 최고라고 생각되시고 전부라고 생각되시면 다시 데려가세요. 이혼할게요. 제게 위자료 주실 필요 없어요. 오히려 제가 위자료를 드릴 테니까 도로 데려 가세요."라고 말하고는 전화를 끊어버렸다. 그리고 남편에게 "당신 어머니니까 당신이 알아서 해. 당신이 모시고 살든가 말든가 알아서 해."하고 방문을 꽝 닫아버렸다.

아닌 밤중에 홍두깨라고 자초자종을 모르고 있다가 내가 화를 내자 당황한 남편은 딸에게 사건 내용을 들은 후에 어머니에게 전화를 걸더니, "어머니, 이제 그만 좀 하세요. 집사람이 몸이 약하니까 어머니가 그러시면 힘들어해요. 어머니가 좀 이해하시고, 그만하세요." 하지 않는가? 세상에! 남편이 어머니에게 화를 내다니? 해가 서쪽에서 뜰 일이었다. 그리고 다음 날이 시어머니 생신인데도 찾아뵙지 않았다. 그 후 나를 대하는 시어머니의 목소리가 달라지기 시작했다. 찾아뵙고 인사드리면 옛날보다 훨씬 더 반갑게 맞아주셨다. 수고했다며 내 등을 두들겨 주기도 했다.

그동안 나는 왜 시어머니께 말 한 마디 못 하고 살았을까? 모태신자인 나는 엄마에게 "참고 살아라, 주고 살아라, 지고 살아라."라는 말을 귀에 못이 박히도록 듣고 살았다. 나만 참고 나만 양보하면 세상이 조용하다고, 내가 지면 된다고 세뇌(?)되었다. 그리고 교회에서 배운 것도 엄마의 교훈과 거의 비슷했다. 그래서 나는 누가 내게 불의를 행해도 '무조건 참아야지'라 생각하고 말대꾸를 하거나 화를 낼 줄 모르는 사람이 되어버렸다. 특히 시어머니의 지나친(지나친 정도가 아니라 억지도 그런 억지가 없는) 말에 무슨 말이라도 해야 하는데, 나만 참으면 된다는 가족 양심(거기에 기독교 양심까지 함께)에 거리끼지 않으려고 무조건 순종을 했다. 무슨 변명이라도 해야 하는데 변명은커녕 단 한 마디의 대꾸조차 못 했다. 내 가족 양심은 내 마음의 심연으로부터 저절로 알고 있었다. 어른에게 말대꾸해서는 안 된다고.

하지만 시어머니 처지에서는 얼마나 기분이 나쁘셨을까? 결혼한 지 얼마 안 되어서 보리밭에 피를 뽑으러 갔었다. 한참을 뽑고 있는데, 갑자기 시어머니의 크고 화난 목소리가 들렸다. "피를 뽑으라고 했더니, 보리를 뽑으면 어떻게 해?"

나는 도시에서 태어나 도시에서만 자랐기 때문에 보리와 피를 구별할 줄 몰랐다. "어떻게 해야 해요?"라고 묻는 내 말에 시어머니는 그런 걸 다 물어보냐는 투로 건성으로 대답하셨다. 할 수 없이 나는 내 생각대로 피를 뽑았는데, 피가 아니라 보리를 뽑고 있었다. 보리와 피를 확실하게 구별할 수 있을 때까지 여쭈어야 하는데 무섭다는 핑계로 대화를 회피했다. 그래서 시어머니의 불호령이 떨어졌고, 나는 시어머니가 더 무서워졌다. 이렇게 일방적으로 당하기만 하면서도 나는 너무 착해서 악의를 품지 않았다. 시어머니와 인간관계를 맺지 못했다. 다행스럽게도 가족세우기를 만나 가족 양심으로부터 자유로워지면서, 억지소리를 하는 시어머니께 화가 나서 이제 그만하시라고, 아들이 그렇게 좋으면 데리고 가시라고 소리를 지른 게 좋은 효과를 발휘했던 것 같다. 나는 '착한 며느리(교만한 며느리)'에서 '잠깐 못된 며느리(잠깐 악의를 품은 며느리)'가 됨으로써 '사랑받는 며느리(겸손한 며느리)'로 거듭났다.

2005년 2월에 시어머니는 83세로 삶을 마감하셨다. 돌아가시기 일주일 전쯤이 설날이었는데, 나는 시집와서 처음으로 시어머니가 나에게 주시는 용돈을 받았다. 그 감격과 감동을 지금도 잊을 수 없다. 시어머니는 나를 조용하게 부르시더니,

"애야, 내가 너를 보면 창피해서 못 살겠다. 그렇게 빼빼 말라서 어디에 쓰겠느냐? 밥도 잘 먹고 잠도 잘 자야 몸이 성하게 되지 않느냐? 그리고 니 큰 애는 지 아빠를 닮아서 착하고 똑똑하니 앞으로 잘 될 것이다. 조금만 참고 고생하면 너희들은 잘 살 것이다. 걱정 마라."라며 듬뿍 축복까지 해주셨다. 그것이 내가 시어머니와 얼굴을 대하고 나눈 마지막 대화였다. 그리고 나에게 베푸신 처음이자 마지막 축복이었다. 며칠

후에 몸이 안 좋다고 전화를 하셨기에 "어머니, 제가 내려갈까요?"라고 말씀드렸더니, 그전에는 전화로 시도 때도 없이 내가 안 온다고 나무라시던 분이, "아니다. 힘든데 뭐하러 오느냐? 나는 괜찮으니 너나 잘 살아라."라며 끝내 못 오게 하셨다. 그때 찾아뵈었어야 하는 건데, 지금도 바로 찾아뵙지 못한 죄송함과 아쉬움이 나에게 남아 있다.

내가 바뀌면 세상이 바뀐다! 내가 '내가 되면' 주변도 바뀌고, 나를 미워하거나 싫어하는 사람도 내 마음을 알아서 최소한 나를 싫어하거나 미워하지는 않는다. 이것이 임사 체험과 가족세우기를 통해서 경험하고 배운 내 확신이다. 나는 그런 경험들을 통해서 내 안에 있는 '잘난 체 하고 싶은 교만함'과 '나와 세상은 분리되어 있다는 어리석음'이 정화되고 사라질 때, 세상은 '사랑 그 자체'로 변한다는 걸 배웠다. 돈으로 살 수 없는 소중한 경험이요, 금과도 바꿀 수 없는 빛나는 배움이었다.

나에게 자유와 행복의 눈이 열리도록 스승이 되어주신 시어머니는 지금 생각해도 고마울 뿐이다. 고생 끝에 낙이 온다고 했다. 나는 임사 체험으로 얻은 두려움 없는 용기와 가족세우기로 생긴 질서 있는 눈뜬 사랑으로 내 결혼 생활 최대의 기도 제목이었던 시어머니와 새로운 만남을 가졌고, 축복을 받았고, 사랑도 받았다. 더 중요한 것은 시어머니 살아계실 때에 진정한 화해가 이루어진 것이다.

"시어머니! 고맙습니다. 모든 것이 시어머니 덕입니다."
2009년 12월 24일 밤에 며느리 이현주 올림.

◎ 가족세우기 전문 세라피스트로 인가받다

가족세우기를 만난 지 7개월이 지난 2002년 6월 말쯤이었다. 가족세우기 워크샵이 끝난 후 우리 부부는 박이호 선생님을 모시고 전주에서 꽤 유명한 한정식당에서 점심식사를 했다. 그 자리에서 박이호 선생님은 "이현주 선생님은 가족세우기 안내를 하셔도 될 것 같아요, 해 보세요."라고 말했다. 나는 "고맙습니다. 그러나 저는 아직 멀었어요." 하고 사양했지만, 박이호 선생님은 "아닙니다. 충분히 안내하실 수 있습니다. 용기를 가지고 하세요."라며 나를 격려하고 용기를 주셨다.

그렇지만 아직 배울 게 많다고 생각한 나는 박이호 선생님을 모시고 거의 달마다 가족세우기 워크샵을 열었다. 그때는 가족세우기가 워낙 생소한 프로그램이라 워크샵을 하는 곳이 거의 없었기 때문에 사람들이 전국 각지에서 우리를 찾아왔었다. 그리고 그분들 중에서 많은 사람이 우리 부부에게 상담 요청을 했다. 우리는 그 분들에게 주로 가족세우기에서 배운 방법과 통찰을 중심으로 상담과 치유를 진행했다. 여기저기에서 간질이나 암과 같은 난치병이 낫거나, 이혼 직전까지 갔을 정도로 힘들었던 부부 사이가 좋아지거나, 난폭하거나 들뜬 자녀들의 성격이 온순해지고 차분해졌다는 소식이 들려왔다. 흐뭇함과 보람을 느꼈던 시간이었다.

◎ 홀로 가족세우기를 하다

가족세우기를 오래 하면서 나는 결국 부모가 건강하고 행복하게 살아야 자녀와 후손들이 건강하고 행복하게 사는 것을 수도 없이 보았다. 그래서 나는 우리 애들에게 우리 집의 부정적인 기운이 아닌 긍정적이고 맑고 밝은 기운을 물려주고 싶었다. 결혼해서 만난 시어머니의 행동과 친정할머니의 행동이 닮은 것에 너무나 놀랐기에 행여나 내 딸이 나와 같은 운명에 처하면 안 된다는 생각이 강하게 들었다. 내 딸에게는 나보다 훨씬 더 포용성과 이해심이 있는 시어머니를 만나게 하고 싶었다. 그리고 가난의 굴레에서 벗어나고 싶었다.

가난이 죄는 아니지만, 애들을 키우면서 애들이 원하는 걸 못 해줘서 엄마로서 마음이 아픈 적이 한두 번이 아니었다. 그리고 우리 집의 빚은 점점 더 늘어가고 있었지만, 내가 할 수 있는 건 기도밖에 없었다. 나는 기도하고 또 기도했다. 내 처지를 불평하지 않고 있는 그대로 받아들일 수 있는 힘과 지혜를 달라고. 그리고 엎드리고 또 엎드렸다. 시댁의 운명에 끼어들지 않고 남편의 운명을 있는 그대로 받아들이고 존중하도록, 그리하여 원망하지 않고 고마운 마음이 들도록. 그리고 날마다 새롭게 보는 눈이 열리도록.

2005년부터 홀로 시작한 가족세우기는 그런 절박함 속에서 계속됐다. 다행히 나는 가족세우기에서 쓰는 생명의 말을 스스로 만들어 낼 수 있었다. 잠자기 전에 엎드려서 온몸의 힘을 뺀 채로 홀로 가족세우기를 했다. 그날 마음에 걸렸던 사람이나 사건, 그리고 돈에 대한 저항을 주제로 했다. 돈에 대한 우리 집 가족 양심이 거리껴서 죄책감이 들면 있는 그대로 존중하고 받아들였다. 또 내가 생각하는 부모님의 돈에 대한 태도를 받아들였고, (외)조부모님과 (외)증조부모님의 돈에 대한 태도를 받아들였다. 그리고 건강과 인간관계, 남을 원망하는 삶의 태도들에 대해서 홀로 가족세우기를 했다. 남자에 대한 생각, 여자에 대한 생각, 나 자신에 대한 생각…… 주제는 계속 나왔다. 특히 내게는 무슨 힘든 일이 생기면 '나만 없어지면 세상이 조용할 텐데'라는 어머니 양심이 강하게 들어와 있었다. 어릴 때부터 많이 들었던 어머니의 아픔이 그렇게 가족 양심으로 내면화되어 나를 힘들게 했다. 그 어머니에 그 딸 아니겠는가? 그러나 벗어나야 했다. 그 누구도 탓하거나 원망하고 싶지 않았다. 나는 내가 한 일에 책임지고 살기 위해서 가족세우기를 했지, 남 탓이나 원망하는 마음을 지닌 채 살기 위해서 한 게 아니었다. 어머니로부터 물려받은 '내 탓(또는 죄인의식)'에서 벗어나기 위해 어머니와 어머니의 운명을 있는 그대로 받아들였다. 그렇게 하다가 잠이 들었다. 비록 우리 집의 바깥 환경이 바로 바뀌지는 않았지만, 내 마음은 한결 더 여유롭고 평화로웠다.

신비한 꿈도 많이 꾸었다. 어떤 날에는 온통 하얀색의 동물들과 신나게 노는 꿈을 꾸었고, 성경 이사야 11장에 나오는 것과 같이 사자와 어린양이 뒹굴며 노는 곳에 나도 같이 있는 꿈을 꾸기도 했다. 그러자 어느 순간 남편에 대한 고마운 마음이 새록새록 올라오기 시작했다. 사랑하는 사람이지만, 경제적으로 유능하지 않고 집에서보다 바깥에서 더 좋은 사람 소리를 듣는 남편을 가끔씩 원망하기도 했다. 시어머니와의 사이가 힘들 때 다짜고짜 자기 엄마 편만 들었던 행동에도 서운한 감정이 남아있었다. 하지만 홀로 가족세우기를 통해서 마음을 계속 정화하자 그런 마음이 싹 사라지고, 남편에 대한 고마운 마음과 단점보다 장점이 먼저 보이는 눈도 많이 열렸다.

◎ 가족세우기 통찰로 하는 그림 읽기 상담을 시작하다

그렇게 가족세우기가 내 인생의 중요한 전환점이 되었고, 상담사로 자라는 데 든든한 밑받침이 되었다. 한 사람이 상담하러 오면 대역이 필요했기에 나는 사람 대역 대신에 방석이나 인형을 활용해서 상담에 활용하기도 했다. 그러자 나와 상담을 한 사람들이 나를 보고 굉장히 '영적'이라고 말했다. 나는 가족세우기 통찰에 근거해서 방석이나 인형을 활용한 건데, 나를 보고 영적이라느니, 역시 기도를 많이 하시는 분이라 다르다느니, 하고 말했다. 크리스천으로서 그런 말은 칭찬이 될 수 있겠지만, 상담사로서는 별로 듣고 싶은 말은 아니었다.

그러다가 교인들의 자녀들 상담을 하면서 아이들이 종이에 이름을 써놓은 걸 자세히 보니, 거기에도 이름을 쓴 아이들의 마음이 투사되어 있었다. 그걸로 상담을 했더니 아이들이 신기하다며 자신의 마음을 잘 알아준다고 좋아했다. 더 나아가 종이에 색연필로 자기 모습을 그리게 하고, 거기에 투사된 마음을 상담했다. 그런 그림을 가족세우기 통찰로 보았더니 애들의 마음이 보이고, 가족관계가 보이고, 친구관계며 자존감이 있는지 없는지도 보였다. 심지어 진로 상담까지 되었다. 애들이 신기하다며 좋아했다. "엄마도 잘 모르는 저를 선생님은 잘 아신다."며 나를 신뢰했다.

◎ 가족세우기 통찰로 하는 그림 읽기 상담의 실제

[그림 1] 자기 모습을 그리게 한 그림
읽기 상담 사진

[그림 1]에서 보듯이 색연필로 자기 모습을 그리게 한 후에 그 그림을 보고 가족세우기 통찰로 하나하나씩 해석하며 상담한다. 그림을 통해 자신의 숨겨져 있던 신체적·심리적 상처나 어려움, 불면증 여부, 자존감 높낮이, 부모의 사이, 자신과 부모와의 사이, 친구 사이, 재능(청음력, 눈썰미, 후각, 언변, 손재주 등)을 알 수 있다. 추상적인 접근이 아니라 구체적으로 접근하여 상담하기에 상담자와 내담자의 신뢰 관계가 곧바로 형성된다. 기존의 미술치료와는 접근법이 전혀 다르며, 참고로 나는 미술치료나 HTP(집·나무·사람을 그리게 해서 해석하는 미술 심리 검사의 한 종류)를 전혀 배우지 않았다. 오직 가족세우기 통찰로만 하는 상담임을 밝힌다.

노래를 잘하는 재능이 발견되는 경우 클래식이 맞는지, 국악이나 민요가 맞는지, 발라드나 락이 맞는지, 트로트가 맞는지도 알 수 있다. 악기도 청음력 유무에 따라 내담자에게 알맞게 코칭할 수 있다. 예를 들어 음악성이 발달했으나 청음력이 아주 뛰어난 경우에는 바이올린을 배우는 건 정신건강에 좋지 않다고 본다. 나는 숲에서 뱀이 기어가는 소리까지 들을 정도로 청음력이 발달한 편인데, 음악소리가 크면 신경이 자주 예민해지는 것을 경험했기 때문이다. 조금 과장하자면 천

등 치는 소리를 듣는 것 같다. 이런 사람은 피아노나 첼로 등 귀에서 약간 떨어져서 연주하는 악기가 정신 건강에 좋을 것이나. 부모님들이 자녀들의 이런 특성까지 고려해서 재능을 발견하고 진로 지도를 하면 좋겠다는 생각으로 여기에 덧붙인다.

[그림 2] 가족의 모습을 그리게 한 그림 읽기 상담 사진

그러던 차에 나와 알고 지내던 분의 소개로 2005년 3월부터 11월까지 전주의 어떤 중학교에서 상담 자원봉사자로 일할 수 있는 기회가 주어졌다. 일주일에 이틀, 총 4시간이 내게 허락되었다. 학생 1명당 약 10분 정도 상담을 했는데, 상담했던 학생의 도벽이 없어지고, 혼자 지내던 학생이 친구들을 사귀고, 살도 빠지는 등 상담효과가 나타난 모양이다. 내가 별 말을 한 것도 아니었다. "네 모습을 그려줘." 하면서 A4 용지와 색연필을 준다. 그러면 자기 모습을 그린다. 나는 그림 그리는 장면을 지켜보다가 그림이 다 그려지면 그걸 가지고 하나씩 말하며 상담한다. "너는 외로워서 사람보다 물건에 관심이 많구나. 얼마나 외로우면 그럴까? 사람들은 대화도 안 되고 답답하지만, 물건은 그렇지 않잖아?"라고 말하며 접근한다. 그러면 어떤 애들은 그 말을 듣자마자

울기도 하고, 침묵으로 자신의 마음을 보기도 한다. 바로 핵심감정으로 들어가서 상담을 하는 것이다. 그런 식으로 하기 때문에 초단기 상담이 가능하다.

학교 측에서는 초단기 상담이 효과를 발휘하자 2학기에 공부를 잘하는 학생 위주로 상담실에 보냈다. 1학기에는 도벽, 공부 못하는 학생, 인터넷 중독, 집단 따돌림 당하는 학생 등 상담이 필요한 아이들을 중심으로 했는데, 아이들이 상담 후에 공부도 하고 친구도 사귀는 등 상담 효과가 바로 나타나자 학교 측에서 욕심을 부리는 것 같았다. 나는 '아, 여기서 끝내야겠다.'는 생각이 들었다. 그래서 그해 11월에 그만두고 나왔다. 그때 상담한 아이들의 수가 200명이 넘었다. 그곳에서 나는 내 상담방법이 현장에서 통하는 것을 확인했다.

잠시 광주로 이사를 갔다가 다시 전주로 와서, 2009년부터 2011년까지 ○○대안학교와 ○○쉼터에서 학생들을 대상으로 개인 상담과 집단 상담을 진행했다. 2012년에는 ○○중학교 위클래스에서 전문상담사로 일했다. 처음에 학교에서 면접을 볼 때 그 자리에 교장 선생님과 교감 선생님, 상담부장 선생님이 동석했다. 교장 선생님이 내게 질문했다. "애들이 무섭지 않나요?" (그 학교는 거친 행동으로 선생님들의 속을 썩이는 소위 문제아가 몇 명 있었다고 한다.) 나는 "애들은 애들이죠, 뭐."라고 쿨하게 대답했는데, 그 대답이 마음에 든다면서 채용이 되었다. 그 학교에서 전문상담사로 일하는 동안 상담을 신청한 학생들이 너무 많아서 즐거운 비명을 질렀다. 10개월 동안 약 700여 회를 상담했다.

2013년에는 나와 오랫동안 알고 지내시던 분의 도움으로 드디어 상담실을 열 수 있었다. 나는 그저 '하늘이 주시면 하고, 하늘이 안 주시면 아직 때가 되지 않았거나 내가 그런 그릇이 되지 않아서겠지.'라고 생각하고 있었는데, 도와주시는 분이 감사하게도 적극적으로 권해주셔서 마침내 예배당이 아닌 다른 곳에, 그것도 전주에서 아주 유명한 건물에 상담실을 연 것이다. "아! 내가 인생을 헛되이 살지는 않았구나. 모든 것이 당신들의 덕입니다."라는 고마운 마음으로 더욱 더 낮고 겸손하게 일하기로 다짐했다.

◎ 이런저런 고민과 비난들

다시 2005년 전후로 돌아가자. 꼭 기쁜 소식만 있는 건 아니었다. 가끔 가족세우기가 '무당 푸닥거리' 같다거나 '왜 가족의 과거를 파헤치나?'라며 따지는 사람이 있기도 했다. 3대째 크리스천인 내게 '무당 푸닥거리' 같다는 비판은 많은 고민을 안겨 주었다. '분명히 무당 푸닥거리와는 전혀 다른데 왜 그런 오해를 할까? 그냥 그들이 잘못 본 거라 생각하고 말까? 아니면 그들의 말을 존중하여 어떤 변화를 줄까?' 무당 푸닥거리라는 단어를 인터넷 검색엔진에서 찾아보니 '개인의 목적 달성과 고충 해결을 위해 해당인이 제물을 마련하여 개인으로 제의를 진행하는 과정을 말한다.'라고 설명되어 있었다.

가족세우기는 집단 상담의 한 종류일 뿐이지, 무슨 제물을 바치는 행위? 그런 거 전혀 없다. 소위 신 내린 무당이 앞장서서 제의를 행한다? 전혀 아니다. 가족세우기에 참석한 사람이 함께하는 사람 중에서 가족의 대역을 뽑아 세우면, '장'의 힘으로 가족세우기 특유의 역동적인 움직임이 나온다. 훈련받은 전문가가 하느냐, 아마추어가 하느냐에 따라서 그런 움직임을 해석하고 가족을 재배치할 수 있는지 없는지의 차이가 있을 뿐이다. 다만 비슷한 것이 하나 있다. 둘 다 개인의 목적 달성과 고충 해결을 위해서 한다는 점이다. 하지만 심리상담이나 심리치료도 다 이러한 목적을 위한 것이기 때문에 가족세우기를 보고 무당 푸닥거리라고 하는 건 정말 심각한 오해라고 하겠다.

사람들은 보고 들은 정보를 자세하게 분석하고 해석하기보다는 조직화하고 범주화하고 통합한다고 하던데, 아마도 그런 것 같다. 동그라미 모양으로 점을 몇 개 찍어 놓으면, '점을 몇 개 찍어 놓았다'고 하지 않고 '동그라미를 그려 놓았다'고 정보를 처리하는 식이다. 몇몇 사람들은 가족세우기 마당에서 나타나는 대역들의 움직임을 보고 이미 알고 있는 정보인 무당 푸닥거리와 같다고 정보 처리를 하는 것이다. 그렇다고 일일이 찾아다니면서 위와 같은 말로 오해를 풀 수는 없었다. 왜냐하면 그렇게 말하는 사람은 가족세우기에 다시는 참여하지 않았기 때문이다.

또 '왜 가족의 과거를 파헤치나?'라는 비판도 존중하기로 했다. 이는 가족의 대역들을 세워서 보는 과정에서 여러 가지 현상이 나타나는 것을 보고 '가족의 과거를 파헤친다'고 오해한 결과였다. 진실은 의뢰인이 무의식적으로 가족에 대해서 가지고 있는 상相이 가족세우기 마당에서 현상학적으로 나타난 것인데, 그렇게 보니 당황스럽기도 했다.

한편으로는 칼을 들고 나타난 사람을 두 번이나 만나서 어르고 달래서 보내야 하는 일도 겪었다. 그들은 나와 직접적으로 부딪친 게 아니었다. 한 사람은 가족세우기를 한 이후에 화가 나서 술을 먹고 다시 돌아와서 칼을 숨긴 채 소란을 피우는 바람에 분위기가 무거워졌다. 나는 그 사람을 잘 타일러서 집으로 돌려보냈다. 다행히 더 이상의 일은 벌어지지 않았다. 또 한번은 자신과 관련된 공동체에서 생긴 오해와 갈등 때문에 내게 따지러 오면서 칼을 신문지에 싸서 숨긴 채 우리 집으로 찾아 온 경우였다. 그때 남편은 서울에서 하는 세미나에 참석하러 가고 없었다. 나는 그를 잘 타이르고 달래서 칼을 놓고 가도록 했다. 한 번 죽어보았기 때문일까? 칼을 들고 나타난 사람이 무섭지 않았다. 손에 칼을 든 건 나를 찌르려고 하는 게 아니라 자기를 방어하기 위한 자기 보호로 보였고, 자기 마음을 알아달라는 말 없는 호소로 들렸기 때문이다. 내가 먼저 자기방어 없이 다가가자 그쪽에서도 무장 해제를 하여 손에서 순순히 칼을 놓았다.

하지만 그런 일들을 겪으면서 나는 고민했다. 가족세우기는 나나 내 남편이나 많은 사람들이 유익한 도움을 받은 참 좋은 프로그램인데, 왜 부정적인 반응을 보이는 사람들이 있을까?

그 고민의 결과로 개발한 것이 "무슨 일로 오셨습니까?"라고 질문(고민)을 하지 않고, 곧바로 가족의 대역이 아닌 의뢰인의 대역을 세워서 그것을 함께 보면서 설명하는 방식이다. 이렇게 개인의 목적을 달성하고 고충이 해결되도록 돕기는 하지만, 내 목표는 그것을 스스로 해결해 갈 수 있는 힘과 지혜를 키워주는 것이다. 물론 개인의 목적이 달성되고 고충이 해결되는 일은 자주 있지만, 이는 가족세우기를 해서가 아니라 '그럴 때가 되었기 때문'이라고 나는 볼 뿐이다. 또 이렇게 진행함으로써 가족의 과거를 파헤친다는 비판도 사라졌다. 왜냐하면 의뢰인은 먼저 대역을 통해 자신의 상태를 본 후에 진행되는 가족세우기를 보기 때문에 오해할 소지가 없어진다. "아! 내가 저런 가족 운명과 가족 양심을 가지고 있었기에 그렇게 힘들게 살았구나." 하고 자각한다. 구름이 많이 끼면 비가 온다는 걸 알고 준비하듯이, '나' 대역의 움직임을 보고 미리 마음의 준비를 시키는 것이다.

좀 더 자세히 정리하면 다음과 같다.

첫째, 가족세우기를 개발하고 발전시킨 버트 헬링거 선생님은 독일 사람이다. 그에 대한 비판 중 하나가 치료 과정이 지나치게 엄격하다는 점이다. 이에 대해서 그는 "성장은 영양(칭찬과 격려)뿐만이 아니라 반대와 저항도 필요로 한다."고 말한다. 저항을 하는(치료 과정이 엄격한) 치료자에 대항해서 의뢰인이 성장한다고 주장한다. 독일에서도 헬링거 선생님의 치료과정의 엄격함에 저항하는 사람들이 있는데, 그중 많은 사람들은 그런 지 2년이 지난 후 감사 편지를 보낸다고 한다. [6]

하지만 한국 사람들은 어떨까? 독일 사람들처럼 그런 일을 겪은 후 나중에 감사 편지를 보내는 이가 얼마나 될까? 치료 과정의 엄격함 때문에 상처를 받아 아예 마음의 문을 닫아버린 사람은 없을까? 실제로 두세 명이 그랬다. 그래서 나는 의뢰인들에게 있는 그대로 솔직하게 이야기하기, 즉 얻은 통찰을 가차 없이 말하는 것을 원칙으로 하되, 준비가 안 된 사람에게는 좀 더 지혜롭게 말해야 한다고 생각했다. 독일 사람들은 개인적이고 이성적인 면이 강한 사람들이지만, 한국 사람들은 집단적이고 정적인 면이 많은 사람들이다. 독일 사람들은 '자유'의 가치를 중시하지만, 우리나라 사람들은 '조화'의 가치를 중시한다. 그래서 독일 사람들은 직면이나 도전도 이성적으로 생각하여 받아들이려는 면이 있지만, 한국 사람들은 감정이 상하면 더 이상 생각하지 않으려는 경향이 있다. 무시당했다고 생각하면, 즉 치료자와 의뢰인 사이의 조화가 깨졌다고 생각하면 속이 상해서 더 이상 생각하기를 싫어하는 사고방식이랄까?

둘째, "무슨 일로 오셨습니까?" 하고 물어보면 여러 사람 앞에서 대답을 해야 하므로 긴장하고 부담스러워한다. 나도 그랬고, 참가자들이 이구동성으로 하는 말이다.

셋째, 처음부터 "가족을 세우세요." 하고 한꺼번에 가족을 세워서 놓고 보니, 신기하게 보기도 하지만 오히려 이상하게 생각하는 사람들도 있었다. 심지어 가족의 과거를 파헤친다는 오해도 받았다.

넷째, 가족세우기에 중독되는(?) 사람들이 있었다. 가족세우기에 몇 번 참가한 경험이 있는 사람들은 힘든 일만 있으면 "사모님, 가족세우기 해주세요."라고 했다. 물론 그렇게 해서 문제가 해결되기도 했다. 하지만 가족세우기로 잠시 마음의 평안을 얻었으나 문제는 해결되지 않은 채 그대로 있는 경우도 있었다. 온 힘을 다해 가족세우기에 임하지 않고 내면으로 들어가는 시늉만 한다고 할까? 자신의 마음이나 태도를 바꿀 생각을 하지 않고 상대방(배우자, 자녀, 타인 등)을 바꾸려고 한다고 할까?

그래서 나는 첫째 질문에 대한 답을 한국 사람들의 정적이고 조화를 중시하는 면을 존중하여 '꼭 해야 할 말은 하되, 가급적 마음이 상하지 않게 조심스럽게 말하자. 말 한 마디로 천 냥 빚도 갚는다고 하지 않는가? 의뢰인이 준비된 만큼만 가자.'라고 정리했다.

둘째로, 의뢰인에게 "무슨 일로 오셨습니까?"라는 질문을 하지 말자. 어차피 의뢰인의 대역을 세워봄으로써 거기서 얻은 통찰을 통해 가족 세우기를 진행하는 것이니 부담스러운 분위기를 만들지 말자. 의뢰인이 부드럽고 편안하게 느끼도록 진행하자. 다만 대역의 행동을 관찰한 후에 설명을 해서 의뢰인의 자기 이해를 돕도록 하자.

셋째로, 가족을 먼저 세우면 사람들이 혼란스러워하는 걸 많이 보았으므로, 처음에는 의뢰인의 대역을 세워서 보도록 하자. 이를 통해 '가족 이해' 이전에 먼저 '나를 이해'하도록 만들자. 가족이 아니라 자신이 먼저 변하도록 도전하게 하자. 이 세상은 나 자신이 중심 아닌가? 내 인생의 주인공은 나이기에 내가 바로 서야 가족도 잘 돌볼 수 있고 이웃도 사랑할 수 있지 않겠는가?

넷째로, 가족세우기에 지나치게 의존하는 마음을 없애기 위해 '나'의 대역을 더욱 강화하자. 내 삶은 물론 가족 시스템(가족 운명과 가족 양심)의 영향을 받지만, 거기에서 벗어나고 싶고 벗어나려고 노력하는 것은 분명히 '나'라는 걸 명백하게 알도록, 주체 의식을 갖도록 안내하자. 내 마음 바꾸기, 내 눈 정화하기, 내 삶의 관점 키우기, 내 낡은 습관 알아차리기를 할 수 있도록 안내하자. 그러면 의뢰인 안에 있는 변화의 힘이 솟아나리라.

2009년부터는 '나(의뢰인)' 세우기를 먼저 한 후에 가족세우기 혹은 조직세우기로 확장해가는 방식을 사용했다. 그러다가 내 상담실이 생기고 가족세우기 교육생 과정을 시작했다. 다행히도 많은 분들이 함께 해주셔서 '나' 세우기를 먼저 하는 방식으로 진행하는 결과가 좋아

정말 고마운 마음이 든다. 나는 다른 데서 가족세우기를 배우고 오신 분이라도 내 방식대로 진행하기를 고집한다. 그리고 먼저 자신을 알아야 하고 자신이 변해야 함을 역설한다. 이는 내가 어릴 적에 눈이 멀어 보고, 결혼해서 시어머니의 강압적인 말투와 억지소리에 시달려 보고, 죽었다가 다시 살아나 본 경험 때문이다. 다 내가 창조한 것이요, 내가 스스로 그런 세계를 만들어 고통을 즐기기로 결정한 것이었다는 절절한 깨달음이 있었기 때문이다. 내가 바로 서면 세상이 바로 선다.

그런데 가족세우기를 하다 보면 자신의 마음을 바꾸려고 하기보다는 자기도 모르게 가족 또는 다른 사람의 마음을 바꾸고 싶다는 유혹을 받는 경우도 있다. "나는 문제가 없고 내 남편이 문제가 많으므로 가족세우기 해주세요."라는 식이다. 우리 민족에게 뿌리 깊이 박혀있는 의존심리 때문이요, 몸에 배어있는 남 탓 때문이다.

다른 사람을 바꾸려 하지 말고 먼저 나를 바꾸어야 한다. 남의 일에 쉽게 끼어드는 오지랖을 줄여야 한다. 함부로 남의 일에 끼어드는 사랑의 양을 줄이고, 그 사랑의 에너지를 먼저 나를 소중하게 여기고 나를 사랑하고 나를 돌보는 데 쓸 때, 우리의 사랑은 행복의 큰 바다를 향해 흐르는 도도한 강물이 된다. 내가 행복하면 가족도 이웃도 행복하다. 내가 달라지면(변화되면, 변형되면, 눈뜬 사랑을 하면), 그때 많은 사람들이 나를 통해서 변화되기 시작한다. 바로 그것이 기적이다.

04 가족세우기를 만나기까지 내 삶의 여정 - 하현숙

◎ 탄생과 성장

　나는 경남 진주시 사천이라는 작은 시골마을 면에서 전통적 종갓집 종손 유교집안의 2남 3녀 중 장녀로 태어났다. 아버지는 부산의 우체국 공무원이었고, 어머니와 할머니는 우리들을 시골에서 키우며 사셨다. 아버지는 엄격하고 대의명분과 신뢰를 중요시하며 근면하고 성실하고 과묵하셨는데, 우리들과는 교류가 전혀 없었다. 하지만 넘치는 에너지와 열정을 소유하신 분으로, 마음에 우울감이 심해서 분노를 폭발시킬 때는 매우 무서웠다. 외모는 준수해서 항상 멋쟁이이고 깔끔하셨다. 어머니는 말이 없고 조용하고 살림살이와 아이들을 키우는 데에 온 힘을 기울이셨다. 우리들에게는 늘 헌신적이셨다. 오빠는 늘 몸이 아팠고, 동생들은 어렸고, 나는 혼자 나가서 노는 걸 좋아했다.

　내가 6살 되던 해, 어느 봄날 언덕에서 불을 붙이고 잔디를 태우고 있었다. 형제자매와 오빠와 이웃집 아이들이 놀러 나와 그곳에 쭈그리고 앉아서 불을 여기서 저기로 옮겨 붙이면서 놀고 있었다. 아버지가 나와 동생에게 사주신 원피스를 입고서 말이다. 그런데 그 원피스 치마에 불이 붙었다. 동생이 너무 괴롭고 무서워서 발을 동동 구르는 동안 치마가 타들어 가고 몸도 불에 타들어 갔다. 우리는 무기력하게 지켜볼 수밖에 없었다. 아무것도 하지 못한 채 흙덩이를 동생에게 힘껏

내던지기만 했다.

얼마나 울면서 그렇게 동생이 나늘어가는 것을 보고 있었을까? 이웃집에서 아이 울음소리를 듣고 할아버지가 나와서 동생 옷을 뜯고서 오줌통에 동생을 담갔다. 나중에 부모님께 들은 바로는 동생 살이 너무 익어 고칠 수가 없다고 하셨다. 어머니는 그런 동생을 업고 백방으로 다니셨다. 돈이 없어서 병원은 가지 못하고 3년 동안 신경을 쓰시며 민간처방약으로 겨우 고쳤다. 우리 가족의 첫 아픔을 체험했던 것이다. 그러한 사건은 우리 가족에게 상처로 남았다.

우리 가족은 그 후로 부산으로 이사를 와서 또 한 번의 고난을 겪는다. 아버지께서 시골의 전답을 판 돈을 사촌형수께 빌려주었다가 전부 사기를 당했다. 그런 일을 당한 이후 가세가 기울어져 부모님은 날마다 다투셨고, 우리는 불안에 몸을 떨어야 했다. 어느 날 아버지가 너무 화가 나서 페인트 통으로 어머니의 허리를 향해 힘껏 던져 버렸는데, 어머니는 그때 허리를 많이 다쳐서 고생하셨다. 나는 그 이후부터 아버지를 더욱 무서워했다. 초등학교 3학년 때 학교 준비물을 사줄 돈이 없다고 하자, 나는 학교에 안 가버렸다. 그러자 아버지가 자전거 묶는 밧줄로 나를 사정없이 때렸다. 태어나서 아버지에게 그렇게 세게 맞아 본 것이 그때 처음이었다. 이후로 아버지가 더욱 더 무서웠다.

우리 집은 그 후로 큰 역경은 없었지만, 나는 청소년 시기를 지나 성인이 될 때까지 드러나지 않고 조용하고 내성적인 사람으로 자라고 있었다. 또한 마음의 우울을 자주 경험했다. 혼자 다니고 혼자 놀고 동생들을 보살피면서 살았다. 친구도 별로 없이 지냈기에 항상 외로웠고 나만의 세계를 만들면서 꿈을 꾸곤 했다.

◎ 결혼

나는 집이 싫었다. 아버지의 구속이 없는 곳에서 자유롭고 편하게 독립된 인생을 꿈꾸었다. 자취를 하는 친구들이 부러웠다. 나는 결혼의 준비도 되어있지 않았고 책임 있는 성인이 되어있지도 않은 상태에서 맞선을 보고 지금의 남편과 결혼을 했다. 그저 남들처럼 결혼해서 집을 떠나고 싶고 독립하고 싶은 마음에, 사랑의 감정도 느끼지 못한 채 부모님의 뜻과도 상관없이 결혼을 했다. 그렇게 얼떨결에 결혼함과 동시에 남편에게 내 인생을 걸었고, 내 미래와 희망과 행복을 기대하고 요구했다.

그랬던 기대와 요구가 조금씩 무너져 가면서도 어느덧 두 아이의 엄마가 되었다. 남편에게 걸었던 기대가 좌절되자 내게는 더 깊은 마음의 어둠이 밀려왔다. 미움과 분노와 배반감으로 하루하루를 살았다. 시간이 흐를수록 그 강도는 더해 갔고, 나는 존재감을 상실했다. 내가 누구이며 무엇 때문에 사는지 알지 못한 채 보낸 슬픈 시간들이었다. 남편은 낚시와 술 마시기에 시간을 할애하고 있었다. 그러다 결혼 10년이 훌쩍 넘긴 어느 날, 배가 만삭이 된 채로 집으로 와서는 병원에 같이 가보자고 했다.

◎ 고난의 결혼 생활

결혼 11년째에 남편은 만성간경화 말기 판정을 받았다. 간경화로 배에 복수가 차서 남은 생명은 길어야 3년, 짧으면 1년이라는 진단이 내려졌다. 하늘이 무너져 내리는 기분이 바로 이런 것이구나, 라는 것을 그때 느꼈다. 남편은 병원에 1년에 세 차례씩 입원을 해야 했다.

그러나 남편은 조심하기는커녕 날마다 술을 마시면서 서서히 죽음을 향한 내리막길로 치닫고 있었다. 나 또한 '죽으면 죽으리라.' 하고 남편이 죽어가는 고통을 같이 겪으면서 아내로서의 나 자신의 무력감 앞에 비애를 느꼈다. 그러다가 나는 차라리 남편을 놓는 게 편안하겠다고 생각했다. 나는 그때 배웠다. 내가 할 수 없는 것을 받아들이는 법을.

나는 남편을 병원에 입원시켰고 내 모든 자존심을 송두리째 내려놓아야 했다. 절망 속에서 실낱같은 희망을 품고서, 나는 저 깊은 심연 속으로 가라앉았다.

그 후 기적 같은 일이 벌어졌다. 남편의 간경화가 치료된 것이다. 남편은 그로부터 13년이 지난 지금 술도 끊고 건강도 회복되어 직장에 잘 다니고 있다.

◎ 변화의 시작

내가 겪고 있는 삶을 이해하고 싶어서 2002년부터 상담공부를 하기 시작했다. 회정치료공동체에서 집단 상담을 처음으로 공부했고, 마음의 세계에 눈을 뜨면서 사람 마음에 대한 이해와 역기능의 순환 고리, 공동의존, 억압된 감정의 소통 등을 배웠다. 나는 그곳과 대학원에서 중독심리를 전공함으로써 많은 것을 배웠지만, 존재를 깊이 이해하기 위해 분석적 접근으로는 한계가 있다는 생각이 들어서 보이지 않는 세계를 공부하고 싶었다. 삶에 대한 깊은 이해를 바탕으로 나를 받아들이고 존중하고 싶었다. 특히 평가나 판단 없이 그저 있는 그대로 보고 싶었다. 사람들의 행동이나 일상에서 일어나는 반복적인 사건의 배경이나 유기적인 관계를 보는 눈이 생기기 시작했지만, 그것으로는 부족하여 좀 더 깊은 것을 찾고 있었다. 정말로 사람에 대한 이해를 하고 싶었다. 그것이 갈급했기에 어떤 배움도 마다하지 않았다. 그렇게 하여 가족세우기를 만난 것이다.

◎ 가족세우기와의 만남

2004년에 박이호 선생님을 만나서 가족세우기를 경험하였고, 전주의 박병식 목사님과 이현주 사모님이 운영하신 가족세우기 장에서 내 가족의 역사를 알았다. 2006년에서 2010년까지는 박이호 선생님이 이끄는 '영과 함께 하는 가족세우기 전문가 과정'에 참여하면서 삶과 가족에 대한 재인식의 길을 걸어 왔다.

나는 또 상담 현장에서 겪는 사례를 좀 더 자세히 연구하고자, 가족세우기 통찰에 근거한 상담 경력이 풍부한 이현주 선생님의 '전주 가족세우기(대한가족세우기 학회 주관)'에 동참하여 현재 함께 공부하고 있다.

나는 내가 어린 시절에 원가족과 융합된 채 확대된 가족에 뿌리내리지 못하고 좌절하여 원망과 미움, 그리고 분노를 남편에게 쏟아 부었다. 나는 장녀로서 늘 집안을 돌봐야 했기에 희생적인 마음과 남을 돌보는 능력은 발달했으나, 마니로 데이나서 사산 남편을 돌봐야만 하는 아내의 역할과 장녀의 역할은 다르기 때문에 힘이 들었다. 게다가 우울감이 심해서 자신을 비하하는 것이 습관처럼 되어있었다. 부정적인 생각이 떠나지 않았고 걱정과 근심이 많았다. 그래서 항상 집이 조용해야 했고, 떠들거나 말소리가 크면 불안해졌다. 나는 자기합리화를 하면서 고통을 직면하지 못하고 회피했다.

또한 아버지가 지나치게 공부를 강조하시고 엄격하셨기 때문에 언제나 내 사고는 경직되어 있었고 공부를 못한다는 열등감이 많았다. 정신의학자 알프레드 아들러(Alfred Adler)는 "열등감은 연약한 인간에게 자연이 준 축복이다."라고 했는데, 내가 가진 열등감도 내가 지닌 잠재능력을 발전시키는 촉진제가 되었다. 그래서 지금 이렇게 나이가 들어서까지 상담학 석사 학위를 받고 상담학 박사 과정도 공부하게 되었으므로 열등감이 이제는 오히려 부모님의 영광이자 기쁨이 되었다.

나는 죽음이란 것이 끝이라고 생각했다. 죽음은 다시 회복할 수 없는 너무나 큰 두려움의 대상이며 죽고 싶지 않았기에 더욱 더 두려웠다. 그러나 가족세우기를 배우면서 죽음은 새로운 탄생을 의미한다는 것을 알았다. 내 자아가 죽음으로써 새로운 자아가 탄생함을 체험했다. 그토록 두려웠던 죽음에 대한 두려움을 뒤로 하고 오늘 하루에 충실한 삶으로 바뀌니 죽음이 삶의 저편에서 내 편이 되어 나에게 복을 가져다주었다.

사랑이 뭔지도 몰랐던 결혼 생활을 해오면서 이제는 알 수 있다. 사랑은 느낌도 아니고, 간섭도, 집착도, 속박도, 희생도 아니다. 사랑은 놓아줌이자 배려이고, 관심 있는 행동이자 경청이며, 실천이자 책임임을 가슴 아파하며 배웠다.

그리하여 애벌레가 고치가 되고 고치에서 나방이 나와 날듯이, 오래되고 낡은 내 틀을 깨고 나오니 나는 행복한 엄마, 건강한 아내, 화목한 가정의 나비가 되어 훨훨 날고 있었다.

◎ 가족세우기의 통찰

어머니와의 관계에 대한 가족세우기를 하면서, 어머니가 낙태를 하셔서 병간호를 할 때 나는 '결코 엄마처럼 낙태를 하지 않을 거야.'라는 교만한 마음으로 어머니의 삶을 존중하지 못했음을 보았다. 일찍 홀로 되신 윗대의 할머니 운명을 보면서 나도 모르게 과부에 대한 부정적인 시각이 있었음을 알아차렸다. 그렇게 살아남으셔서 아버지, 그리고 나와 형제자매들이 생명을 이어가도록 하신 할머니께 나는 "고맙습니다. 제가 사는 것이 다 당신의 덕입니다."라고 고개 숙였다. 할머니에 대한 부정적인 시각은 할머니를 가엽게 여기는 손녀의 가소로운 유아적 사랑이었다.

동생의 몸에 불이 붙어 몸이 타들어가는 사고를 겪고도 언니로서 아무런 일을 할 수 없었기에 오랫동안 가지고 살았던 동생에 대한 미안함과 죄책감에서도 풀려났다.

또 부모님이 사기를 당해서 재산을 잃고 고통받는 가족세우기 주제가 나왔을 때 나는 알아차렸다. 내가 스스로 가해자와 피해자를 가르고 돈에 대한 집착이 유달리 강했음을 보았다. 남편의 우울증 발병 원인이 바로 남편 형제의 수많은 죽음들에 뿌리가 있었음을 보고, 아내로서 나도 모르게 남편 일, 즉 시댁 운명에 끼어들어 고통받고 있었음을 깨달았다. 그래서 '아내로서 내가 힘을 잃어 남편의 위로와 힘이 되지 못했구나.' 하는 생각이 들고, 눈먼 사랑을 하는 아내를 만나 힘들어도 묵묵히 함께 살아온 남편의 큰 사랑 앞에 저절로 고개가 숙여졌다. 그리고 내가 자주 느낀 공허감과 우울감은 바로 어머니와 감정의 교류가 없어서 연결이 약했기에 찾아온 손님이었음을 깨닫고 어머니와의 연결을 통해서 공허감과 우울감을 떨칠 수 있었다.

가족세우기를 만나 배우면서 나는 우리 가족이 우리 가족의 방식으로 사랑하고 그렇게 살아서 이제까지 생명이 흐르고 있음에 고마운 마음이 저절로 솟아올랐다. 가족의 운명과 아픔을 부정하거나 회피하지 않고, 있는 그대로 동의하고 존중함으로써 마음의 평안을 선물 받았다. 가족세우기 효과는 나와 우리 가족에게 참으로 컸다. 존재를 있는 그대로 인정한다는 것이 이토록 아름답고 좋은 결과를 가져온다는 것을 가족세우기를 만나서 몸으로 체험했다. 가족세우기는 현상학적으로 통찰하게 한다. 자신이 어떤 자리에 서야 하는지 알게 하며 나와 가족을 진정으로 사랑하는 길이 무엇인지를 알게 한다.

나는 부모님 은혜와 남편 덕으로 가족세우기를 만나 새로운 삶을 살고 있다. 상처받은 치유자로서의 삶을 살고 있다. 나는 상담 현장에서 수많은 사람들을 만나서 상담하고 있다. 하지만 가끔 안타까운 마음이 들 때도 있다. 바로 고통을 받으면서도 풀어짐을 원하지 않는 것을 볼 때다. 행복을 원하면서도 행복해지지 않으려고 고통을 받을 때다. 고통에 익숙해져서 그것이 고통인 줄도 모르고 살아가는 사람을 만날 때 안타까운 마음이 드는 건 나도 그렇게 살아보았기 때문일 것이다. 나는 상담을 시작하기 전에 내 마음을 먼저 정화한다. 부디 나를 만나는 사람이 고통보다 행복을 원하게 하소서, 라는 마음을 갖고, 그들을 있는 그대로 존중하는 태도로 상담을 시작한다.

◎ 끝맺는 말

나는 아버지에게 받지 못한 사랑을 남편에게 받으려는 기대가 실망으로 바뀌고, 말기 간암으로 사느냐 죽느냐의 고비에 선 남편을 떠나보낼지 모른다는 두려움을 겪으면서 인생의 진정한 성장은 고통과 위기의 극복을 통해 찾아온다는 걸 몸으로 배웠다. 고난을 통하여 배운 겸손이야말로 가장 큰 공부였으리라.

아, 나는 그동안 얼마나 남의 탓, 환경 탓, 남편 탓을 하고 살았던가? 내 책임을 회피하고 죄책감에 사로잡혀 얼마나 자신을 속이고 용서하지 못하고 비난해왔던가? 얼마나 부모님과 부모님 운명을 존중하지 못하고, 나 자신과 타인(특히 남편)마저도 받아들이지 못하고 거절해서 스스로 공허와 우울의 감옥에 갇혀 허덕이며 살았던가? 이제 이 모든 것을 뒤로 하고 위로부터 내려오는 생명의 힘을 받아 부모님 공경과 겸손으로 충만한 삶을 살아가고 싶다. 나를 알아가고 나를 사랑하면서 그 사랑의 빛과 힘으로 내담자를 만나고 싶다.

"나에게 생명을 주시고 무한한 사랑으로 키우신 부모님의 그 큰 사랑 앞에 고개를 숙입니다. 고맙습니다, 아버지, 어머니!"

여기까지 온 삶의 여정에 동반자이자 스승이 되어 준, 마음공부와 가족 사랑의 길인 '가족세우기'와 나를 상담 공부로 이끌고 후원한 남편에게 감사한다. 엄마의 공허와 우울조차도 엄마의 사랑으로 알고 잘 자라서 엄마인 내게 기쁨과 행복, 그리고 공부거리를 선물한 딸과 아들에게도 감사한다.

"시아버님, 시어머님! 이렇게 좋은 남편을 낳고 길러 저에게 주셔서 고맙습니다."

내 속엔 내가 너무도 많아

당신의 쉴 곳 없네

내 속엔 헛된 바람들로

당신의 편할 곳 없네

내 속엔 내가 어쩔 수 없는 어둠

당신의 쉴 자리를 뺏고

내 속엔 내가 이길 수 없는 슬픔

무성한 가시나무 숲 같네

바람만 불면 그 메마른 가지

서로 부대끼며 울어대고

쉴 곳을 찾아 지쳐 날아온 어린 새들도

가시에 찔려 날아가고

바람만 불면 외롭고 또 괴로워

슬픈 노래들 부르던 날이 많았는데

내 속엔 내가 너무도 많아

당신의 쉴 곳 없네

「가시나무」 (2002), 작사·작곡 하덕규 / 노래 조성모

2부

마음의 원본原本과 사본寫本, 그리고 가족세우기

- 박병식 -

01 마음의 원본과 사본

　그동안 마음공부(흔히 깨달음을 얻기 위한 공부로 원불교에서 주로 쓰는 말)를 하면서 해결이 잘 안 되었던 점은 바로 '아이덴티티(자아상, 내가 누구라는 생각) 다루기'였다. 도대체 어떻게 해야 내 행동에 구속되지 않고, 남을 판단하지 않고 있는 그대로 보면서 자유롭고 행복한 삶을 살 수 있는 걸까? 나는 그 핵심이 바로 아이덴티티 다루기에 있다고 보았다. 붓다의 주요 가르침인 삼법인三法印 중의 핵심은 '제법무아諸法無我'이다. 이 말은 "이 세상에 있는 모든 사물은 인연으로 생겼으며, 변하지 않는 참다운 자아의 실체는 있지 않다."는 뜻이다. 참다운 자아의 실체가 있지 않음을 알아야 괴로움의 실제에서 벗어나서 자유롭고 행복한 상태, 즉 열반을 성취할 수 있다고 붓다는 가르쳤다. 그렇다면 참다운 자아의 실체가 있지 않다는 건 무슨 뜻일까?

　예수는 다음과 같은 제자의 조건을 제시했다. "누구든지 나를 따라오려거든 자기를 부인하고 날마다 자기 십자가를 지고 나를 좇을 것이니라." 제자의 조건은 곧 자기 부인이다. 나를 부인해야 한다. 그래야 자유롭고 행복한 삶(=천국)을 쟁취할 수 있다고 가르쳤다. 그렇다면 '부인해야 할 나'는 무엇일까? 나의 무엇을 부인해야 할까? 성 프란시스처럼 재산과 명예를 다 버리고 거지로 살면서(붓다와 성 프란시스는 탁발 수행한 것이 닮았다) 거리 전도를 해야 할까? 나는 이미 결혼한 몸으로서 가족을 버리는 건 나 혼자 행복하게 살려는 못된 짓으로 보았다. 솔직히 그럴 용기는 없었다. 그리고 버려야 할 재산도 없고 던져야 할 명예도 없는데 무엇을 버리라는 말인가? 이것이 나의 해결되지 않던 고민이었다.

◎ 금강경에서 받은 도전

금강경에 보면 "보살(깨달음을 추구하는 사람)은 아상我相, 인상人相, 중생상衆生相, 수자상壽者相을 가지면 보살이 아니다."라는 구절이 있다. 여기서 상(相 혹은 想)은 산스크리트어의 '산냐'를 번역한 말로서, '마음에 어떤 모양을 굳게 그리고 만들어서 가지고 있는 상태'를 말한다. [7] 금강경에 의하면 이 산냐가 집착(그라하)으로 발전하고 이 집착은 다시 견해(딧티)로 발전한다고 한다.

아상我相이란 브라만교에서 주장하는 '나'이고 죽음이 없는 영원한 생명자리인 '아트만'이 있다고 굳게 믿는 걸 말한다. 이런 산냐를 가지고 살면 그렇지 않다고 믿는 사람을 천박하다고 여길 것이고, 그런 사람은 고상한 사람이라고 대접할 것이다. 이런 이념에 집착하면 결국 사람을 판단하고 단죄하는 게 당연한 일처럼 여겨진다. 그래서 붓다는 이런 산냐를 내지 않아야 깨달음의 길을 가는 사람이라고 금강경에서 가르치고 있는 것이다.

인상人相이란 삶과 죽음을 초월하는 영원한 개체적인 나, 집단으로서가 아닌 개인으로서의 나가 있다고 믿는 것을 말한다. 어제의 나와 오늘의 나가 다를 수 있는데도 고정되어 있다고 믿는 신념이다. 사람들은 그래서 변하려는 마음을 내지 않는 것이다. 이런 신념이 깨져야 그때부터 깨달음의 문에 들어선다고 할까? 날마다 새롭고 또 새로운 게 바로 나이다. 변화하는 게 나이다.

중생상衆生相은 어떤 생명의 당처가 고정되어 있다고 굳게 믿는 신념으로서 '나는 이런 사람이야, 너는 그런 사람이잖아?' '나는 이래서 안돼, 너는 저래서 안 돼.' 하고 단정하는 것을 말한다.

수자상壽者相이란 산스크리트어 '지와'를 '목숨'이나 '생명'으로 번역한 말로서, 자이나교가 주장하는 영혼과 육체가 다르다는 이원론적인 사고방식을 깨야 진정 깨달음을 추구하는 사람이라고 붓다는 말한다.

붓다가 금강경에서 아주 강하게 설하였듯이 이 네 가지 산냐(상)로부터 이별하려는 마음이 곧 깨달음을 추구하는 사람이 가야 하는 길이다.

나는 금강경을 보면서 '나는 이러저러한 사람'이라는 산냐가 나와 다른 사람을 판단하고 단죄하는 에고(ego) 덩어리라는 걸 알 수 있었다. 이런 사람은 나도 모르게 싫어해서 밀어내고, 저런 사람은 나도 모르게 좋아해서 끌어당기는 조건반사적 반응을 하면서 살아가도록 이끄는 주범이 바로 산냐인 것이 확실하게 이해가 되었다.

◎ 성서에서 받은 도전

그 이전에 나는 이미 예수 그리스도의 근본 가르침도 '자기 부인'과 '들보 빼기'에 있다고 이해하고 있었다.

"비판(판단)을 받지 아니하려거든 비판(판단)하지 말라. 너희가 어찌하여 형제의 눈 속에 있는 티는 보고 네 눈 속에 있는 들보는 깨닫지 못하느냐? 보라. 네 눈 속에 들보가 있는데, 어찌하여 형제에게 말하기를 '나로 네 눈 속에 있는 티를 빼게 하라' 하겠느냐? 외식하는 자여, 먼저 네 눈 속에서 들보를 빼어라." (마태복음 7:1-5)

바로 그 앞의 구절을 보면, 예수 그리스도는 '들보 빼기'를 해야 성한 눈이 될 수 있으며, '성한 눈이 되어야 온 몸이 밝을 것'이라고 눈의 중요성을 강조하고 있다. 당연히 이 눈은 육신의 눈이 아니라 영안이요, 마음의 눈을 말하는 것이다. 더 나아가 성한 눈이 되어야 두 주인을 섬기는 것이 아니라 한 주인을 섬긴다고 하였다.

그렇다. 주일무적主一無適이라고, 마음을 한군데에 집중하여 잡념을 버려야 무엇이 옳고 그른지를 알아 '이제 여기(here&now)'의 삶이 실현되는 것이다. 그 길이 바로 들보를 빼서 성한 눈이 되는 것이다. 그리되면 동시에 염려·근심·걱정도 사라져 하루 하루를 '이제 여기'에 충실한 삶으로 살아갈 수 있다. 이게 내가 본 예수 그리스도의 핵심적인 가르침이었다. 이게 바로 믿음이요, 깨어남이요, 바라보는 '눈'의 차원이 달라짐이요, 해탈 아니겠는가?

나는 이 '들보 빼기=성한 눈 되기', 그리고 '산냐 이별'이 마음공부의 핵심이라고 정리했다. 그렇지만 그 방법을 몰라 답답했다.

◎ 받아들임

그러다가 산냐는 '받아들임(겸손으로 동의하기)'으로만이 가능하다는 것을 가족세우기를 통해서 알았다. 가족세우기 워크샵을 경험하면서, 금강경에서 말하는 산냐와 성서에서 말하는 들보가 바로 가족 무의식 혹은 집단 무의식에 뿌리를 두고 있다는 것을 알았다. '바로 이거다'라는 생각이 드는 건 당연! 산냐는 그 뿌리가 가족과 연결되어 있기 때문에 아무리 내 마음을 들여다보고 탐사하고 관찰해도 잘 안 보일 수밖에 없는 것이다. 마치 내 얼굴을 내 눈으로 볼 수 없는 것과 마찬가지다. 내 얼굴을 내가 보기 위해서는 거울이 필요한데. 그 거울 역할을 할 수 있는 것이 내게는 가족세우기였다. 나와 내 가족을 가족세우기 마당에서 대역을 세워 봄으로써 나와 가족을 보고 이해하는 힘이 생긴다. 내가 왜 이런 사람을 싫어하고 저런 사람을 좋아하는지, 왜 '나는 이런 사람이야.'라고 나도 모르게 주장하고 싶은지 알 수 있었다. 나와 생각이 다른 사람을 다른 사람으로 보지 않고 '틀린' 사람으로 보게 되는 배경이 이해되었다.

물론 본래의 나로 깨어나서 '생각하는 마음'을 둘러싸고 있는 섬세한 배경의 이미지들을 탐사하면, 스스로 나라고 여겨온 기록들을 볼 수 있을 것이다. 작은 나를 더 큰 내가 보는 것이다. 하지만 가족세우기 통찰에 따르면 이것조차도 가족 양심에 의해 일정하게 제한적일 수밖에 없다. 즉, 내 자신을 다 보는 게 아니라 보고 싶은 것만 보는 것이다. 불행하다고 생각되는 가정에서 자란 사람은 아무리 자기를 탐사해도 불행한 것 위주로 볼 수밖에 없다. 부처 눈에는 부처로 보이고, 돼지 눈에는 돼지로 보인다고 하지 않는가? 큰 내가 작은 나를 관찰하기 위해서는 그 바탕이 튼실해야 하는데, 바탕이 약하면 소극적이고 제한적인 관찰에 머물러 변화의 힘도 약할 수밖에 없을 것이다.

◎ 마음의 원본

산냐(들보, 아이덴티티)는 내가 만든다. 일체가 유심조이다. 그러면, 그 신념은 어떤 배경에 의해 만들어지는가? 인간이 하늘에서 그냥 뚝 떨어진 존재가 아닐진대, 그런 신념이 만들어질 수밖에 없는 배경이나 원인은 무얼까?

우리들의 자아상이 만들어지는 배경이 있다. 수정과 수태, 출생과 성장기를 거치면서 자아상이 만들어진다(전생 이야기는 복잡하니까 생략한다). 누구를 통해서? 바로 조상, 특히 부모님을 통해서 만들어진다.

이렇게 만들어진 자아상은 가족과 연결되어 있어서 알아봄의 한계를 지운다. 즉, 가족의 운명적인 얽힘과 가족 양심과 연관을 갖는다. 예를 들어서 어머니가 자녀에게 무섭게 대하면, 그 자녀는 자신도 모르게 움츠러든다. 어머니도 그렇게 양육받을 수밖에 없는 운명적인 얽힘과 가족 양심과 연결되어 있기에 자녀를 그렇게 양육하신 것이다. 그런 가정의 자녀는 결국 모든 창조(생각)를 소극적이고 부정적으로 할 수밖에 없을 것이다. 반대로 웬만한 것은 이해하고 받아주는 어머니에게 양육받은 사람은 모든 창조(생각)를 적극적이고 긍정적으로 할 수밖에 없을 것이다.

또 부모님 중 한 분이 일찍 돌아가신 가정에서 자란 사람과 부모님이 건강 장수하신 가정에서 자란 사람의 신념 토대가 다를 것이다. 자녀는 부모님에게 충성하기에 자신도 모르게 부모님의 운명이나 삶의 철학을 물려받기도 하고, 동일시하여 가져 오기도 한다. 그래야 살아남는다는 인류의 오랜 무의식이 뿌리 깊이 박혀 있다. 아이는 가족에 속하기 위해서 가족과 똑같이 되려고 한다(귀속 의식). 가족과 다르게 되는 순간 귀속 의식을 잃어 추방될지도 모른다는 걸 아이는 교육이 아닌 집단 무의식으로 알아챈다. 부모님의 발가락조차도 닮는 게 자녀인데, 성격과 자아상이 다르다면 가족이 아닐 것이다. 이렇게 우리는 자아상의 거의 대부분을 가족(특히 부모님과 조상들의 운명 및 그들의 자아상)에서 가져온다.

또 우리가 선택할 수 있는 자유는 무한정하지 않고 제한되어 있다. 우리는 혼자 이면서 혼자가 아니다. 여럿이다. 특히 알게 모르게 부모님의 영향을 받고 있다.

이런 얘기를 헬링거 선생님 강의에서 들은 기억이 있다.

어떤 여자가 갑자기 이혼한다고 했다. 그러자 친구들이 이혼하지 말라고 충고하지만, 이혼하려는 충동이 강해서 어떻게 할지 몰라 고민한다. 그러다가 헬링거 선생님 워크샵에 참석했다.

헬링거: 몇 살이세요?
여자: 35살입니다.
헬링거: 당신의 어머니께 35살 무렵에 무슨 일이 있었나요?
여자: 아버지가 비행기에서 돌아가셨어요. 남을 구하다가 돌아가셨어요. 그때 어머니 나이가 35살이었습니다.
헬링거: 가족은 이렇게 사랑으로 연결되어 있습니다. 우리는 정

말 자유롭습니까? 우리는 큰 힘과 연결되어 있습니다. 개인은 영적인 장인 '가족 장에서 움직이고 있습니다. 이 장은 사랑의 장입니다.

이 장에서 영향받는 상相이 바로 우리 마음의 원본이다.

대개 남편은 아내에게서 어머니를 찾는다. 아내는 남편에게서 아버지를 찾는다. 이게 부부 사이가 어려운 이유이다. 아내를 아내인 그대로 존중해야 하는데, 이런저런 일로 어릴 때 받지 못한 사랑을 아내에게 달라고 요구하는 것이다. 어릴 때 아버지에게서 이런저런 일로 받지 못한 사랑을 남편에게 달라고 요구하는 것이다. 아주 옛날 경험이 부부 사이에서 재현된다. 원본이 왜곡되니 사본이 왜곡되는 꼴이다.

그리고 우리가 살면서 만나서 부딪치는 많은 상들과 인간 사이(처음에는 보자마자 반해버렸다가 조금 시간이 지나면 시들해지거나 심하게 싸우는 관계 등)는 거의 다 사본이다.

◎ 사본의 사본인 이중전이

마음공부를 하면서 특별히 주의해야 할 것이 있다. 바로 '이중전이'이다. 4명의 자녀를 가진 유럽의 어느 부부가 가족세우기 워크샵에 참석했다. 남편은 아주 좋은 사람이었지만, 아내는 이상하게 행동했다. 그녀는 저녁에 자동차를 타고 사라졌다. 다음날 아침에 그녀는 돌아와서 무리(그룹)와 같이 있는 남편에게 말했다. "남자친구에게 가서 자고 왔어." 남편은 정말로 좋은 사람이었다. 그녀가 남편을 볼 때 그녀는 이미 제정신이 아니었고, 남편을 진실로 볼 수 없었다. 그녀의 느낌은 그와 아무런 상관이 없는 것이 분명했다. 마치 그림자와 싸우는 것과 같았다.

그녀의 가족사에는 다음과 같은 사실이 있었다. 그녀의 아버지는 여름 방학 때 아내와 자녀들을 시골로 보냈다. 자신은 여자친구와 도시에 머물렀다. 그러나 가끔 그는 여자친구와 함께 아내와 자녀들에게 갔다. 그때 아내는 그 사람에게 친절하게 봉사했다.

그러한 아내들은 나중에 열녀라고 칭송받지만, 자녀들에게는 아주 나쁜 효과를 끼친다. 아내는 남편을 향해 어떠한 느낌을 가졌을까? 엄마가 아버지에게 표현하지 못한 이 느낌(원본)을 딸이 가져갔다. 딸이 표현한다. 이것이 어머니로부터 딸에게 전해지는 '주관적인 감정의 전이(사본)'이다. 어머니가 표현하지 못한 분노를 딸은 아버지에게 나타내지 못하고 남편에게 전이한다(사본의 사본). 아버지가 받아야 할 것을 이제 남편이 받는다. 이것이 아버지로부터 남편에게로의 '객관적 전이'이다(사본의 사본). 남편은 대개 속수무책으로 당한다. 아내는 무엇이 일어났는지 이해하지 못한다.

그녀는 눈먼 사랑을 하고 있다. 남편도 무엇이 일어났는지 이해하지 못하지만, 용감하게 견딘다. 그러나 남편이 아내를 향한 화를 자연스레 풀지 못하면, 그의 아들이 나중에 표현할 것이다(사본→사본→사본). 어머니에게가 아니라 자신의 아내에게 말이다. 이렇게 이중전이는 계속 된다. 부부가 항상 이해할 수 없는 싸움을 하고, 그들이 그렇게 살아가며 제정신이 아닌 듯이 보일 때는 거의 이중전이와 관련된 것이다. 그들에게 이중전이를 설명하면 그들은 자신들의 행동을 알아챌 수도 있다. 그렇게 되면, 위의 예와 같은 경우, 딸은 그 느낌과 문제를 어머니에게 맡기고(원본을 정화하고), 남편이 정말로 남편으로 보일 때까지 본 다음(원본이 정화되었기에 남편이 남편으로 보인다) 말할 수 있다. "저는 당신을 사랑합니다."라고 아주 단순하게.

◎ 마음공부에 활용되는 가족세우기

이 사본을 아무리 지우고 없애도(=해체주의), 가족 무의식 차원에서 정화되지 않으면(받아들이지 않으면), 결국 반복 재생되거나 모양을 바꾸어서 다르게 나타날 뿐이다. 이것이 상에서 이별하기가 그토록 어려운 이유이다. 이런 마음의 구조를 수식으로 만들면 다음과 같다.

> **《사람의 기억 구조》**[8]
>
> **첫째 기억이미지 = 원본 이미지 × 마음오염원**
>
>
>
> **둘째 기억이미지 = 사본 이미지 × 마음오염원**
>
> ※ 마음오염원: 욕망, 이기주의, 분노, 적의, 원망, 서운함, 편견, 선입견, 가치관

마음오염원에 대한 성서 구절 "입에서 나오는 것들은 마음에서 나오나니 이것이야말로 사람을 더럽게 하느니라. 마음에서 나오는 것은 악한 생각과 살인과 간음과 음란과 도적질과 거짓 증거와 훼방이니 이런 것들이 사람을 더럽게 하는 것이다." (마태복음 15:18-20)

수식에서 보듯이 마음은 첫째 기억이미지(상)를 바탕으로 깔고 그 위에 둘째 기억이미지로 지나온 삶의 흔적 등을 이미지(상)의 형태로 마음 공간에 저장하고 필요할 때 회상해 사용한다. 마음 공간에 저장된 기억이미지를 사용해 자기가 현재 직면한 문제와 앞으로 살아갈 문제를 효과적으로 해결한다. 이때 둘째 기억이미지를 사용하는 것 같지만, 사실은 첫째 기억이미지가 영향을 끼치고 있다.

첫째 기억이미지는 사유 과정과 느낌 과정을 위한 기초 자료이다. 첫째 기억이미지 수준에 따라 자료 가공의 수준도 달라진다. 특히 원본 이미지에 결합된 마음오염원이 부정적일수록 마음은 무겁고 힘들어진다. 마음오염원이 긍정적일수록 마음은 가볍고 무겁고 편해지고 삶은 자유와 행복으로 충만해진다. 또 마음 공간에 입력된 원본 이미지에 마음오염원이 많이 결합하면 마음 공간은 오염되고 기억 질량은 늘어난다. 즉, 스트레스가 늘어난다. 마음 공간에 입력된 원본 이미지에 마음오염원이 적게 결합하면 마음 공간은 깨끗하고 기억 질량은 줄어든다. 즉, 스트레스가 줄어든다.

원본 이미지에 결합된 마음오염원은 여러 사람이 함께하는 가족세우기와 홀로 가족세우기를 통하여, 즉 가족의 운명을 존중해서 받아들여서 정화시킬 수 있다. 첫째 기억이미지가 힘을 잃으면, 둘째 기억이미지도 그 힘을 잃을 수밖에 없다. 뿌리가 약해지는 데 버틸 가지가 있겠는가? (첫째 기억이미지를 정화하는 게 가족세우기이고, 둘째 기억이미지를 정화하는 게 조직세우기이다.)

그러므로 가족세우기를 마음공부에도 잘 응용하면 자아상에서 벗어나는 탁월한 방법이 될 수 있다. 사람에 대한 상으로부터 자유로워져서 사람의 상에 덜 걸린다. 소위 '좋다, 싫다, 밉다, 나쁘다, 죽이고 싶다, 살리고 싶다'고 판단·분별하는 생각들이 점차 사라지기 시작한다. 마법같이 들리겠지만, 나와 가족세우기를 경험한 사람들의 경험에 의한 진실이다.

예를 들어 보겠다. 3번 정도 가족세우기를 경험한 어떤 남성이 개인상담을 요청했다. 자신은 이상하게 5살 이상 되는 선배와의 인간 사이가 괜히 불편하다고 고민을 털어 놓았다. 그런 선배를 만나고 오면 왠지 모르는 찝찝함이 남아있다고 했다. 별 일도 아닌데 괜히 서운하거나 화가 나는 게 이상하다며, 그들이 자기에게 뭘 잘못하는 건 아닌데, 하여간 기분이 묘하다고 말했다.

그래서 "혹시 형제 사이는 어땠나요?"라고 물었더니, 위로 형이 둘 있는데 형들이 자기에게 별로 신경을 안 써준 것 같고, 어릴 적에 다른 집 형제들이 서로 재미있게 노는 게 부러웠다고 옛날을 회상했다. 그래서 나는 "아마도 선생님의 부모님께서 그렇게 사셨을 것이고, 그런 느낌을 선생님이 떠맡고 있는 것 같다."라며, 가족세우기 생명의 말을 따라서 하게 했다.

"저도 부모님과 똑같습니다. 저도 부모님처럼 사람들을 배척하고 삽니다. 사람들에게 배척당하고 삽니다. 그래서 외롭게 삽니다. 이렇게 힘들게 삽니다. 고통을 즐기며 삽니다. 부모님은 크시고 저는 작습니다. 부모님의 짐은 부모님만이 지십니다. 저는 단지 부모님의 아들일 뿐입니다. 이제 제가 부모님 일로부터 뒤로 물러섭니다. 고맙습니다, 부모님."

이어서 최근 만난 그 선배를 떠올리라고 하고서 조직세우기 생명의 말을 따라서 하게 했다.

"○○님, 저는 당신과 아무런 상관이 없습니다. 이제 제가 당신 일로부터 뒤로 물러섭니다. 저는 당신을 통해 세상을 보고 세상을 배웁니다. 모든 것이 당신의 덕입니다. 고맙습니다."

그러자 그의 얼굴에서 보였던 긴장감이 사라지고 어느새 편안함이 나타났다.

이 사례에서 보듯이 선배들에게 느끼는 감정은 첫째 기억이미지에서 반사된 둘째 기억이미지에서 나타난 것이다. 그리고 먼저 첫째 기억이미지를 있는 그대로 존중하고 받아들이자 원본 이미지와 마음오염원이 정화되었다. 즉 부모님에게서 전이되었던 이미지와 떠맡은 감정들과 어릴 적에 형제 사이에서 느꼈던 외롭고 허전하고 서운한 감정들에서 자유로워졌다. 이어서 둘째 기억이미지를 정화하자 얼굴이 편안해졌다. 이는 홀로 가족세우기를 진행하는 방식을 개인 상담에 적용한 사례이다. 가족세우기는 가족 사이나 인간 사이 개선, 혹은 고통스런 운명을 바꾸거나 어려운 문제를 해결하는 데에 활용된다. 하지만 위와 같이 '마음공부' 하는 데에도 적극 활용할 수 있다.

나는 이 길을 걸어가면서 나와 같이 '마음공부'에 전념하시는 많은 분들을 만났다. 그들은 지식이나 경륜, 실력, 인격, 말재주 등 모든 부분에서 나는 감히 발뒤꿈치도 따라갈 수 없을 정도로 훌륭한 사람들이었다. 이는 겸손의 말이 아니라 정직한 고백이다.

그러나 내 주변에서 나만큼 산냐와 마음오염원을 가지고 고민하거나 씨름하는 사람을 본 적이 없었다. 사실 나는 선배들에게 이런 도움을 받고 싶었다. 그러나 내가 가야 갈 길은 달랐다. 내 고민은 '들보 빼기, 산냐와 이별하기'였기 때문이다. 그런 고민과 갈등과 실패와 좌절, 그리고 많은 돈과 시간을 투자한 후에 만난 게 가족세우기이다.

그리고 가족세우기를 나와 같이 마음공부하다가 헤매는 사람과 우리나라 사람들에게 맞게 적용하고 활용하기 위해 고민에 고민을 거듭했다. 피카소는 말했다, "좋은 예술가는 복사하고 위대한 예술가는 훔친다."라고! 나는 가족세우기에 몇 번 참석해서 흉내 내기보다는 먼저 제대로 배우고, 더 나아가 창조적으로 응용하는 단계까지 나아가고 싶었다. 피카소의 말을 빌리자면, 흉내 내기보다는 훔치기를 원했다. 위대해지기 위해서가 아니라 거기서 힌트를 얻고 영감을 받아 나와 우리나라에 맞는 새로운 가족세우기로 발전시키고 싶었기 때문이다.

1) 홀로 가족세우기

그 결과물 하나는 위에서 말했듯 날마다 하는 '홀로 가족세우기'이다. 부부 사이 혹은 자녀 사이, 사람 사이에 걸림이 있을 때나 나 자신을 탓하거나 죄책감을 느낄 때, 가족세우기 생명의 말을 사용해서 날마다 거기서 해방되고 있다. 또 잠자기 전에 반드시 홀로 가족세우기를 하나 이상 실행하고 잔다.

예를 들면 이런 식이다.

오늘 어떤 사람을 만났는데, 내 눈에 비친 상이 교만하다. 속된 말로 '뼈긴다'. 말투가 사람을 팍팍 무시하는 것 같다. 나는 무시당한 것 같아 기분이 상했다.

홀로 가족세우기: 저도 당신들(조상님들)과 똑같이 사람을 무시하고 삽니다(능동태 문장). 무시당하고 삽니다(수동태 문장). 그래서 힘들게 삽니다(능동태 문장). 고통을 즐기며 삽니다(수동태 문장). 이제 당신들의 운명을 있는 그대로 존중하고 받아들입니다. 당신들은 크시고 저는 작습니다. 모든 것이 당신들의 덕입니다. 당신들을 평화의 세계에 둡니다. 그래도 당신들은 제 안에 살아계십니다. 제게 사는 힘을 주시고 사는 힘을 주세요. 고맙습니다. (깊은 호흡)

이어서 나를 무시한 것으로 보이는 그 사람을 생각하고 말한다.

홀로 가족세우기: 당신을 당신의 부모님께 맡깁니다(그런 사람의 성격을 고쳐주고 싶은 마음과 판단하고 단죄하는 마음을 내려놓는다는 뜻이다). 저는 당신과 아무런 상관이 없습니다. 저는 당신을 통해 세상을 보고 세상을 배웁니다. 고맙습니다. (그렇지 않은가? 공부했지 않은가? 사람을 존중해야 한다는 걸 배웠고, 나를 다시 볼 수 있는 공부 기회를 제공받았으니 고마운 것이다.)

내가 가족세우기를 만나기 전까지 했던 마음공부는 원본은 그대로 둔 채, 아니 원본이 있는지도 모른 채 사본을 지우는 것이었다. 그래서 될 듯싶으면서도 안 된 것이었다. 아하! 원본을 지우면 되는구나! 유레카!!!

이렇게 해서 가족세우기에 흠뻑 빠져 배우기 시작했고, 더 나아가 홀로 가족세우기를 하기 시작한 것이다. 마음의 그림자인 사본과 싸우지 말고, 마음의 실체에 들어와 있는 가족 운명이라는 원본을 있는 그대로 동의하고 존중하여 정화하기. 이게 내가 이제부터 해야 할 마음공부의 핵심이라는 자각과 경험으로 시작한 것이 홀로 가족세우기이다.

홀로 가족세우기는 무슨 일이 잘 안 되어서 마음이 지칠 때, 어떤 사람에게 걸려서 마음이 불편하거나 화가 날 때 하면 좋다. 가끔가다 괜히 화가 나고 만사가 귀찮아질 때가 있는데, 그때 홀로 가족세우기를 하면 언제 그랬느냐는 듯이 화와 무기력이 사라진다. 그리고 양심이 거리낄 때에도 잘 감지해서 홀로 가족세우기를 하면 마음이 편해진다.

◎ 사본에 속지 말라는 귀한 가르침들

예수는 "깨어 있으라."고 하였고, 바울은 "쉬지 말고 기도하라. 항상 기뻐하라. 모든 일에 고마워하라."고 가르쳤다. 대선지자 이사야는 "너희는 이전 일을 기억하지 말며 옛날 일을 생각하지 말라. 보라 내가 새 일을 행하리니 이제 나타낼 것이라. 너희가 그것을 알지 못하겠느냐. 반드시 내가 광야에 길을 사막에 강을 내리니"(이사야 43:18-19)라고 외쳤다. 날마다 우리 마음의 광야에 시원한 길을 내고, 사막 같은 우리 마음에 강 같은 평화를 이루어내야 하지 않겠는가? 어떻게? 마음의 원본을 정화함으로써 말이다.

대학大學에서는 일일신우일신日日新又日新 하라고 했지 않은가? 날마다 새로워지고 또 새로워져라, 이 얼마나 나를 깨우는 멋진 말인가? 그러기 위해서는 사본에 속지 말아야 한다. 날마다 원본을 정화해서 날마다 내면이 성장하는 신선한 삶을 살자.

젊은이는 '저를 늘 묻는 이(내가 누구인가?)'를 줄임말이고, 늙은이는 '늘 그러는 이(변화가 없는 이)'의 줄임말이라고 한다. 정말 재미있고 놀라운 통찰 아닌가? 늘 원본을 묻고 물어 나를 알아가는 젊은 그대가 되자.

붓다의 핵심 가르침인 팔정도八正道에서 바로 보기(正見), 바로 알아차리기(正念), 바로 정진하기(正精進)가 있다. 바로 보기 위해서는 바로 알아차려야 한다. 내 마음 속에 있는 편견과 왜곡을 알아차려야 한다. 상대방이 나를 무시했다는 생각도 편견이다. 상대방을 있는 그대로 본게 아니라 내가 그렇게 생각하는 것이다. 자신에게 열등감이 있는 건 생각하지 않고, 그걸 사실로 믿어 버린다. "그 사람이 나를 무시한 게 틀림없어!" 하고 추호도 의심하지 않고 사실로 받아들여서 자존심이 상하고 화가 난다. 그리고 상대방에게 투사(投)한다. "그 사람은 교만한 사람이야, 버르장머리가 없어." 하고 손가락질한다. 속으로 투덜거리고 혈압은 올라가고 심장박동은 빨라진다.

그럴 필요가 없다. 가족세우기에서 배운 걸 응용하면 된다. 앞에서 말한 것처럼 하면 된다. 우리가 '이제 여기'에서 진정으로 행복한 사람이 되기 위해서는 우리 안의 좋은 건 키우고 나쁘거나 해로운 건 없애려는 끊임없는 노력이 필요하다. 메마른 광야에 길을 만들고 사막에 강을 내기 위해서는 자신의 마음을 알아차려서(산스크리어트어로 '삼마사티(바른 마음 챙김)'라고 한다), 기쁨이나 만족감, 고마운 마음, 고요하고 평화로운 마음은 계속 키워야 한다. 그리고 남 탓하기, 오해하기, 남의 일에 참견하기, 서운한 감정 등은 계속 줄여나가야 한다. 먼저 자신의 마음에 이런 생각과 감정이 올라오면 알아차리고 마음을 챙겨서 마음이 흐트러지지 않도록 해야 한다.

초기 불경에 보면, 4가지 바른 노력(四正勤)이라는 게 있는데, 마음공부에 아주 도움이 되기에 소개한다. [9]

1. 아직 생겨나지 않은 삿되고 나쁜 법이 생겨나지 않도록 하기 위해서 의욕을 가지고 노력하고 애를 쓰며 마음을 모으고 정진한다.
2. 이미 생겨난 삿되고 나쁜 법을 버리기 위해서 의욕을 가지고 노력하고 애를 쓰며 마음을 모으고 정진한다.
3. 아직 생기지 않은 좋은 법을 생기게 하기 위해서 의욕을 가지고 노력하고 애를 쓰며 마음을 모으고 정진한다.
4. 이미 생겨난 좋은 법을 확립하고 잃어버리지 않고 거듭 수행하고 충만하게 수행하고 완성하기 위해서 의욕을 가지고 노력하고 애를 쓰며 마음을 모으고 정진한다.

이런 노력은 굳이 머리카락을 깎고 스님이 되거나 고행을 하거나 인도에 있는 구루를 만나지 않아도 마음만 먹으면 할 수 있다. 근기로 치면 대단한 하근기인 나도 할 수 있는데, 그 누가 못하랴? 붓다가 말한 '법'이란 말이 어렵거든, 한국 사람들이 좋아하는 '복'이라는 말로 바꾸어서 읽어도 좋다. "아직 생기지 않은 좋은 복을 생기게 하기 위해서……." 날마다 이런 자세로 실천하는 것이 홀로 가족세우기이다.

2) '나는 누구인가?'와 '나' 세우기

나와 우리나라에 맞는 새로운 가족세우기로 발전시키고 싶었던 결과물의 두 번째는 '나(의뢰인)' 대역 세우기이다. 의뢰인의 대역을 세워서 보면 의뢰인의 처지에서는 '나'를 보는 것이 된다. 내가 '나보다 더무한히 큰 존재'인 '나(I AM)'가 되기 위해서는 '나' 대역을 보고 나를 알고 이해하기, 그래서 두려움의 포장에 싸인 채 우리를 옭아매고 있는 낡은 습관에서 놓이는 것이 필요하다. 따라서 부모님을 통해 하늘로부터 받은 '나(I AM)'의 삶에서 힘과 지혜와 사랑의 삼위일체가 온전히 이루어지도록 해야 한다.

일찍이 소크라테스가 아폴로 신전에서 받은 신탁은 "너 자신을 알라."였다. 오랜 시절부터 인류가 물은 궁극적 질문은 "나는 누구이며 어디서 와서 어디로 가는가?"라고 한다. 불교의 가장 유명한 화두는 "부모님께 이 몸 받기 전에 어떤 것이 참 나인가?"이다. 이렇게 동서고금의 성인들이나 고등 종교의 창시자들, 철학자들, 영성가들, 깬 분들은 진정으로 '나는 누구인가?'를 구하고 찾고 두드린 분들이라는 것을 알 수 있다.

공자는 "나는 분발치 않는 사람을 계도하려고 하지 않는다. 나는 의심이 축적되어 고민하지 않는 사람을 촉발시키지 않는다. 배우기만(상담만) 하고 생각(고민)하지 않으면 맹목적이게 되고, 생각(고민)만 하고 배우지(상담하지) 않으면 위태롭다."라고 말하면서 나를 제대로 알기 위한 분발심을 가질 것과 배움과 생각의 균형을 가질 것을 깨우치게 하고 있다.

게쉬탈트에서는 자각(awereness)의 중요성에 대해 "순간마다 유기체의 전경이 되는 특정 욕구나 흥미를 향해 욕구를 주의 집중하기. 비자각 부분은 배경으로 남는데, 이를 즉각적으로 알아차리면 전경이 될 수 있다."고 했다(F. Perls). 여기서 배경으로 남아있는 비자각 부분을 알아차림으로 전경으로 끌어올려서 주의 집중하기, 즉 무의식에 갇혀 있는 '나'를 아는 것이 게쉬탈트에서 가장 중요한 과제라고 볼 수 있다.

집단 상담의 목표는 '자기 이해(자기의 몸과 마음에 관한 모든 것을 사실 그대로 이해하는 것)'요, '자기 수용'이요, '자기 개방'이요, '정서적 문제의 해소' 등으로서, 나를 알고 수용하기 위해 집단 상담에 참여하는 것이다.

내가 좋아하는 일자무식의 베 짜는 직공이자 타고르의 정신적인 스승인 까비르(중세 인도의 시인, 수피)는 이렇게 말했다. "목마르게 찾는 영혼만이 그(신=진리)를 만난다." 신을 만나는 것은 진리를 만나는 것이요 진리를 만나는 것은 바로 나를 만나는 것이다.

3) 일체유심조와 가족세우기

'일체유심조'라는 유명한 말이 있다. 세상 모든 일을 다 내가 만들어 낸다는 뜻이다. 인간관계는 내가 끌어당기고 내가 밀어낸다. 건강도, 돈도, 성공과 실패도, 행복과 불행도 내가 끌어당기고, 내가 밀어낸다. 조건도 아니고, 환경도 아니다. 바로 내가 주체이다. 그런데 그 '뚜렷한 주체인 나가 두려움에 묶여 가족 장(가족 시스템)의 영향 밖으로 벗어나지 못해 흐릿해지고 어두워져서 주체가 아닌 객체, 주인이 아닌 노예로 살아가면서 평생 부모(세상)를 원망하고 남을 탓하고 살아간다. 이런 사람에게 지난날은 후회와 회한이요, 아제(내일)는 불안과 근심이다.

◎ 가장 물질적인, 그러나 가장 영적인 돈

가족세우기를 배우면서 알게 된 것은 '이 세상에 돈보다 영적인 것이 없다.'는 것이다. 돈은 정확하게 끌어당기는 힘이 있는 사람에게만 간다. 돈에 저항하거나 돈을 우습게 알면, 돈은 정확하게 그 사람에게서 멀어진다. 여기 돈에 대한 헬링거 선생님의 아름다운 글이 있다.

돈

돈은 힘이다. 돈은 어떤 것을 일으킨다. 돈이 생기기 전에는 업적과 같은 어떤 것이 있다. 업적의 대가로 돈을 받는다. 업적이 높으면 높을수록 돈은 더 힘이 있다. 업적의 대가와 돈이 상응해야 한다. 돈이 업적보다 더 적으면, 돈은 가치를 갖지만 힘이 적다. 업적보다 돈을 더 많이 받아도 돈은 힘을 잃는다. 돈이 가려고 하는

데에서 그렇다는 것을 안다. 돈은 가려고 하며 머물지 않는다. 돈을 어떤 일을 위해 쓰지 않고 모으기만 하여도 마찬가지이다. 돈은 업적과 대가의 순환에서 움직인다. 이 순환에서 업적과 대가는 성장한다.

반대로 업적과 그에 상응하는 대가가 없이, 혹은 돈을 빌려주거나 돈에 상응하는 대가 없이 버리면, 비슷한 순환이 시작한다. 손실에서 손실로 불필요한 것이 없어질 때까지 돈은 하늘에서 땅으로 돌아온다.

돈을 멸시하면 돈은 그를 멀리한다. 돈 없이 약하고 가난하게 산다. 욕심이 적어 적은 돈으로 잘 사는 사람에겐 돈이 온다. 필요하면 돈이 온다. 돈은 그에게 힘으로 온다.

가끔 돈은 움츠러든다. 우리가 우리에게 사랑으로 주어진 업적을 무시하면, 무엇보다 우리 부모의 사랑을 무시하면 돈은 움츠러든다. 우리가 부모의 사랑을 중히 여기면 돈은 우리에게도 부모에게도 온다.

다른 경우에도 같다. 다른 사람들이 우리에게 자주 대가 없이 준 업적을 우리가 존중하면, 이 업적과 함께 우리뿐만 아니라 그들에게도 대가가 온다. 그들은 우리의 존중을 더욱 줌으로 보상한다. 우리의 존중이 없으면 더 이상 오지 않는다.

돈은 어딘가에서 우리에게 보내진 심부름꾼 같다. 그는 우리가 돈을 벌어 어떤 것을 이루다가 시간이 되면 돈을 놓기를 원한다. 우리는 어딘가에서 우리에게 전해지는 이 메시지를 듣는다. 그리고 우리에게 그 주인이 무엇을 요구하는지 주의 깊게 존중한다. 결국 그게 무엇이든지, 우리가 선택할 수 있거나 선택해도 되는 건 아니다.

우리는 경건하게 돈을 다룬다. 신의 발현처럼 다룬다. 그 발현과 공명에서 우리는 돈에게 동의한다. 돈이 우리에게 무엇을 요구하며 기대하든지 동의한다. 이 발현과 공명에서 우리가 돈을 사용하는 것은 예배가 된다. 많은 생명에 봉사하는 일이 된다 — 사랑으로 하는 일이 된다.

내가 아는 20대 후반의 청년 사업가가 있다. 이 사람은 고등학교를 졸업한 후에 복사기 제조회사에 취직하였는데, 사장에게 신임을 받았으나, 자기 사업을 하고 싶어서 퇴직금을 가지고 조그만 인쇄소를 차렸다. 5년 만에 사업이 번창하여 지금은 60평이 넘은 넓은 사무실에서 종업원을 두고 사업을 하고 있다. 나는 이 사람의 사무실에 걸려있는 액자의 내용이 맘에 들어서 대화라도 하고 싶었다.

마침 그 사무실에서 아들 일을 돕고 있던 어머니를 만나 아들의 사업에 대해서 질문했다. 어머니의 말에 의하면 부모가 돈 한 푼 대준 것 없이 스스로 일군 사업이라고 한다. 젊은 사장은 사무실에 다음과 같은 액자를 걸어놓음으로써 스스로를 깨우치고 있다.

1. 즉시 한다.
2. 반드시 한다.
3. 될 때까지 한다.

'타협' 금지
'책임전가' 금지
'변명' 금지

　나는 이 액자를 보는 순간 내가 돈이라면 이런 사람에게 가서 쓰이고 싶다는 마음이 들었다. 우리는 무슨 일이 잘 안 되면 자신과 쉽게 타협하고 만다. "나는 최선을 다했는데, 뭐." "이 정도면 됐어." 또 얼마나 책임 전가를 잘하는가? 멀리 갈 것도 없이 정치인들의 말을 들어보라. 잘 되면 다 자기가 잘해서 그렇게 된 것이고, 안 되면 전임자 탓이요, 제도 탓이요, 상황 탓이다. 세월호가 바다에 침몰한 것도 '적폐' 탓이요, 침몰하는 배 안에 있었던 사람들을 한 명도 못 구한 것도 '적폐' 탓이다. 한 번도 "내 책임입니다."라는 말을 들어본 적이 없다. 변명하는 건 말할 것도 없다. 이런 것을 자신에게 철저하게 금지하고, 자신이 회사를 책임지고 될 때까지 하겠다는 오롯한 마음이 있으니 어찌 성공을 못 하겠는가? 한 푼 없이도 성공 마인드만 있으면 얼마든지 성공할 수 있음을 이 젊은 사장은 웅변하고 있다.

◎ 리엔홍의 경영철학

　중국 본토 최대의 부호이자 중국 검색 사이트인 바이두(Baidu, 百度)의 리엔홍(李彦宏) CEO는 '직선의 경영철학'으로 유명하다. 많은 중국의 젊은이들이 닮고자 하는 경영자인 리엔홍은 "목표를 정했으면 바로 행해야 하며, 시류에 휩쓸리지 말고 동요하지 않아야 한다."라는 유명한 말을 남겼다. 그는 2010년 어느 대학에서의 강연에서도 자신만의 직선 철학을 후배들에게 이렇게 설명하고 있다.

"인생은 자기 마음속의 직선을 따라가야 한다. 다만 우리 마음속에 있는 타협, 염려, 굴복이 종종 가고자 하는 직선의 원래 궤도에서 벗어나게 만들고 시간을 낭비하게 만든다. 신념은 강한 것이다. 누구든 자기가 좋아하고 전문적인 일을 하며, 시대의 조류에 휩쓸리지 않기를 바란다. 이것이 내가 여러분에게 제안하는 것이다."

한국의 젊은 인쇄소 사장과 중국 최대 부호의 경영 철학이 놀랍도록 같지 않은가? 타협, 염려, 굴종은 종종 가고자 하는 직선의 원래 궤도에서 벗어나게 하고 시간을 낭비하게 만든다.

신약성서에도 "아무것도 염려하지 말고 오직 모든 일에 기도와 간구로 너희 구할 것을 감사함으로 하나님께 아뢰라. 그리하면 모든 지각에 뛰어난 하나님의 평강이 그리스도 예수 안에서 너희 마음과 생각을 지키시리라."(빌립보서 4:6-7)라는 구절이 있다. 바울의 경영(?) 철학도 직선의 철학 아닌가? 자신과 타협하여 남 탓하고 환경 염려하다가 시간 낭비하지 말고, 될 것을 믿고 감사하며 도전하라는 놀라운 가르침이다. 이런 사람들에게 성공이란 땀과 노력의 당연한 선물로 여겨지는 건 나만의 생각일까?

◎ 돈에 대한 가족 양심 정화

이처럼 영적이고 과학적인 돈, 일체유심조의 원리가 가장 정확하게 작용하는 돈에 대해서 나는 홀로 가족세우기를 많이 했다. 나는 가족세우기를 배우면서 어머니에 대한 저항이나 어머니를 가볍게 여기는 교만함으로 돈에 저항하고 돈을 우습게 알아서 경제적으로 어렵게 사는 무수한 사람들을 보았다. 나도 그랬으므로 더 잘 보였다. 나는 그동안 돈을 우습게 안 죄(?)를 뼈저리게 회개하며, 돈에 저항했던 내 가족 부의식 정화에 하루하루 정성을 쏟았다. '나' 대역 세우기를 통해서 나를 알아가고, 내 낡은 습관을 알아차려서 정화했다.

아무리 해도 끝날 날이 없던 것 같더니(영혼의 어두운 밤!), 어느 날 내 마음 속에 햇빛이 비치기 시작했다. 돈에 대한 이런저런 저항이나 집착이 엷어진 것이다. 내 마음속에서 돈에 대한 집착이나 저항을 찾아보아도 별로 찾을 수가 없었다. 마음이 궁색하고 좁고 분리된 주의에 묶인 사람들이 잘 하는, 자신과 쉽게 '타협'하고, 남에게 '책임전가'하고, '변명'하는 것이 눈에 띄게 줄어들기 시작했다.

몸과 마음의 가벼움! 그리고 지금까지의 삶에 고마운 마음이 밀물처럼 올라왔다. 고마운, 그리하여 평온하고 충만한 존재인 나! 아버지와 어머니에 대한 고마움, 누나들과 형들에 대한 고마움, 아내에 대한 고마움, 애들에 대한 고마움, 교우들에 대한 고마움, 여러 선배들 및 스승들과 천지자연에 대한 고마움, 그리고 여기까지 인도하신 하나님께 대한 고마움……. 일체가 은혜요, 일체가 고마움뿐이다.

그러자 나를 둘러싸고 있는 환경도 점차적으로 바뀌기 시작했다. 늘

어만 가던 빚도 줄어들고, 아내가 상담사로 인정받아 가는 곳마다 사랑과 환영을 받고, 내 주변에 함께 일하는 분들도 늘어나고 있다. 살다 보면 때때로 이런저런 어려움이 있다. 하지만 나 자신과 세상을 화평케 하는 사람이 곧 성숙한 사람이라는데, 이렇게 평화로운 사람으로 자라도록 인도해 가는 따뜻하고 큰 힘이 내 뒤에 있으니 무엇이 두려울까? 내 마음의 걸림과 어두운 그늘을 알아차려서 날마다 부모님을 존재하신 그대로 받아들여 마음의 원본을 정화하는 일, 행복과 평화로 가는 바른 길이다.

성공하고 싶은데 '돈이 없어서, 빽이 없어서, 명문대 출신이 아니라서' 어쩌고 하지 말자. 변명하지 말자. 최선을 다했다가 실패했더라도 그게 최선이었다고 자신과 타협하지 말자. 내가 볼 때 최선이지, 남이 볼 때 최선인지는 알 수 없지 않은가? 자칫 변명이 될 수도 있다. 정말 하고 싶은 일을 하고 살자. 두려움 없이, 염려 없이! 고마운 마음은 평온을 낳고, 평온은 우리를 지혜와 통찰로 이끈다. 그 지혜와 통찰을 따를 때 세상은 우리에게 많은 할 일을 줄 것이다. 전 대우그룹 회장인 김우중 씨는 다음과 같은 제목의 자서전을 썼다. 『세계는 넓고 할 일은 많다』

또 『가슴 뛰는 삶을 살아라』의 저자인 다릴 앙카는 오리온성좌 근처, 우리들 3차원 세계에서는 보이지 않는 에사사니 별에서 온 우주 존재 바샤르에게서 다음과 같은 텔레파시를 듣는다.

'무엇보다 당신이 자신 안의 힘과 빛에 눈을 뜨는 것이 우선입니다. 당신 자신 속의 한 사람 한 사람에게 있는 무한한 힘을 깨닫는 일입니다……. 당신이 문을 활짝 열어 놓을 때 우주의 에너지가 자유롭게 당신 속으로 들어오고, 큰 효과를 일으킵니다. 두려워하지 말고 가능한 한 활짝 문을 열어 놓으시길 권합니다……. 두려움을 믿는 사람은 자신의 삶도 두려움으로 가득 차게 만듭니다. 사랑과 빛을 믿는 사람은 삶에서 오직 사랑과 빛만을 체험합니다.' [10]

물론 식은 죽 먹듯이 이렇게 되는 게 아니다. 남 탓하고 원망하는 옛 습관대로 살려면 피나게 노력하지 않아도 된다. 습관의 관성이 이끄는 대로 살아가면 되기 때문이다. 그러나 '고마운, 그리하여 평온하고 충만한 존재'가 되고자 하는 길, 자신의 고귀한 위대함을 깨우는 길은 아무런 노력도 없이 걸어지지는 않는다.

가족세우기는 마음의 원본을 보고 판단하거나 두려워하거나 회피하지 않고 있는 그대로 존중하고 동의할 때 자유로워지고 평화로워지며 빛나는 삶이 된다는 것을 보여준다. 혼돈과 무질서 상태의 마음의 원본이 정화되고 사랑의 질서에 따라 살아가는 것이 얼마나 복되고 상생하는 삶이 되는지를 알려준다.

마음의 원본을 보아야 한다. 첫째 기억이미지인 '원본 이미지×마음오염원'을 정화해야 한다. 지나가는 사본에 속지 않고, 우리 각자가 우리 가족의 운명과 양심에 묶여있음을 있는 그대로 동의하고 받아들인다면, 이제부터 펼쳐지는 세상은 전혀 다른 세상이 된다. 염려와 두려움의 미망迷妄으로부터 깨어나 자유로움과 행복으로 가는 길을 걷고 있는 자신을 발견하리라.

02 '나' 대역 세우기의 필요성과 중요성

1) 모든 일에는 때가 있다

봄에는 씨를 뿌리고 여름에는 자라고 가을에는 거두고 겨울에는 쉰다. 농경사회의 모습이며, 자연의 순리이다(물론 요즘은 비닐하우스 농사를 많이 지어서 이런 자연의 법칙이 지켜지지 않고 있지만, 비닐하우스도 큰 틀에서 자연의 법칙을 어길 순 없다). 가족세우기를 할 때 상황에 따라 다르겠지만, 가족의 '얽힘'(사실 나는 이 말을 별로 쓰지 않는다. 샤머니즘 냄새가 풍기기 때문이다. 나는 오랜 역사를 가진 샤머니즘이 끼치고 있는 영향을 부정하지는 않으나, 샤머니즘이 아닌 것을 샤머니즘으로 오해받고 싶지는 않다)을 생명의 질서에 맞게 재배치하고 가족세우기 생명의 말을 말하게 해서 질서를 찾아가도록 한다. 가족세우기 전문가가 대역의 움직임을 보고 이런 인식과 판단을 해서 진행을 한다. 예를 들어서 의뢰인의 대역이 어머니를 보지 않고 하늘을 본다든가 땅만 쳐다보고 있다면, 그에 맞게 가족을 배치하여 어머니의 얼굴을 쳐다볼 수 있도록 하고, 고개를 숙여 어머니의 운명을 있는 그대로 존중하고 받아들이도록 한다. 그러면 질서가 찾아져서 의뢰인은 얼굴이 환해지고 숨이 편안해진다.

그런데 내가 오랫동안 관찰한 바에 의하면, 그렇게 해서 마당(장)에서는 풀렸지만, 실제 삶에서는 변화가 거의 없는 경우가 몇 번 있었다. 가족세우기를 운영하고 가르치는 처지에서 고민을 많이 했다. 왜 그럴까? 되는 사람과 안 되는 사람의 차이는 뭘까?

내 관찰에 의하면, 그것은 치유가 될 수밖에 없는 때가 있는 것이다. 그 '때'는 절실함이 만든다. 간절함! 그리고 절박함! 지성이면 감천이다.

성서에 보면 여호수아가 이끄는 이스라엘이 가나안 땅에 들어가서 여리고 성과 아이 성을 정복한 후에 기브온과 화친을 맺자, 이에 당황한 예루살렘의 아도니세덱 등 5명의 아모리 왕들이 연합작전으로 공격을 했다. 이때 태양이 머물고 달이 멈추었다는 이야기가 나온다. 5개국 연합부대와 싸워야하는 여호수아와 이스라엘은 정말 절박한 마음이었다. 기적이 필요했다. 그들은 사느냐, 죽느냐의 기로에 서 있었던 것이다. 만약 그 전쟁에서 지면 모든 게 끝날 판이었다. 전 지도자 모세와 조상들이 천신만고 끝에 이집트를 탈출하여 광야에서 약 40년간 만나와 메추라기를 먹으면서 꿈꾸었던 가나안 땅에 정착하여 평화로운 사회를 이루는 일이 일거에 물거품이 될 절체절명의 위기였다.

그랬기에 그들은 간절했고 절실했고 절박했다. 반드시 승리해야 할 상황에서의 그 절규, 피를 토하는 심정으로 한 마음 한 뜻이 된 여호수아와 이스라엘, 그들의 그런 태도가 하늘을 감동시켜 전세를 역전시켰다. 여호수아와 이스라엘은 5개국 연합부대를 도저히 이길 수 없는 전력을 가지고 있었지만, 결국 이겼다. 오랫동안 준비하면서 기다렸던 곳, 꿈에도 그리던 소원이 가나안이었는데, 전세가 불리하다고 도망치거나 뒤로 물러설 수 없었다. 그런 절박함이 하늘의 도움을 이끌었고, 결국 승리의 기록을 남길 수 있었다. 그것을 성서는 태양이 머물고 달이 멈추었다고 표현하고 있다. 그때 그들의 그 마음을 이보다 더 절절하게 표현할 말이 또 있으랴?

가족세우기에서의 변화도 마찬가지이다. 가족세우기 장에서 '얽힘(눈먼 사람)'이 나타났다고 해서 그것을 의뢰인이 모두 해결하길 원한다고 볼 수는 없다. 이 경우에 치유되거나 좋아지는 것은 의뢰인이 간절하게 원해서 치료의 때가 도래했기 때문이라고 나는 생각한다. 가족세우기 장에서 생명의 질서에 따라 해결이 되었어도 삶에서 치유되거나 좋아지지 않는 건, 아직도 의뢰인이 그런 고통을 가족 양심에 의해 즐기고 있거나 아직 영혼에서 해결을 원하고 있지 않기 때문일 거라고 나는 생각한다. 즉, 절박함이 있는가, 없는가가 때를 앞당기기도 하고 미루기도 하는 것이다.

그래서 나는 그 '때'를 인위적으로 조작하지 않으려 최대한 조심한다. 그것이 바로 '나(의뢰인)'의 대역을 세워서 보는 이유이다. '나' 대역을 세워서 보면, 그가 진정으로 해결하기를 원하는 주제가 저절로 나타난다. 내 가족의 얽힘이 전부 나오는 게 아니라, 내가 '이제 여기'에서 꼭 해결하고 싶은, 내게 절실하고 절박한 삶의 주제가 표현되는 것이다. 나는 그걸 존중해서 따라갈 뿐이다. 씨를 뿌리면 식물이 나고 자라고 꽃 피고 열매 맺듯이, 그 후의 결과는 스스로 그러해질 것이다. 다만 늦게 자라고 빨리 자라는 식물이 있듯이, 그 사람의 속도는 하늘만이 알고 있으리라.

2) '나'를 100%로 보느냐, 1/N로 보느냐가 중요하다

먼저 가족을 세우면(물론 이 자리에 '나' 대역도 들어 있다) 보아야 할 사람들(대역들)이 많다. 나는 가족 중의 한 명이 되어 그들의 움직임과 함께할 수밖에 없다. 나는 1/N이 되는 것이다. 그러나 '나'를 먼저 세워서 보면, 나는 나만 100% 볼 수 있다. 내 몸과 마음의 상태를, 내 몸짓을, 내가 생명에 뿌리를 내리고 있는지 붕 떠서 살고 있는지를 알 수 있다. 오롯이! 마치 합창단에서 노래하는 사람과 혼자 노래하는 사람의 차이라고 할까?

예를 들어 보자. 먼저 '나' 대역을 세웠는데 '나' 대역이 갑자기 땅에 앉아버린다고 하자. 그러면 의뢰인은 깜짝 놀라거나 당황할 수밖에 없다. "어? 내 상태가 지 정도야? 상태가 심각한걸? 왜 그런 거야?" 하면서 속에서부터 살고 싶고, 해결하고 싶고, 좋아지고 싶은 욕구가 불길 솟듯 올라올 수밖에 없다.

그러나 전통적인 가족세우기 방식에서는 가족들(물론 다 대역들이다) 사이에 있는 '나' 대역이 갑자기 땅에 앉아버린다고 해서 '나' 대역만 쳐다보고 있는 건 아니다. 내 눈길은 '나'한테도 쏠리지만, 다른 사람에게도 가기 때문이다. "나는 왜 저래?" 하는 마음과 "아버지는 왜 저러시지? 어머니는?" 하는 마음으로, 이미 보는 눈이 여러 갈래로 나눠지기에 오롯이 '나'를 자각할 시간과 여유와 문제의식이 부족한 것이다. 모든 일은 첫 단추를 잘 꿸 때 성공할 수 있다. 그 첫 단추는 '나'를 알기 위해 먼저 '나'를 세워서 보는 것이다. 이름하여 '나 세우기'이다. 가족 세우기와 조직 세우기, 돈 세우기, 건강 세우기, 일 세우기, 비밀 세우기 등은 두 번째 단추 꿰매기요, 세 번째 단추 꿰매기와 다르지 않다. 시작이 반이다.

[그림 3] 일반적인 가족세우기 장면

[그림 3-1] 처음 의뢰인과 가족의 대역을 세운 모습

[그림 3-2] 그 후에 가족의 대역을 더 세워서 진행하는 모습

[그림 4] '나(의뢰인)' 대역 세우기 장면

[그림 4-1] 처음 의뢰인의 대역을 세운 모습

[그림 4-2] 그 후에 가족의 대역을 더 세워서 진행하는 모습

의뢰인이 가족이 아닌 자신의 대역을 먼저 세워서 보면, 먼저 자신의 내면의 모습이 공개되므로 약간 긴장되고 떨린다고 이를 경험한 사람들이 증언한다. 면접 시 기다리면서 오는 긴장감 같이 적당한 스트레스는 몸에 좋다고 한다. 또한 짧은 스트레스는 면역력을 강화해 암을 억제시키는 효과가 난다는 연구 결과도 있다. 이와 같이 자신의 내면이 공개되어 적당하게 긴장하는 이때, 몸의 세포들 하나하나가 깨어나서 새로운 변화에 적응할 준비를 시작한다. 그리고 가족세우기 마당에서 약 10여 분 정도 자신이 온전히 주인공이 되어 가족세우기 전문가

와 다른 사람들에게 주목을 받으므로 존중받는다는 생각으로 마음이 뿌듯해진다고 한다. 그리고 내가 잘 모르는 나, 내면의 나, 내 속의 나, 무의식의 나를 알 수 있어서 신선한 느낌이 들기도 한다고 한다.

사람은 누구나 '나'에 대해서 이야기를 하면 귀를 쫑긋하며 듣는다. 누구나 다 '나'를 알리고 싶고 인정받고 싶고 존중받고 싶어 한다. 또한 '나'를 알고 싶어 한다. 내가 그동안 어떻게 살아왔는지, 그동안 왜 그렇게 살아왔는지 알고 싶어 한다. 그리하여 스스로 만족을 느끼고 싶어 한다. 아브라함 머슬로우가 말한 자아실현의 욕구이다. '나' 대역 세우기는 이처럼 사람의 가장 기본 욕구인 소속과 애정의 욕구, 존경의 욕구, 자아실현의 욕구를 경험하는 자기 변형의 축제 마당이다.

03 '나' 대역 세우기의 사례

- 가족세우기 지도: 이현주, 정리: 박병식 -

◎ 사례 1: 심한 우울증으로 사회생활에 적응하지 못하고 어머니
를 괴롭혔던 남성 치유

【가족 관계】

몇 년 전에 이혼한 부모님, 누나가 있음.

【의뢰인 대역 세우기】

의뢰인 대역을 세우자 눈이 먼 곳을 향하고, 제자리에서 돌고 있었다. 그러면서 어지럽다고 했다.

【문제와 해결】

그래서 부모님 대역을 세웠다. 의뢰인 대역은 부모님의 어느 쪽도 보지 않고 화를 내고 있었다. 그래서 의뢰인에게 고개를 숙이게 하고 가족세우기 생명의 말을 따라서 하게 했다. "아버지, 어머니, 저는 아무도 선택하지 않습니다. 저는 당신들의 그 사랑을 있는 그대로 받아들이고 존중합니다. 저는 부모님의 아들입니다. 저를 당신들의 아들로 낳아주시니 고맙습니다." 그러자 마음이 편안해졌다고 했다. 부모님이 눈에 들어오지만 가고 싶지는 않다고 했다.

【그 후】

　일주일 후에 다시 만났는데 얼굴이 많이 밝아지고 마음도 여유롭다고 했다. 완전히 다른 사람이 되어 있었다. 그전에는 아버지가 미워서 잠도 잘 못 잤는데 이제는 잠도 잘 자고 내면에서 평화로움을 느낀다고 했다. 또 의뢰인은 어머니를 괴롭히곤 했는데, 이제는 말도 잘 들어서 좋다면서 함께 온 어머니도 좋아했다.

◎ 사례 2: 직장생활에서 대인 관계가 너무 힘들고 불면증에 시달려서 안색도 어둡고 이유 없는 불안에 시달리는 여성 치유

【가족 관계】

　장녀로서 부모님과 여동생이 있음.

【의뢰인 대역 세우기】

　의뢰인 대역을 세우자마자 눈을 감고 있었다. 3~4분 후에 머리카락을 움켜잡고 어지럽다고 했다.

【문제와 해결】

　"잠도 못 자고 누군가에게 시달리고 있어서 힘든 것 같은데, 어떠세요?" 하고 물었더니, 부모님과 동생이 자신에게 계속 돈을 달라고 해서 너무 힘이 들어서 살고 싶지 않다고 했다. 또 직장에서 자기 일에 참견하는 사람이 많아서 힘이 들고, 밤에 잠을 잘 못자

고, 이유 없는 불안 증세 때문에 힘이 든다고 했다. 그래서 "혹시 가족 중에 일찍 돌아가신 분이 있나요?" 하고 물었더니, 오빠가 자기가 어릴 때 물에 빠져 죽었다고 했다. "그 시기가 어느 때인지 기억하세요?" 하고 묻자, 다음 달에 오빠 기일이 있다고 했다.

그래서 부모님 대역을 세우고, 오빠 대역은 바닥에 눕게 했다. 그리고 오빠를 보고 가족세우기 생명의 말을 따라서 하게 했다. "오빠를 부모님 가슴에 묻습니다. 오빠를 아픔과 사랑으로 떠나보냅니다. 이제 더 이상 오빠 일에 상관하지 않습니다. 저도 이 땅에 조금 더 살다가 오빠 뒤를 따라갑니다." 그랬더니 의뢰인의 얼굴이 평안해지고 숨을 쉬었다. 그리고 의뢰인 대역에게 어떠냐고 물었더니, 온몸이 가벼워지고 세상이 깨끗하게 보인다고 했다.

【그 후】

약 한 달 후에 다시 만났다. 선물로 과일까지 사서 왔는데, 얼굴이 아예 딴사람이 되어있었다. 얼굴이 맑아지고 밝아져서 처음에는 모르는 사람인 줄 알았다. 이제는 회사 동료들과의 사이도 좋아지고, 동생도 취직을 하고, 불안 증세도 없어져서 잠도 잘 잔다며 고맙다고 했다.

◎ 사례 3: 연로한 부모님 병간호와 형제자매 일로 힘든 남성 치유

【가족 관계】
부모님, 3남매 중 장남

【의뢰인 대역 세우기】
의뢰인 대역을 세우자마자 화를 내고 있었다.

【문제와 해결】
  자신의 대역의 모습을 자세히 보게 한 후에 "누구에게 가장 미안하시죠?" 하고 물었다. 그랬더니 "부모님께 가장 죄송하기도 하고, 부모님께 화가 나기도 한다."고 했다. 아버지가 오래 전부터 노인요양병원에 입원해 있어서 힘이 들고, 어머니에게 요즘 치매가 와서 더 힘들고, 두 분 모시는 돈 문제로 형제자매 사이에 갈등이 깊다고 했다. 그래서 부모님 대역을 세우고 보게 하였다. 그랬더니 아버지 대역이 다리가 무겁고 머리가 아프다면서 앉아버렸다.
  의뢰인에게 가족세우기 생명의 말을 따라서 시켰다. "아버지는 크시고 저는 작습니다. 아버지는 주시고 저는 받습니다. 아버지는 저에게 항상 옳으십니다. 저를 아버지의 아들로 낳아주시니 고맙습니다. 이제 제가 아버지를 있는 그대로 받아들이고 존중합니다. 아버지는 그대로 제 아버지이십니다." 그랬더니 아버지 대역이 "온몸에 힘이 빠지고 마음은 평안해지고 그냥 고맙다는 말이 저절로 나온다."고 하고 나서 "졸리다."고 했다. 그래서 나는 의뢰인에게 마음의 준비를 해야 될 것 같다고 하면서 끝을 맺었다.

【그 후】

며칠 후에 그에게서 아버지가 돌아가셨다는 전화가 왔다.

정말 잠자듯이 편안히 가셨다고 한다. 약 10일 후에 찾아와서 만났다. 그는 형제간의 관계가 좋아졌고, 얼굴이 많이 편안해 보인다는 말을 친구들로부터 자주 들으며, 마음도 깃털처럼 가벼워졌다며 좋아했다.

◎ 사례 4: 아들이 아빠와 엄마의 돈을 몰래 가져가서 힘든 가정
　　　　 치유

【가족 관계】

두 아들의 어머니로서 부모님을 모시고 있음.

【의뢰인 대역 세우기】

의뢰인 대역을 세우자마자 누군가에게 화를 내고 있었다.

【문제와 해결】

먼저 의뢰인이 자신의 대역을 자세히 보게 한 후에, 친정 부모님 대역을 세웠다. 그러자 아버지 대역이 어머니 대역의 호주머니에서 돈을 꺼내는 행동을 반복했다. 그래서 나는 물어보았다. "부모님 사이에 무슨 일이 있었나요?" 그러자 의뢰인이 "아버지께서 어머니

돈을 몰래 가져다가 주색잡기 하시는데 써버리셨대요. 그리고는 또 와서 달라고 하시거나 몰래 가져가는 식으로 돈을 쓰기를 반복하셨대요. 그러다가 어머니가 교통사고로 돌아가셨어요. 가족들이 아버지를 싫어하고 미워해서 아무도 돌보려고 안 했고요."라고 대답했다.

이에 나는 더 물었다. "혹시 조부모님에 대해서 아시나요?" 의뢰인은 "예. 할머니께서 아버지가 태어난 지 얼마 안 되어서 돌아가셨대요. 할아버지께서 그런 아버지를 젖동냥해서 키우셨고요."라고 대답했다.

그래서 나는 아버지의 부모님(의뢰인의 조부모님) 대역을 아버지 대역 뒤에 세웠다. 그러자 아버지 대역이 어머니(의뢰인의 할머니)를 보지 못하고 "엄마, 젖. 엄마, 젖." 하면서 한참을 젖을 찾아다니고 있었다. 나는 의뢰인에게 물어보았다. "혹시 아버님께서 알코올 중독 증상도 있으셨나요?" "예, 평생을 술로 사셨어요." 의뢰인의 아버지는 일찍 돌아가신 어머니의 젖을 먹지 못하고 사랑을 받지 못해 평생을 외로움에 사로잡혀 그렇게 살았던 것이다.

이에 나는 의뢰인이 아버지의 운명을 있는 그대로 존중하고 받아들이는 가족세우기 생명의 말을 따라서 시켰다. "아버지는 크시고 저는 작습니다. 아버지는 주시고 저는 받습니다. 아버지는 저에게 항상 옳으십니다. 저를 아버지의 딸로 낳아주시니 고맙습니다. 아버지, 아버지는 그렇게 사셨습니다. 이제 제가 아버지를 있는 그대로 존중하고 받아들입니다. 아버지는 그대로 제 아버지이십니다. 아버지 옆에는 항상 어머니께서 계십니다. 이제 아버지를 아픔과 존경으로 떠나보냅니다. 그래도 아버지는 제 아버지로 제 안에 살아계십니다." 그러자 아버지 대역의 행동이 조용해지며 바닥에 누워 눈을 감았다. 아버지를 향한 의뢰인의 죄책감이 사라지고, 심리적 동일시가 소멸되자 모든 것이 평화의 세계로 돌아간 것이다.

내가 "혹시 아들이 부모님의 돈을 몰래 가져갈 뿐만 아니라 다른 애들에게 빼앗기거나 줘버리고 오지 않습니까?"라고 물어보자, 의뢰인은 "어떻게 아셨어요? 그것 때문에 더 골치가 아파요."라고 했다. 나는 "가족세우기 보면서 알았어요. 아버님께서 어머님 돈을 가져다가 주색잡기에 다 써버렸다는 건 남에게 돈을 뺏긴 거나 마찬가지입니다. 선생님의 아들은 외할아버지가 하던 그대로 했을 겁니다. 부모님 돈을 몰래 가져다가 친구들에게 다 뺏기거나 줘버리는 거지요. 그래놓고 또 기분은 나쁘지요. 자존심도 상하고요. 이처럼 우리는 가족과 연결되어 있습니다."

【그 후】

이틀 후에 들은 바로는 아들이 이제는 부모님의 돈을 몰래 가져가지 않고, 직접 달라고 요구해서 받아서 쓴다고 한다.

04 '청소년 및 부모님들과 함께하는 가족세우기
- 가족세우기의 청소년 집단 상담 적용 이야기 -

내 오랜 고민 중의 하나는 청소년들에게 가족세우기 워크샵을 제공하는 것이었다. 본래 가족세우기는 가족 양심과 가족 운명 등 청소년이 다루기에는 다소 무거운 주제가 나오기 때문에 청소년들의 참석을 권유하고 있지 않다. 하지만 나는 아주 짧은 시간에 의뢰인(내담자)에게 긍정적인 결과를 가져다 줄 수 있는 아주 효과적인 방법을 포기하는 것도 옳지 않다고 생각하며 방법을 찾고 있었다.

다행히 몇 년 전에 어떤 중학교에서 학교폭력 가해 학생들 및 그들의 학부모와 함께 가족세우기를 했다. 그러나 학생들이 농담 반 진담 반의 태도로 임해서 가족세우기 진행 과정이 별로 만족스럽지 않았다. 그때는 전통적인 가족세우기 방식으로 진행했다. 즉, 자신의 가족의 대역들을 세워서 보았더니 대역의 움직임을 이해하지 못한 애들이 낄낄거리며 웃거나 장난을 쳤다. 데구르르 구르는 말똥만 보아도 웃는 세대이니 그럴 만도 했다. 나는 흐름을 놓치지는 않았지만, 전체 분위기가 집중이 되지 않는 건 어쩔 수 없었다. 다 마친 후의 상담 결과는 좋았다. 하지만 진행 과정이 마음에 들지 않아 그 후 청소년 집단 상담에서는 더 이상 가족세우기를 하지 않았다.

그러다가 얼마 전에 잘 아는 어떤 중학교 선생님이 '학생들 및 학부모와 함께하는 가족세우기'를 제안해서 해보기로 했다. 나는 지난번의 경험이 있었기 때문에 마음을 단단히 먹고 참가했다. 먼저 자리 배치부터 신경을 썼다. 왼쪽에 학생을 앉게 하고, 부모님(아버지나 어머니 중 한 사람만 참석)은 오른쪽에 앉게 했다. 이렇게 학생-학부모, 학생-학부모와 같은 식으로 자리를 배치해서 학생들이 서로 떨어져있게 했다. 그리고 먼저 부모님의 대역을 세워서 진행했다. 이번에는 지난번과 다르게 학생들이 무척 진지하게 임했다. 전통적 가족세우기 방식에서는 의뢰인이 주로 수동적 관찰자로 있다. 하지만 우리가 사용하는 '나(의뢰인)' 대역 세우기 방식에서는 적극적 관찰자가 될 수밖에 없다. 바로 어머니나 아버지, 혹은 자신의 대역이 이런저런 움직임을 보이는데 어찌 수동적 관찰자로만 있을 수 있을까? 눈빛이 반짝반짝 빛나면서 참여할 수밖에 없다.

하나의 사례를 들어 보자. 어느 학생의 아버지 대역을 세웠더니 계속 일만 하는 행동을 반복했다. "저렇게 계속 일만 하세요? 잘 쉬시지도 않고요?"라고 그 아버님에게 묻자, "진짜로 일만 하고 산다." 하며 놀라워했다. 그걸 보는 아들도 "우리 아빠 진짜 그러서요." 하며 신기하다는 말투였다. 학생들은 자신의 부모님의 삶의 패턴이 그대로 나타나니까 한편으로 놀라고, 한편으로 재미있어 했다. 학생들 왈, "정말 신기해요. 이현주 선생님 말씀이 다 맞아요. 우리 집 일을 정말 잘 아시네요."

부모님들의 세션을 다 끝낸 후에 학생들 것도 했다. 이번에도 부모님이 했듯이 학생이 자신의 대역(동행한 어른이나 부모님 중에서 선택해서 "제 대역을 부탁합니다."라고 말한 다음, 대역의 어깨를 잡고 자기 이름을 부른 후에 자리에 앉는다)을 세워서 보게 했다. 대역이 계속 공을 차는 움직임을 보이자 학생 본인뿐만 아니라 부모님까지 놀랄 수밖에 없었다.

"저는 진짜로 공 차는 거 좋아해서 시간만 나면 공을 차요. 앞으로 체육 선생님이 될 거예요. 근데 그게 다 여기서 나오네요?"

"저 모습은 축구를 아주 좋아한다는 뜻도 되지만, 한쪽만 본다는 뜻도 돼. 부모님을 안 보고 있잖아? 그렇지?"

"예, 그러네요."

이어서 부모님 대역을 세운 후에 그 학생의 아버지에게 가족세우기 생명의 말을 따라하도록 했다. "저도 당신들처럼 한 곳만 보고 삽니다. 당신들은 크시고 저는 작습니다. 모든 것이 당신들의 덕입니다." 그러자 그 학생 대역이 고개를 들어 부모님 대역을 존경의 눈으로 바라보았다. 세션이 성공한 것이다. 아마도 그 학생의 가족은 위로부터 오는 생명의 힘을 받아서 보다 넓고 크게 세상을 보는 힘을 얻었으리라 생각한다. 축구에 빠져서 축구밖에 모르는 청소년이 아니라, 부모님도 보고 공부도 하면서 축구도 즐기는 멋쟁이 청소년으로 자라나리라.

05 '나(의뢰인)' 대역 세우기와 가족세우기의 방법과 과정

1) 시작 단계

가족세우기의 진행 과정을 짧게 설명하는 것이 중요하다. 그리고 "가족세우기는 우리 안에 있는 사랑이 너무 많아서 이런저런 문제가 생긴다고 본다."는 사실을 말한다.

"그러면 이제부터 우리의 사랑이 얼마나 많으며 그 사랑이 어디를 향하고 있는지 함께 보겠습니다. 또 성서에 보면 '너는 흙이니 흙으로 돌아갈 것이다.'라는 말씀이 있습니다. 벼는 익을수록 고개를 숙인다고 합니다. 우리가 땅을 향해 고개를 숙이면 그만큼 땅에 가까워집니다. 겸손해집니다. 그리고 겸손해질수록 나쁜 것이 밖에 머물고, 좋은 것이 내 안으로 들어옵니다.

가족세우기에서 하는 '고개 숙이기'에는 그런 뜻이 있습니다. 고개를 숙여서 '고맙습니다.'라고 합니다. '고맙습니다'는 '그만 주십시오'를 줄인 말이랍니다. '당신들이 주시는 사랑이 복이 넘치니 그만 주십시오.' 하는 뜻입니다. 가족세우기에서 가장 많이 쓰는 말입니다. 고맙습니다. 이제 시작하겠습니다. 여기 계신 분들 중에서 자신의 대역을 선정하여 (우리들이 모여 있는)이곳의 가운데에 세우는 겁니다. 대역의 뒤에 가서서 어깨를 가볍게 잡고, 자신의 이름을 부르고, 제 옆에 앉아서 보시면 됩니다."

2) 진행

　가족세우기를 시작하기 전에 정신집중의 시간을 가진다. 가족세우기 전문가는 이를 위해 참가자들의 눈을 감게 하고 서너 번 크게 숨을 쉬는 연습을 시킨다(이어서 명상을 하기도 한다). 그리고 "지금 가슴이 떨리거나 답답하신 분이 계시면, 혹은 눈물이 나거나 슬픔이 올라오는 분이 계시면, 자신의 대역을 세우고 제 옆으로 오세요."라고 말한다.

　가족세우기 전문가는 의뢰인이 세운 대역의 태도를 잘 관찰한다. 가족세우기 전문가의 경험과 통찰이 깊어지면 의뢰인의 앉아있는 모습, 걸어 나오는 자세 등에서 이미 기본 정보를 읽을 수 있지만, 이를 말하지는 않는다. 가족세우기 진행과정에서 참고자료로 활용할 수 있도록 정신을 차리고 있으면 된다. 가족세우기 전문가는 대역의 태도나 행동을 약 3~5분 정도 관찰(처음 참석한 사람은 약 10분 정도 보도록 하고, 몇 번 참석한 사람은 약 5분 정도 보도록 한다) 후에 이에 대해서 의뢰인에게 설명한다. 예를 들어서 대역이 눈을 감고 있으면, "감정의 기복이 심하신 것 같은데요?" 또는 "안 보고 안 듣고 싶은 어떤 일이 있나요?" 하며 동의를 구한다. 그러면 대부분의 의뢰인들은 이를 인정하거나 질문에 대답을 한다. 이 대답을 참고하여 가족의 대역을 세운다.

　이어서 대역의 태도나 행동에서 얻은 통찰을 토대로 가족세우기를 본격적으로 시작한다. 주로 '나(의뢰인)' 대역을 세워서 보면, 의뢰인의 가장 절실한 문제가 현상적으로 나타나기에 그대로 따라가며 진행해 나가면 된다. 예를 들어서 여자 의뢰인의 대역이 바로 앞의 방바닥을 쳐다보고 있다면, 자녀의 유산이나 낙태로 인한 죄책감을 해결하고 싶다는 뜻으로 해석하여 작은 목소리로 조심스럽게 질문한다. "혹시 낙태하셨나요?" 만약 대답이 "예."라면, "몇 명쯤인지 기억나시나요?"라고 질문하여 대답에 따라 낙태한 자녀의 수만큼 의뢰인 대역의 앞쪽 바닥에 눕힌다. 그리고 가족세우기 생명의 말을 따라서 하게 한다.

이어서 주로 먼저 원가족을 중심으로 가족세우기를 진행한다. 의뢰인의 대역 앞에 의뢰인의 부모님 대역을 세운다. 이때 참가자 중 남녀의 숫자가 비슷하면 같은 성에 맞게 가족 대역을 세우지만, 여자가 많다면 성 구별 없이 대역을 세워도 된다. 즉, 아버지 대역도 여자가, 어머니 대역도 여자가 해도 된다는 뜻이다.

이미 세워진 '나' 대역 앞에 부모님의 대역을 세워서 관찰하며 '나' 대역에게 질문을 하기도 한다. "두 분 중에서 어느 분이 눈에 들어오시나요?" 혹은 "화가 나 있는 것 같은데, 어느 분께 나나요?" 이렇게 관찰과 질문을 통해서 안 사실을 가지고 가족세우기를 진행하면서 가족의 질서가 찾아져서 가족 모두가 평안의 숨을 쉴 때까지 진행한다.

3) 상황에 따른 질문 내용

가족세우기 진행상황에 따라 의뢰인에게 자녀는 있는지, 결혼 이전에 깊게 사귄 이성이 있었는지, 가족 안에서 누군가 죽었는지, 출생 전에 사망한 사람이 있는지, 등을 묻는다. 이를 통해 현 가족체계에 대한 중요한 정보들을 얻는다. 이러한 외형적인 정보들만 필요로 한다.

가족세우기 안에서 이루어지는 질문은 외형적 사실에 집중한 이후에 원가족에 대한 정보를 묻는다. 여기서도 외형적인 결과를 알아보는 질문을 한다. 가족 안에서 무언가 특별한 일이 있었는지, 형제는 몇이었는지, 누가 이전에 결혼을 했으며, 누가 죽었는지, 부모님이나 (증)조부모님 중에서 이혼이나 재혼이 있었는지 등을 질문한다. 내담자가 더 많은 정보를 주려고 하면 그를 제지한다. 왜냐하면 그것은 필요하지 않기 때문이다. 가족세우기를 하는 도중에만 가족에 대한 정보를 수집한다(Hellinger, B. 1996).

4) 가족세우기의 종결

가족세우기 전문가는 가족세우기의 종결을 결정한다. 가족의 질서가 찾아져서 가족 모두가 평안의 숨을 쉬면 의뢰인이 만족한 상태가 된다. 이때 거의 대부분의 의뢰인의 얼굴이 평안해진다. 종결할 때가 된 것이다. 종결할 때는 "수고하셨습니다. 여기까지 하겠습니다." 또는 "제가 여기서 마쳐도 되겠습니까?" "저는 여기서 이제 마치겠습니다." 등이 있다.

만약 10시간의 가족세우기에 15명 정도가 참석했다면, 한 사람에게 2번의 세션 기회가 주어진다. 그러면 총 30번의 세션을 직접 보고 체험할 수 있다. 2번째 세션에서는 주로 의뢰인이 원하는 것을 가지고 진행한다.

모든 세션이 끝나면 가족세우기 마당에서 했던 대역의 상과 느낌들, 그리고 보았던 다른 가족의 상들과 이별하는 작업을 한다. "이 모든 것을 온 곳으로 되돌려드립니다."

3부

가족세우기의
핵심 통찰인
양심과 사랑의 질서

- 박병식 -

01 가족세우기의 핵심 통찰, 양심

1) 양심에 대하여

① **양심의 역할** (Hellinger, B. 2006)

양심은 우선 다른 인간들과 관련된 행동을 동반하는 본능적인 지식이다.

가. 귀속되기 위해 필연적인 것을 아는 지식(소속의 법칙): 모든 가족 구성원은 가족의 한 사람으로서 똑같은 권리를 가진다. 그들이 누구이고, 언제 태어났고, 무슨 일을 했든 상관없이 자기 자리에 있을 권리가 있다. 비록 어릴 때 죽었다고 해서 기본적인 소속의 권리가 없어지는 건 아니다. 모든 사람은 똑같이 가족으로 존중되어야 한다.

나. 내가 어떤 것을 받았으나 되돌려 주지 않았기에 다른 사람에게 빚을 지고 있다는 것을 아는 지식. 또는 어떤 사람에게 해를 입혔지만 조절함으로써 아직 스스로 비슷한 방법으로 고통받고 있지 않거나, 어떤 것을 잃지 않고 있다는 것을 아는 지식. (균형의 법칙)

다. 한 무리가 그 무리로 존속하고 행동하는 동안 그 무리에 빚을 지고 있다는 것을 아는 지식. 즉, 무엇이 무리의 존속과 발전을 위한 나의 기여인지 아는 지식.

라. 상태와 느낌을 아는 지식.

② 도대체 양심이란 무엇인가?

어떤 사람의 행동이 윤리·도덕을 넘어서거나 그 정도가 지나칠 때 그 사람을 가리켜 잘 쓰는 말이 있다. "그 사람은 양심도 없어." 이 말은 누구에게나 있는 착함이 그 사람 속에는 없다는 뜻일 것이다. 프랑스의 철학자 장 자크 루소는 양심에 대하여 다음과 같이 주장했다.

"양심이여! 양심이여! 신성한 본능이여, 영원한 하늘의 소리여, 무지에 둘러싸인 총명하고 자유로운 인간의 믿음직한 안내자여! 인간을 하나님과 닮게 하며, 선과 악에 대하여 과오를 범함이 없는 심판자여! 인간의 본성을 탁월하게 하며, 인간의 행위를 도덕에 따르게 함은, 바로 너인 것이다."

우리는 보통 인간에게는 '양심'이라는 나침반과 같은 역할을 하는 본능이 있어서, 인간은 누구나 같은 양심에 따라서 살아야 하며, 이를 어길 때에는 양심의 가책을 받는다는 오래된 상상을 한다. 과연 인간들은 같은 양심을 가지고 있으며, 그 양심은 인간의 본성을 탁월하게 할 정도로 신성한 본능일까? 그렇다면 2차 세계 대전을 일으키고, 600만 명이 넘는 유태인들을 학살한 히틀러(또한 그가 죽인 집시들은 50만~100만 명 정도 된다고 한다)는 정말 양심도 없는 철면피 같은 인간일까? 성전이라는 이름으로 십자군 전쟁을 일으킨 가톨릭 교황은 양심도 없는 무뢰한이었을까? 수많은 아메리카 원주민들을 무참하게 학살한 백인들(그들의 종교는 개신교였다)은 양심의 가책을 느꼈을까? 인간이 같은 양심을 가지고 있다면, 그리고 양심이 믿음직한 안내자라면, 수많은 전쟁과 싸움은 왜 발생하는 걸까? 불법과 탈법을 밥 먹듯이 저지르는 우리나라의 일부 정치인들은 우리가 수출로 먹는 사는 나라이기에 양심까지도 외국에 수출해버렸을까?

가족세우기 통찰에 의하면, 우리가 흔히 생각하는 그런 양심은 없다고 한다. 우리들은 검증되지 않는 신화를 믿고 있는 것이다. 즉, 양심은 무엇보다도 우리에게 중요한 무리(그룹), 특히 가족에의 소속을 보장하는 본능에 가까운 지식이다.

양심 중에서 가장 강하게 작용하는 양심이 바로 가족 양심이다. 가족 양심은 가족마다 다르다. 남녀가 사랑으로 만나지만, 서로 티격태격 다툴 수밖에 없는 이유는 양심이 다르기 때문이다. 국가마다 국가 양심이 있다. 같은 학교에 다니는 사람들끼리 형성되는 학교 양심도 있으며, 같은 지역에서 태어나서 자란 사람들의 지역 양심도 있다. 종교에 따라서 생기는 종교 양심도 있다. 기독교인들은 일부일처제를 신봉하기에 소위 바람을 피우면 양심의 가책을 느낀다. (물론 같은 기독교인이더라도 할아버지나 아버지가 바람둥이였다면, 양심의 가책을 안 느끼거나 덜 느낄 것이다.) 이슬람 교인들은 일부다처제를 신봉하기에 바람둥이라는 개념이 약할 것이다.

대한민국 국민이 미국에서 유학 생활을 하고 오면 친미파(?)가 되는 이유도 바로 이 양심 때문이다. 그 사람 앞에서 미국에 대해서 비판해 보라. 아마 화를 내거나 얼굴색이 바뀔 것이다. 자신과 미국인과의 소속감이 공격받는다고 느끼기 때문이다. 이처럼 양심은 우리를 무리(가족, 학교, 나라, 종교 등)에 묶는 기능을 한다. 그리고 여기에서 무죄의 느낌이나 죄책감이 발생한다. 가족이나 무리와의 관계를 잃지 않게 행동하면, 우리는 죄가 없음을 느낀다. 관계가 위태롭도록 행동하면, 우리는 죄책감을 갖는다.

즉, 죄나 무죄의 느낌들은 일정한 사람이나 무리와 관계하며, 다른 사람이나 무리를 제외한다. 같은 행동으로도 한 무리를 향해서는 죄책감을, 다른 무리를 향해서는 무죄의 느낌을 갖는 딜레마에 빠진다. 이 진퇴양난에서 무죄의 포기는 다른 무리나 그 무리에 속한 사람을 존중함으로써 가능한데, 이는 개인의 성장으로 이어진다. 어떤 대가를 치르든지 무죄를 고집하면 개인의 쇠퇴로 이어진다. 죄책감을 감수하고라도 딜레마 위에 자신을 세우는 사람은 앞으로 나아가며 힘을 얻는다.

할아버지의 '가해자 양심'을 물려받은 아베 신조 현 일본 총리

마지막 조선 총독인 아베 노부유키(현 일본 총리의 조부)는 우리나라를 떠나면서 다음과 같이 말했다.

"우리는 패했지만 조선은 승리한 것이 아니다. 장담하건대, 조선 사람이 제정신을 차리고 위대했던 옛 조선의 영광을 되찾으려면 100년이 훨씬 걸릴 것이다. 우리 일본은 조선 사람에게 총과 대포보다 무서운 식민교육을 심어 놓았다. 결국은 서로 이간질하며 노예적 삶을 살 것이다.

보라! 실로 조선은 위대했고 찬란했지만, 현재의 조선은 결국 식민지 교육의 노예로 전락할 것이다. 그리고 나 아베 노부유키는 다시 돌아온다."

그의 손자인 아베 일본 총리는 2014년 7월 1일 일본 각의에서 '집단적 자위권 행사'를 가능케 하는 헌법 해석 변경안을 가결하여 69년 만에 전쟁이 가능한 나라가 되게 했다. 할아버지의 양심을 이어받아 아시아 재침략의 의도를 점차 드러내기 시작한 것이다. 일본 자민당과 아베 총리가 조부를 비롯하여 2차 세계대전을 일으킨 조상들과 그들의 운명을 있는 그대로 동의하고 받아들여 가해자 및 가족 양심의 거리낌을 넘어선다면 평화에 눈을 떠서 아시아 평화에 기여할 수 있을 텐데, 그들은 가족 양심에 매여 다른 무리(한국이나 중국 등)와 절연하려 한다. 이것만 보아도 양심은 인류 공동체의 분열균이라는 것을 알 수 있다.

우리가 자라기 위해서는 이 좁은 가족 양심의 경계를 넘어 다른 사랑으로 성장해야 한다. 새로운 것, 더 큰 것, 더 풍부한 것으로 넘어갈 준비가 되어 있어야 한다. 지구촌 시대에 더불어 살아가기 위해서는 가족 양심이라는 좁은 것을 단념하는 것이 필요하다. 단념에의 움직임으로 우리는 넓어진다. 남과 북도 그렇고, 일본도 그렇다. 남북 사이의 평화, 한국과 일본 사이의 평화는 좁은 것을 단념할 때 시작된다.

2) 양심의 한계: 사람은 낱낱인가? 묶음인가?

우리 양심은 가족으로부터 출발한다. 양심은 우리가 흔히 생각하듯이 낱낱個人이 아니라 하나의 묶음으로 되어있다. 내가 어떻게 느껴야 하는지는 가족 양심이 결정한다. 부모와 자녀 사이에 아주 깊은 인연이 있는데, 자녀가 부모에게 버림받는 일처럼 끔찍한 일은 없다. 자녀는 '나는 여기에 속하겠다. 그리고 어떤 운명이든 우리 가족과 운명을 같이 하겠다.'라는 생각을 가지고 살아간다. 자녀의 이런 생각은 자기만 아는 마음이나 살아남기 위한 꾀가 아니다. 특별한 감각기관에 의해서 휘둘러지는 본능과 같은 인식이다. 아이들은 만약 가족에게 도움이 된다면 죽으려 하기도 한다. 부모와 자녀 사이는 이처럼 깊은 인연이라고 할 수 있는 양심으로 연결되어 있다.

그러므로 죄가 가장 깊게, 그리고 위협적인 느낌으로 경험된다. 다시 말하면, 모든 가족 양심은 가족 사이의 결속과 유대감에서 비롯되는데, '나는 더 이상 그곳에 속하지 않으므로 두려워한다'는 죄책감이 생기는 것을 무서워하는 것이다. 각 사람의 양심은 우리가 속하는지 또는 속하지 않는지, 내 행동이 가족을 위태롭게 하는지 하지 않는지를 금방 느낀다. 마치 평형감각처럼 우리가 무엇을 해야 하는지 아무런 지시가 주어지지 않아도 느낌으로 아는 것이다. 그래서 싸움을 할 때 상대가 내 가족을 나쁘게 말하면, 냉철한 이성은 별 것 아니라고 하지만, 나도 모르게 화가 나는 이유가 바로 여기에 있다. 원가족에 묶인 양심이 나도 모르게 나타나는 것이다. 본능처럼 꿈틀거리며!

많은 사람들이 죄에 대해서 이야기하지만, 속내를 들여다보면 각 사람의 보는 눈은 다 다르다. 왜 그런가? 가족 양심이 다 다르기 때문이다. 누군가가 큰 잘못을 저지르면 대부분의 사람들이 '양심도 없는 사람', '저주받을 사람'이라고 생각하지만, 정작 그는 자신의 가족 양심에 충실하고 있는 것이다. 우리가 양심이 유일한 것이 아니라 여러 얼굴을 가지고 있음을 알면, 그 누구도 양심이 없는 사람이라고는 말할 수 없는 것이다. "너는 양심도 없니?"라는 물음은 "너는 나와 생각과 감정이 똑같아야 돼."라는 말과 같다. 도저히 할 수 없는 일을 강요하는 꼴이다.

자세히 보면 아버지의 양심과 어머니의 양심이 또 다르다. 우리는 아버지가 좋아하는 것은 무엇이고 어머니가 좋아하는 것은 무엇이고 기대하는 것은 어떤 것인지, 그에 따라 각각의 부모에게 어떻게 행동해야 하는지 재빨리 파악한다. 예를 들어 학원에 가지 않고 소위 땡땡이를 친 아이는 성적에 너그러운 아버지에게는 가책을 느끼지 않지만, 공부 잘해서 좋은 학교에 가야 한다고 주장하는 어머니에게는 심한 죄책감을 느끼게 된다. 형제나 자매, 특히 쌍둥이라고 해도 생각이 다른 이유가 바로 여기에 있다. '어머니(외조부모)의 양심'에 더 많이 동일시되는가, '아버지(조부모)의 양심'에 더 많이 동일시되는가에 따라서 달라지는 것이다.

이런 까닭으로 어떤 사람을 똑같은 사람으로만 보는 것은 짧은 생각일 뿐이다. 그는 한 사람이 아니다. 낱낱이 아니다. 사람은 가족 양심들이 모여 이루어진 덩어리(집합체)이다. 그 사람 뒤에는 그의 부모님이 계신다. 그리고 내 뒤에도 내 부모님이 계신다. 이렇게 보면, 우리는 서로의 다름 속에서 존중과 존중으로 만날 수 있다. 이해와 사랑의 지평이 훨씬 더 넓어지며, 삼갈 수 있는 힘도 생긴다.

3) 양심의 한계: 집단 양심

우리가 느끼는 양심 외에 의식되지 않는 양심이 있다. 무리에서 나타나는 의식되지 않는 양심의 효과로서, 우리는 그 양심의 법칙을 알아챈다. 이 양심은 단지 죄책감이나 죄 없는 느낌으로는 느껴지지 않는다. 무엇보다 우리가 느끼는 선한 양심과 거리낌 있는 양심(개인 양심 혹은 가족 양심)이 이러한 다른 양심을 덮어서 느껴지지 않는 양심으로 밀어젖히기에 그러하다. 이 느껴지지 않는 양심은 무리 양심이고 가족 공동 양심이다.

이 양심은 도덕적 양심보다 훨씬 오래되었기에 원초적이라고도 부른다. 예를 들어 서열원칙, 즉 먼저 있었던 사람은 나중에 오는 사람보다 우선되는 인연이나 질서와 관계가 있다. 가족에 나타나는 질서는 어떻게 형성되었을까? 후대의 누군가가 선대에 제외된 분을 대신하여 자신의 것이 아닌 그의 느낌을 갖고 죽음으로까지 이끌리는 것이 어떻게 가능할까? 오늘날 마사이족을 보면 알 수 있듯이, 그리고 옛날 아메리카 원주민들의 이야기에서 볼 수 있듯이 선사시대에는 누구도 제외가 없었다. 모두 귀속되었다. 인류는 이런 구조적 법칙을 가지고 수십만 년을 살았다. 그러니 거의 본능과 같이 영혼에 작용하는 것이다. 만약 가족 구조에서 누군가가 배제된다면, 이 원초적 양심이 작용하여 후대의 누군가가 대신한다. 이것을 통해 우리는 가족 장으로부터 아무도 떨어져 나올 수 없다는 걸 알 수 있다. 원초적 양심과 긴밀하게 연결되어 있기 때문이다.

신약성서에 잃어버린 양의 비유가 있다. "너희 중에 어떤 사람이 양 백 마리가 있는데 그 중의 하나를 잃으면 아흔아홉 마리를 들에 두고 그 잃은 것을 찾아내기까지 찾아다니지 아니하겠느냐."(누 15:4) 이것은 어디까지나 비유로서, 바로 원초적 양심의 회복에 대한 비유라는 걸 알 수 있다. 유대교 지도자들인 바리새인들은 세리와 죄인들(종교 규례·

를 지키지 못한다고 자기들이 죄인이라고 딱지를 붙인 사람을 가리킴)과 같이 음식을 먹지 않는 등 그들을 철저하게 자기들의 공동체에서 배제했다. 자기들의 도덕 잣대로 그들을 판단하고 제외했다. 그 결과 수많은 사람들이 소외되어 고통받고 병들어 갔다. 그들의 도덕적 양심의 무능함이 여지없이 드러났다.

잃어버린 양의 비유는 이에 대한 강한 질책이자 세리와 죄인들처럼 제외된 사람들을 공동체로 회복시키라는 교훈인 것이다. 종교적 율법이나 도덕이 아니라, 나이에 따라 서열이 정해지고 오르는 질서와 같은 원초적 양심이 지켜지지 않으면 모두의 생존이 위협받는다.

그렇다고 원시시대도 아닌 모든 지구촌이 거미줄처럼 연결되어 복잡하게 얽혀 사는 지금 시대에 우리가 원초적 양심만 따르고 살 수는 없다. 회사의 서열을 나이에 따라 정한다고 하면 과연 몇 사람이나 고개를 끄덕일까? 또 법을 어긴 사람을 감옥에 가두지 않고 사회에서 무조건 받아준다면 이 사회가 어떻게 될까?

우리의 질문은 '원초적 양심과 도덕적 양심 사이의 조정이 가능한가?'이다. 가족세우기 통찰에서는 조정이 가능하다고 본다. 즉, 우리가 서로 맹목적으로 얽혀있다는 것을 보고 동의하면 가능하다. 그러면 가족이나 공동체에서 제외된 사람이 다시 의식된다. 그리고 두 양심은 더 이상 대립하지 않는다. 상상할 수 없는 의식의 확장을 가져온다.

4) 영의 양심

마지막으로 영적인 양심이 있다. 이 양심은 모두를 위해 사랑을 지킨다. 영적인 양심도 개인적인 양심처럼 평온함과 불편함으로 반응한다.

거리끼거나 거리끼지 않는 개인 양심은 평온함과 불편함으로 경험한다. 개인 양심을 통한 느낌으로 우리 행동은 조절된다. 영적인 양심도 같다. 우리는 단지 영적인 양심을 다르게 느낀다. 우리가 영적인 양심에 거리끼지 않으면 우리는 평온하다. 우리가 이 영적인 양심과 공명하면 우리는 모두를 향한 사랑과 공명한다. 이것이 본질적이다. 그러면 우리는 아주 깊게 이끌림을 느낀다.

내가 모두를 향한 사랑에서 벗어나면, 나는 거리끼는 영적인 양심을 갖는다. 어떻게 나타나는가? 나는 불안해한다. 금방 불안해지고 혼란스러워 어찌할 바를 모른다. 이 영적인 양심을 지키지 않으면, 우리는 서두른다. 우리는 서두르면서 다른 사람에게 반대한다. 모든 서두름은 누군가를 적대한다. 그러면 우리는 모두를 향한 사랑을 잃는다.

어떻게 하면 거리끼는 영적인 양심에서 빠져나와 거리끼지 않는 영적인 양심으로 돌아오는가? 우리는 기다림으로 돌아올 수 있다. 모두를 향한 사랑과 다시 공명할 때까지 기다린다.

영적인 양심은 단순하고 좋다. 그러나 우리를 엄하게 훈육한다. 우리가 다른 사람을 도우려고 할 때만 아니라 하루 종일 우리를 엄하게 훈육한다. 영의 훈육을 한다. 그러나 나쁜 훈육이 아닌, 사랑의 훈육이다. 가족세우기의 종착역이 바로 여기에 있다. 거리끼지 않는 영적인 양심으로 돌아오기. 그리고 그리 되도록 기다리기.

◎ 양심의 한계를 넘어서 치유된 사례

몇 년 전에 어떤 중학교 상담 자원봉사자로 일하면서 1학년 여학생을 상담한 적이 있었다. 그 학생은 그곳에서 맨 처음 상담한 학생이라 지금까지도 기억이 비교적 뚜렷하다. 여학생의 체격은 왜소했으며, 힘없고 맥 빠진 얼굴로 나를 찾아왔다. 나는 그 여학생에게 가족에 대한 그림을 그리게 했다.

나는 그 그림을 본 후에 깜짝 놀랐다. 그 여학생은 자신만 사람으로 그리고, 나머지 식구는 모두 네모 모양으로만 그렸다. 이 네모 모양들은 자신의 어머니가 교도소에 갇혀있다는 신호이고, 사람보다 물건에 더 관심이 많다는 심리 표현이다. 그래서 그 여학생에게 물었다. "너는 왜 그렇게 친구들을 싫어하는 거야?" 그러자 여학생은 "제가 버림받을 것 같아서 먼저 친구들을 밀어내고 있어요."라는 대답을 했다. 그래서 나는 여학생에게 어머니와 외할머니와의 관계에 대해서 물었다.

여학생의 어머니는 어릴 때 아버지(여학생의 외할아버지)가 6·25 전쟁으로 돌아가시고 어머니(여학생의 외할머니)가 재가를 해서 새아버지 밑에서 자랐다고 말했다. 전쟁은 무기로 사람을 죽이고 죽는 일이 다반사로 일어난다. 아이의 눈에는 사람보다도 무기가 더 중요하고 힘 있게 보일 수도 있다. 이것이 그 어머니의 도벽(사람을 사랑하지 않고 물건을 사랑함)으로 이어진 것이다. 어머니가 하는 일은 자녀에게 항상 옳기에 그 여학생도 가족 양심에 의해 '남의 물건이나 돈을 훔치는 것이 나쁜 행위'라는 생각도 없이 훔쳤을 거라는 통찰이 나에게 생겼다.

이런 통찰이 이끄는 대로 나는 대략 다음과 같은 문장들을 그녀에게 고개를 숙이고 따라서 하게 했다. "저도 엄마와 똑같습니다. 저도 엄마처럼 사람보다 물건을 더 사랑하여 이렇게 삽니다. 저는 엄마 양심에 동의합니다. 엄마의 운명을 있는 그대로 받아들이고 존중합니다. 엄마의 짐은 엄마만이 지십니다. 저는 단지 엄마의 딸일 뿐입니다. 저를 엄마의 딸로 보시고 딸로 받아주세요. 엄마는 크시고 저는 작습니다. 엄마는 주시고 저는 받습니다. 모든 것이 엄마 덕입니다. 엄마, 고맙습니다." 그리고 교실로 돌려보냈다.

　몇 달 후에 우연히 그 여학생의 담임선생님으로부터 그 여학생에 대해서 들을 수 있었다. 그 여학생은 도벽이 아주 심했다고 한다. 친구들의 돈, 학용품만 훔치는 것이 아니라 심지어는 담임선생님의 핸드백까지도 손을 대었다고 한다. 친구들이 "왜 내 볼펜을 훔치니?"라고 항의하면, "이것이 네 것이라는 증거가 있어?"라며 오히려 대들었다고 했다. 얼마나 황당하고 기가 막혔겠는가? 그 여학생의 잦은 훔치는 행위와 친구들의 항의에 대한 뻔뻔스런 변명은 남의 물건을 손대면 안 된다는 윤리와 도덕과 상식(우리들이 양심이라고 믿는)을 벗어났기에, 아예 친구가 한 명도 없었고 그 반의 골칫덩어리였다고 한다. 그러다가 상담을 한 번 받은 후에 도벽이 사라지고, 친구들과도 어울려 놀았다. 담임선생님은 '저 애가 며칠 동안 저러다가 다시 원위치 되고 말겠지.'라고 생각했는데, 2학기가 되어서도 변화된 행동이 지속되기에, 이제 나에게 고맙다는 생각이 든다고 말했다.

　위의 상담 사례의 여학생이 남의 물건을 훔치다 들켰어도 오히려 당당했던 이유는 그 여학생의 어머니가 남의 물건을 훔치는 일이 일종의 직업(?)이었기 때문이다. 그리고 사람보다 물건에게 사랑받기를 원하는 어머니의 거꾸로 된 심리(=어머니의 양심)와 동일시되었기 때문에 나타나 현상이다. 이것이 가족 양심이고, 가족 양심의 한계이다. 어떻게 그 도벽이 정화가 되었는가? 그 여학생이 고개를 숙여 엄마의 양심과 운명에 동의하여 엄마에 대한 죄책감을 감수하였기 때문이다. 그래서 그녀는 앞으로 가는 힘을 얻을 수 있었다.

(참고: 가족세우기에서는 부모 자신이 자녀 문제를 가지고 세우기를 하도록 한다. 그러나 어린이나 청소년의 부모가 돌아가셨거나, 중병이나 이혼 등으로 세우기가 불가능할 경우에는 어린이나 청소년이 직접 가족세우기를 할 수도 있다. 위의 사례는 뒤의 경우에 속한다. 그러나 지금은 어린이나 청소년 개인 상담의 경우에는 가족세우기 생명의 말을 따라서 하라고 하지 않고, 가족세우기 통찰로 상담을 진행한다. 주로 '가족세우기 통찰로 하는 그림읽기' 상담을 적용한다. 굳이 가족세우기 생명의 말을 따라서 하라고 하지 않아도 그 이상의 상담 효과를 볼 수 있다. 가족세우기 통찰과 상담 경험이 깊어지면 저절로 된다고 할까?)

누군가가 양심의 가책을 느낀다면, 그는 성장하여 앞으로 가고 있다. 결혼식을 할 때 부모님을 떠나는 양심의 가책 때문에 가슴이 아파서 눈물을 흘린다면, 그들은 힘차게 살아갈 것이다. 그러나 양심의 가책이 없이 어린아이로 머문 채 결혼식을 했다면, 비록 몸은 결혼했지만, 그들의 영혼(무의식)은 결혼 전의 상태에 머물기에 끊임없는 부부 갈등으로 고통을 겪을 것이다. 누가 행복한 결혼 생활을 하는가? 누가 진정으로 이웃을 위한 삶을 사는가? 양심의 한계를 알아 그 양심을 넘어선 사람이 아닐까?

02 사랑의 질서

어떤 것을 발전하게 하는 근거는 '질서'다. 나무는 질서에 맞춰 자란다. 만약 그렇지 않으면 나무가 아니다. 이 질서는 나무에게 주어졌다. 그럼에도 모든 나무는 다르다. 질서는 정적인 것이 아니라 살아 있는 원칙이다. 사람 사이도 질서에 따라야 잘 된다. 이 질서를 알면 사람들 사이는 잘 된다. 다시 나무의 예를 들면, 나무는 스스로 자신이 어떤 질서에 따라 성장하는가를 보여준다. 소나무와 밤나무는 다르게 자란다. 두 나무는 다른 질서를 따른다. 우리는 이 질서를 볼 수 있고 구별할 수 있다. 사람 사이도 이와 비슷하다. 올바른 질서를 따르면 사랑이 잘 된다.

쉬운 예를 들어 보자. 가족세우기에서 우리는 사람들이 단번에 좋게 느끼기도 하고 나쁘게 느끼기도 하는 것을 관찰할 수 있다. 여기에서 우리는 이 가족이 질서에 맞게 사는지 그렇지 않은지 알 수 있다. 요즘은 재혼 가정이 많이 있다. 옛 인연은 끝났고 이제 새로운 것이 시작한다고 많은 사람들은 생각한다. 남편의 첫 번째 아내나 아내의 첫 번째 남편은 부정되었고, 그에 대한 언급조차 회피한다. 그런 가족을 세우면 새로운 관계에서 생긴 아이가 다른 곳을 바라보고 가족으로부터 떠나려고 하는 것을 우리는 가끔 본다. 이제 가족세우기에서 그들이 들어와 제 자리를 차지하면, 단번에 우리는 딸이 아버지의 첫 번째 아내에게 가려는 것을 볼 수 있다. 사랑의 질서에 맞게 그녀를 대접하지 않았기에 딸은 그녀와 내면으로 연결되어 있다.

가족에서 아무도 제외해서는 안 된다. 이건 하나의 질서이다. 이 질서는 가족세우기에서 볼 수 있다. 아버지가 첫 아내(연인)에게 "저는 당신을 매우 사랑했습니다. 당신은 아직도 제 가슴에 자리 잡고 있습니다. 당신을 당신이 오셨던 곳에 놓습니다. 저는 당신을 통해 항상 배웁니다."라고 말함으로 그녀는 존중을 받기에 딸은 아버지의 옛 인연의 느낌을 떠맡을 필요가 없다. 이 질서를 알고 존중하는 것이 그렇지 않는 경우보다 이 가족은 훨씬 잘 산다. 이것은 사랑의 질서에 관한 하나의 예이다.

1) 부모-자녀 사이: 물은 위에서 아래로 흐른다

(가족세우기에서 가장 중요한 것은 부모님과의 연결이다)

◎ 모든 편견들의 뿌리

국어사전을 보면, 편견이란 '어떤 사물·현상에 대하여 그것에 적합하지 않은 의견이나 견해를 가지는 태도'라고 한다. 고오타마 붓다는 편견(혹은 선입견이라고 해도 좋다)이야말로 사람을 서서히 무너뜨리는 무서운 독가스와 같다고 했다.

(참고: 불교에서는 탐·진·치를 3독이라고 하는데, 이는 붓다가 한 말이 아니다. 붓다는 욕망과 이기심, 분노·원한·서운함·억울함, 그리고 편견·선입견·가치관이 사람 마음을 더럽게 혹은 불편하게 한다고 했다. 이를 나중 사람들이 탐·진·치

로 부른 것이다.)

사람이 분노를 느끼거나 서운한 마음이 있으면 쉽게 알아차릴 수가 있다. 억울함도 마찬가지이다. 그러나 편견은 자신도 모르게 시나브로 자신을 무기력하게 만들고, 우울하게 만들고, 죽고 싶은 충동도 느끼게 한다. 마음을 아주 불편하게 만들고 마음을 죽여서 나중에는 몸까지 망치고, 더 나아가면 이웃에게 해까지 끼치는 것이 바로 편견이라는 마음 독가스다. 정치인들이 상대방에게 온갖 색칠을 하며 공격하는 이유도 바로 이 무서운 편견을 국민들에게 심기 위함이다. 지금 우리 사회에 얼마나 많은 편견들이 춤추고 있는가? 내가 정신 차리고 살지 않으면 나는 어느새 편견의 노예가 되어, 자신도 모르게 편견을 만들고 퍼트러서 이익을 챙기는 사람들에게 충성하고, 자신은 시나브로 죽어간다는 진실을 잊어서는 안 된다.

그러면 편견 중에서 가장 위험한 편견은 뭘까? 그리고 모든 편견의 뿌리가 되는 편견은 뭘까? 바로 부모님을 있는 그대로 보지 못하는 편견이다. 상담을 하다보면 거의 다 부모, 특히 어머니를 불쌍히 여기고 있다. 나도 물론 어머니를 그렇게 보았었다. '아버님이 어머님에게 잘해주지 못해서(혹은 아버지가 술 마시고 어머니를 자주 때려서) 불쌍하다'거나, '어머님의 몸이 약해서 불쌍하다'거나, '일찍 돌아가셔서 불쌍하다'거나, '가난해서 힘들게 사셔서 불쌍하다'고 말한다. 국어사전을 보면, '불쌍하다'란 '처지가 가엾고 애처롭다'는 뜻이다. 영어에서 쓰는 말을 찾아보니까 주로 수평 관계에서나 불쌍한 고아와 같이 나이가 어린 사람의 처지를 말할 때 쓰고 있다. 즉, 윗사람에게 쓰는 말이 아니라 주로 아랫사람, 또는 나이가 어린 사람에게 쓰는 말이다. 부모님이 아들·딸의 처지를 보고 불쌍하다고 하는 건 질서와 이치에 맞지만, 아들·딸이 부모님의 처지를 보고 불쌍하다고 생각함은 물이 아래에서 위로 올라가는 게 자연의 이치라고 주장하는 억지와 같다.

많은 사람들은 이렇게 어머니 상相을 자신의 영혼에 갖고 산다. 대부분이 부정적인 상을 갖고 산다. 부모님을 이같이 보는 것은 편견 중의 편견으로써 자신의 삶을 어둡고 불안하고 괴롭게 만들 뿐만 아니라, 더 나아가서 다른 사람들까지도 괴롭힌다. 하지만, 정작 자신은 그런 줄도 모른다. 또 왜 그런지도 모른다. 부모님은 신을 대신해서 내 생명을 낳은 위대하고 경이로운 분들이다. 그분들의 아들인 나에게는, 딸인 나에게는 불쌍한 분이 아니라 존경하고 공경해야 할 분들이다. 비록 나를 낳자마자 돌아가셨어도, 혹은 가난에 찌들어 한평생을 보내셨어도, 일자무식이어도 그분들의 아들·딸인 나에게는 불쌍한 분이 아니다.

바로 이 편견에서 인간의 모든 비극이 비롯된다. 불쌍한 부모님을 돕기 위해서, 또는 구원하기 위해서, 또는 대속하기 위해서 살아간다. 도저히 할 수 없는 일이 어찌 성공할 수 있을까? 부모님 중에서 한쪽 편을 들면서 편 나누기가 시작되고, 부모님을 원망하면서 세상 또는 다른 사람들을 원망하기 시작한다. 부모님의 운명을 존중하지 않음으로써 소위 '뻔뻔한' 사람이 될 수도 있다. 우리나라의 친일파 후손들의 그 뻔뻔스러움은 자녀들이 부모님의 운명을 있는 그대로 존중하지 않아서 생기는 정신분열 현상이다. "예. 부모님은 그렇게 살아남으셨습니다. 저는 단지 부모님의 자녀일 뿐입니다. 부모님의 짐은 부모님만이 지십니다. 저는 단지 부모님의 자녀일 뿐입니다." 하고 인정하면 그 짐에서 자유롭게 되는데, 온갖 이유를 대면서 피해 간다. 그러면서 대를 이어 충성한다. 다만 섬기는 대상이 일본에서 미국으로 바뀌었을 뿐이다. 가족 양심의 대물림 현상이다.

우리는 분명하게 알아야 한다. 모든 부모는 자기 자녀에게 옳다는 것을! 그것도 항상! 자기 부모를 옳지 않다고 보는 눈이야말로 바로 모든 편견의 시작이요, 뿌리이다. 내가 부모를 보는 눈이 나를 보는 눈이요, 세상을 보는 눈이요, 그가 하나님(하느님, 한울님, 신)을 믿는 사람이라면 하나님을 보는 눈이다. 그러므로 편견으로부터 자유로워지기 위해서는 무엇보다 먼저 부모님의 운명과 양심을 있는 그대로 인정하고 존중해야 한다. 온전히 받아들여야 한다. 그러면 신기한 일이 생긴다. 우리가 생각하기에 부모님이 고쳐야 할 모든 것, 그리하여 더 좋았어야 할 모든 것은 밖에 머문다. 정말 신기하다. 우리가 우리 부모를 그런 그대로 가슴에 받아들이면, 우리가 거절한 것은 밖에 머물고, 그들은 온전히 우리 가슴에 머문다. 편견이 사라지는 아주 좋은 경험을 할 것이다. 이 말을 듣기만 해도 도움이 된다.

◎ 부모님과 연결되기: 가족세우기의 목적이자 정점

부모님과 연결되지 않은 사람들은 일단 신을 믿지 않는다. 신을 믿지 않는다는 말은 신을 종교나 교리로 믿기 이전의 마음상태가 그렇다는 뜻으로써 종교를 가지고 있느냐, 가지고 있지 않느냐를 말하는 게 아니다. 그 누구도 믿지 못한다는 뜻이다. 우리 조상들은 경천애인

敬天愛人이라는 말을 즐겨 썼는데, 여기서 경천이란 '하늘을 공경한다'는 뜻이다. 하늘을 꼭 인격신으로만 한정할 필요가 없다. 하늘이란 어떤 두려움의 대상, 존경의 대상, 그리고 잘못하면 벌을 내리는 존재 혹은 큰 힘과 원리 등을 모아서 묶은 말이다. 우리 조상들은 이렇게 종교의 유무와 상관없이 하늘을 어려워했다. 우리의 마음과 행실을 하늘이 지켜본다고 생각했다. 이게 신을 믿는다는 진정한 뜻일 것이다.

하지만 어려서 부모님이 이혼하면 하늘이 두 쪽 나는 아픔을 겪는다. 그런 트라우마는 하늘이, 즉 나를 지켜줄 사람이 없다는 강한 신념과 경험을 만든다. 그래서 사람 위에 사람 없고, 사람 밑에 사람 없다는 마음이 들기가 쉽다.

그러므로 학교에서나 사회에서 선생님이나 윗사람에게 반항하기 쉽고, 친구 사이에서도 항상 엇나가는 행동을 일삼을 수도 있다. 이 세상에 자신을 지켜줄 사람이 아무도 없다는 생각이 강하게 들기 때문에 일단 방어벽을 먼저 치고 나서 사람을 만나는 경우가 많다. 이는 주로 소리 지르기, 말보다 주먹이 먼저 나가기 등 생각보다 행동으로 먼저 표현하는 경우로 나타난다.

부모님을 불쌍하게 여기는 사람도 마찬가지이다. 자칫 이를 효도라고 생각할 수 있으나, 이는 눈먼 효도와 다르지 않다. 겉으로는 굉장히 착하게 보이나 안에서는 부모님께 화를 내고 원망한다. 부모님의 자리 위로 올라가버렸기에 부모님으로부터 오는 생명의 힘이 잘 흐르지 않는다. 쉽게 무기력해지고, 쉽게 포기한다. 사람 사이에서는 자기도 모르게 남을 무시하는 듯한 말투나 행동이 툭툭 튀어나온다. 마음이 안정이 되지 않고 붕 떠있으므로 집중력도 약해진다. 연약하신 부모님을 도와야 한다는 강박관념이 강하므로 마음이 오롯이 한 곳을 향하는 힘이 부족하기 때문이다. 삶의 에너지가 샌다고나 할까?

하지만 부모님을 존경하는 사람은 선생님을 존경하고, 윗사람을 존중하며, 상대방을 배려하고 존중하는 마음이 몸에 배어있다고 볼 수 있다. 만나는 사람마다 사랑으로 품고 자기 일에 책임질 줄 알고 자기 스스로 할 일과 남이 할 일의 경계가 뚜렷하다. 부모님을 통해서 오는 사랑과 생명의 힘이 부모님을 공경하는 사람의 몸과 마음에 흐르기에 자신을 사랑하고 자존감과 자신감이 넘친다.

가족세우기의 목표는 부모님과 연결되어서 이처럼 자신을 사랑하고 자존감과 자신감이 넘치는 사람이 되도록 하는 것이다. 이것은 우리가 아버지와 어머니의 어려움, 아픔, 질병, 이혼 등을 있는 그대로 동의하고 존중함으로써 가능하다. 그분들의 운명 아래에서 아이로서 볼 때 그것들은 부모님에게 머물고 그것들은 내 밖에 있게 된다. 오직 힘만이 내 안에 들어온다. 그리고 성장한다.

가족세우기를 하다 보면 아버지를 만나는 과정이 어려운 사람이 있는가 하면, 어머니를 만나기 힘들어 하는 사람이 있다. 그러나 쭉 가다 보면 결국 만난다. 아버지를 만나고 어머니를 만난다. 아이로서 그들에게 존경과 사랑으로 다가간다.

예를 들어서 '나(의뢰인)' 대역을 세워서 진행할 때 대역이 어머니에게 화를 내고 있으면, 고개를 숙여서 어머니를 그런 그대로 가슴에 받아들여야 한다. 어머니가 다르게 되어야 한다는 상상에서 벗어나 어머니가 그러하신 대로 "예." 하고, 그리고 그 모든 것에 "고맙습니다." 할 때 이제 어머니 얼굴에서 빛이 나는 걸 볼 수 있다. 그러면 내(의뢰인) 얼굴도 빛난다. 어머니와 연결된 것이다. 이제 숨을 쉬고 충만함과 평안한 느낌이 주인이 되어 나를 다스린다. 사랑이 행복을 향하여 흐르는 새로운 인생의 탄생이다. 이처럼 죄책감의 무덤에서 나와 고마움의 밝은 세상으로 향하는 부활의 아침을 맞이하려면 부모님과 연결되는 것이 꼭 필요하다.

◎ 죄책감은 성장의 짝

거의 모든 사람들은 언젠가는 결혼을 하여 부모님을 떠난다. 이때 부모님께 깊은 죄책감이 든다. 특히 부모님이 원하지 않는 결혼을 할 때, 부모님께 엄청난 배신감을 맛보게 하면서 실제로 죄책감을 느낀다. 이 피할 수 없는 죄책감을 보고 이것에 동의하지 않으면, 영혼이 자랄 수가 없다. 그런데 우리에게는 아이와 같은 마음이 있다. 유아 욕구라고도 할 수 있다. 이는 순수 무죄의 욕구, 곧 부모님으로부터 '너는 착한 아이'라는 칭찬을 듣고 싶은 욕구이다. 그래서 단지 부모님만 보고, 있는 그대로의 현실을 보지 못하는 것이다.

나는 당연히 거쳐야 하는 이 '부모 떠남과 죄책감 동의'라는 통과의례를 제대로 경험하지 못했다. 결혼 후 한참이 지나고 가족세우기를 하고 나서야 이 통과의례를 경험했다. 이제 그 이야기를 하고자 한다.

나는 지금의 내 아내와 만나 결혼을 하여 부모님을 떠났으나, 이 죄책감을 느낄 수가 없었다. 아니, 느끼지 않으려고 했다고 하는 말이 더 정확한 말이다. 왜냐하면 나는 어머니의 운명을 얕잡아 보았으며, 건방지게도 어머니를 불쌍하다고 여겼기 때문이다. 대대로 농사를 지어온 우리 집은 아버지께서 몸이 약하신 편이었기에 어머니의 할 일이 정말 많았다. 어머니는 일에 미친 사람처럼 그야말로 일에 파묻혀 사셨다. 밭일에, 논일에, 집안 살림에 눈코 뜰 새 없이 바쁘셨다. 한참 바쁠 때는 아침 일찍부터 밤늦게까지 일을 하셔야 했다. 나는 어린 시절부터 이런 어머니를 보면서 '자식들 때문에 너무 고생하시는 어머니'라고 지레짐작했다. 한 번도 "어머니, 왜 그렇게 일을 많이 하세요? 누구를 위해서 그렇게 고생하셔요?"라고 물어본 적도 없다. 나 스스로 '너무 고생하시는 어머니'라고 생각하여 아들로서 죄의식을 가진 것이다.

거기에다 내가 한참 감수성이 예민할 나이에 둘째 형이 스스로 목숨을 끊고 말았다. 서울에 간 형이 어느 날 갑자기 싸늘한 시체가 되어 우리 집에 실려왔을 때, 아버지와 어머니는 대성통곡을 하셨다. 어머니는 그 후 틈만 나면 나에게 둘째 형에 대한 이야기를 하셨다. 놓친 물고기가 크게 보인다고, 자식들에게 조금만 서운한 마음이 들어도 "니 형이 있었다면……." 하는 소리를 듣고 자라야 했다. 불쌍한 우리 어머니…….

그렇게 자란 나는 어머니의 소원대로 경희대학교 서울캠퍼스에 입학했다. 그러나 나는 사회과학을 공부하는 서클에 가입하여 소위 '운동권 학생'이 되었고, 학생운동을 하다가 무기정학에 제학처분에 지명수배까지 받는 신세가 되었다. 어머니의 소원과는 반대로 행동한 것이다. 열심히 공부하여 성공해서 어머니께 잘해드려야 한다는 생각을 했지만, 내 몸과 영혼은 어떤 큰 힘에 밀려서 그렇게 될 수밖에 없었다.

집행유예로 풀려나 고향으로 돌아갔다. 집에서 나는 거의 날마다 들어야 했다. 어머니의 한 맺힌 잔소리를…….

"뼈 빠지게 고생하여 공부시켜 놓았더니, 하라는 공부는 안 하고 데 모를 하지 않나, 학교에서 쫓겨나지를 않나, 징역살이를 하지 않 나……. 못된 놈……. 아이고, 내 팔자야……."

그때 나는 죄의식을 느낄 마음의 여유가 없었다. 무엇에 쫓기는 사 람처럼 멍하니 하늘만 쳐다볼 뿐이었다. 빨리 집에서 도망치고 싶은 마음뿐이었다. 만약 그때 내가 어머니 앞에 무릎을 꿇고 "어머니, 제가 잘못했습니다. 제가 지금부터 어떻게 해야 할까요?"라고 빌고 여쭈었 다면, 어머니 앞에 아이로서 다가갔더라면, 내 영혼의 자람은 훨씬 앞 당겨졌을 것이다. 그러나 나는 그렇게 하지 못했다. 아들의 앞날을 걱 정하시는 어머니의 마음을 헤아려보지도 않았고, 반항으로 불효해서 생긴 죄책감을 똑바로 보지도 않았다. 오직 우리나라의 민주주의와 평 화통일, 민중 해방에만 마음이 쏠려있었다. 세상을 바꾼답시고 마음과 열정이 온통 바깥에만 쏠려있었던 시간들…….

1982년에 나는 선배의 권유로 신학을 공부하기 위해 다시 서울로 올 라갔다. 드디어 어머니의 잔소리를 듣지 않아도 되는 자유……. 그러 나 뭔지 모를 불편함과 불안함이 그림자처럼 나를 따라다녔다. 친구들 과 함께 있을 땐 겉으로는 웃었지만, 속으로는 우울했다. 바로 부모님 께 대한 깊은 죄의식 때문이었다. 이 죄의식은 결혼해서 살아도 사라 지지 않았다. 나는 어머니와 몸만 떨어져 나왔지, 내 생각과 행동은 가 족 양심과 죄의식에 갇힌 채 새 가정을 가졌던 것이다. 이것이 또한 내 아내가 내 어머니에게 시집살이를 당하게 된 원인이기도 했다.

아들이 어머니 앞에서 아들답지 못할 때 그 과보果報를 고스란히 아내가 받는다. 어머니는 아들의 영혼이 자라서 어른 영혼이 뇌기를 바라신다. 그래서 며느리를 힘들게 하는 것이다. 아들의 아내(며느리)가 힘들어하면, 아들이 정신을 차리고 철이 든다. 현실에 충실하여 열심히 살아간다. 그게 어머니 마음이 진실로 바라는 바이다. 그러나 나는 내 눈앞의 어머니를 바라보지 않았다. 애써 외면했다. 그러는 동안에 시어머니와 남편 사이에서 아내는 점점 더 힘들어하고…….

그러다가 가족세우기를 통하여 나는 어머니가 얼마나 강한 분이신가를 볼 수 있었다. 얼마나 위대한 어머니인지도 알 수 있었다. 어머니는 아버지와 함께 우리 형들과 누나들, 그리고 나를 잘 키워주셨다. 정말 열심히 그리고 최선을 다하여 사셨다. 모든 부모들이 자녀들에게 옳으신 대로 그렇게 정직하게 사셨다. 6·25 전쟁에서도 살아남으셨고, 보릿고개와 같은 모진 가난도 잘 이겨내셨다. 불쌍한 분이 아니라 힘 있고 강한 분이었다. 아들의 시위 참여를 막으려고 홀로 서울에 와서 밤낮으로 나를 찾아다닐 정도로 용기와 아들 사랑이 지극하셨다.

나는 가족세우기를 하고 나서야 어머니가 어머니로 보이기 시작했다. 돌아가신 아버지 무덤 앞에서 3년간이나 우신 어머니……. 그것은 사랑하는 남자를 아픔으로 떠나보내는 한 여자의 슬픈 노래였다. 두 분 사이에 얼마나 정이 깊으셨으면 그렇게 오랫동안 우셨을까? 그러나 지난 시절의 나에게는 그런 어머니가 그저 불쌍하게만 보였을 뿐이었다. 어머니 옆에는 아버지가 항상 계시는데……. 그리고 어머니 뒤에는 언제나 외할아버지와 외할머니가 계시고…….

내가 의뢰인이 된 가족세우기에서는 내 대역이 어머니 대역을 무서워하는 걸로 나타났다. 그랬던가? 내가 어머니를 무서워했던가? 단순한 죄책감이 아니라 무서워서 나도 모르게 어머니를 어려워했던가? 그리고 가족세우기에서의 어머니는 누군가를 찾아다니고 있었다. 평소에 어머니가 부르르 떨며 화를 낼 때의 그 모습을 가족세우기에서 내가 하고 있었고, 어머니는 눈물을 흘리며 누군가를 애타게 찾는 모습이 계속 나타났다. 외할머니와 외할아버지의 대역을 어머니 옆에 세웠다. 그래도 어머니는 안절부절못하며 외할아버지를 쳐다봤다. 이어서 외할머니 옆에 또 한 명의 여자 대역을 세웠다. 어머니는 그녀를 보자마자 도망치듯 가족세우기 마당을 몇 바퀴 돌고 있었다.

그때 내가 고개를 숙이고, 다음과 같은 가족세우기 생명의 말을 했다.

"어머니, 저는 불효자입니다. 어머니는 그렇게 그 힘으로 사셨습니다. 그리고 그 힘으로 제가 삽니다. 어머니의 짐은 어머니만이 지십니다. 저는 더 이상 어머니의 일에 상관하지 않습니다. 어머니는 크십니다. 저는 작습니다. 어머니는 제게 생명주심으로 다 주셨습니다. 고맙습니다."

그러자 드디어 어머니는 깊은 숨을 내쉬면서 나를 보고 있었다. 이때 또다시 어머니를 보고 "이제 제가 어머니를 배신합니다. 어머니를 떠나 제 아내와 자식들에게 갑니다."라는 코멘트를 했다. 그러자 어머니의 얼굴이 환하게 밝아지면서 나에게 힘을 주시는 느낌을 받았다. 내 안에 있던 죄의식이 떠나가고, 어머니를 떠나는 마음이 그때서야 아파왔다. 그리고 남편으로서, 아이들 아버지로서의 책임감이 물밀듯이 밀려옴을 느낄 수 있었다.

그동안 누르고 눌러왔던 죄책감을 내 나이 40살이 넘어서야 느낀 것이다. 그 후 나는 어머니를 뵈러 갈 때면 내가 작아지고, 어머니가 커지는 느낌을 받았다. 그전에는 건방지게도 내가 크고 어머니가 작게 (불쌍하게) 느껴졌었다. 그런 마음으로(물론 무의식 차원이지만) 설날에 세배를 드리니 한사코 거절하셨던 것이다. 그때에는 몰랐었다, 내가 아들답지 못해서 어머니의 축복을 받지 못하고 있었음을. 그러다가 2003년 설날부터는 웬일인지 내 세배를 잘 받으셨다. 드디어 내가 어머니 앞에서 아들이 된 것이다. 더불어 내 아내는 며느리로 받아들여진 것이고(사위를 보고 백 년 손님이라고 하는데, 알고 보면 며느리도 백 년 손님이다). 나는 지금은 돌아가신 어머니를 생각하면 죄책감이 아니라 고마운 마음이 넘치게 든다. "제게 생명을 주시고, 사랑을 주시고 또 주신 어머니! 저는 '모든 것이 어머니 덕'이라고 어머니 앞에 고개 숙이며 고백합니다. 사랑합니다. 고맙습니다, 어머니."

◎ 생명의 시작에 대한 고마움 - 버트 헬링거

부모님이 자녀에게 주고 자녀가 부모님으로부터 받는 것은 어떤 다른 것이 아니고 바로 생명이다. 이 생명은 부모님이 주셨지만 부모님에게 속한 것은 아니다.

그러나 부모님은 그 생명을 통해서 자기 자신을 주신다. 있는 그대로 더할 수도 뺄 수도 없이. 그러기에 부모님은 그 생명에 무엇을 더할 수도 뺄 수도 유보할 수도 없다. 자녀들은 부모님으로부터 받은 생명에 더할 수도 뺄 수도 거절할 수도 없다. 자녀들은 부모님을 가질 뿐만 아니라 부모 자신이다.

자녀는 부모님이 주신 생명을 온전함으로 받고 부모님을 부모인 그대로 어떤 다른 소원이나 기결이니 두려움 없이 인정하고 받아들이는 것이 사랑의 질서이다.

이 받아들임은 겸손의 완성이다. 이는 부모님을 통하여 우리에게 주어진 생명과 운명을 받아들임을 뜻한다. 주어진 한계와, 선물로 주어진 가능성과, 가족에의 운명적인 얽힘과, 가족에의 책임과, 운명의 가벼움과 무거움으로의 얽힘, 이 모든 것을 받아들인다.

우리 앞의 부모님께 무릎을 꿇고, 두 손을 앞으로 내며, 손 안쪽을 위로 하고 큰절을 하며 "당신들께 모든 영광을 돌립니다." 라고 말하고 일어나라. 부모님의 눈을 보고 생명의 선물에 다음과 같이 고마워함으로써 우리는 이 받아들임의 효과를 경험할 수 있다.

존경하는 어머님(아버님),

생명을 당신으로부터 받습니다.

그 생명을 위해서 당신은 대가를 치르셨으며 저도 또한 대가를 치릅니다.

당신을 기쁘게 해드리기 위해 그로부터 무엇을 합니다.

삶이 헛되지 않게 하겠습니다.

이 생명을 확실하게 귀하게 받습니다.

그래서 허락하신다면 당신과 같이 줍니다.

당신을 저의 어머님(아버님)으로 받아 드립니다.

저는 당신의 자녀입니다.

당신은 저에게 온전하십니다.

> 저도 또한 당신의 온전한 자녀입니다.
>
> 당신은 크시고, 저는 작습니다.
>
> 당신은 주십니다. 저는 받습니다, 어머님(아버님).
>
> 당신과 아버님(어머님)의 만남은 저에게 기쁨의 원천입니다.
>
> 당신들만이 저에게 옳고 완전하십니다.
>
> 오직 당신들만이!
>
> 이것을 이루는 사람은 자기 자신을 확실히 알게 되어 자신이 옳고 온전하다는 것을 안다.

이것이 부모님으로부터 생명을 받은 자녀가 부모님에게 하는 생명의 말이다. 물론 부모님에게 직접 하는 말이 아니라 가족세우기 마당에서 적용하는 말이다. 가장 기본이면서 가장 중요하고 가장 자주 하는 생명의 말이다.

"부모님은 크시고 저는 작습니다. 부모님은 주시고 저는 받습니다."

이보다 부모님과 자녀 사이를 잘 표현한 말은 없을 것이다. 그래서 가족세우기의 으뜸 말이다. 부모님은 나보다 연세가 많기에 더 많이 사셨고, 더 많은 경험을 하셨다. 결정적으로 나를 낳으셨다. 그래서 나보다 크시다. 또한 생명을 주셨고, 기질과 재능과 성격을 물려주셨다. 믿을 수 없이 많은 좋은 것을 주신다. 살아계실 때와 돌아가시는 순간까지도 주신다. 몸이 아프면 힘들다는 걸 몸소 보여주심으로 미리 건강을 챙기라는 교훈을 주신다. 가난하면 불편하다는 걸 몸소 보여주심으로 돈을 소중하게 여기라는 무언의 가르침을 주신다. 사람들 사이에서 힘들어하심으로 사람 사이를 최고로 귀하게 여기라는 말없는 훈계를 하신다. 두 분이 평생을 같이 살면서 부부 화목을 가르치시고, 살다가 이혼하면 인내와 양보를 가르치신다. 일찍 돌아가시면 자립과 독립의 중요성을 알려주시고, 오래 사시면 서로 의지하고 사는 행복을 깨우쳐 주신다. 돌아가실 때 빈 몸으로 가시면서 공수래공수거임을 깨우쳐 주신다. 그 무엇보다 행복하게 살라고, 용서하고 용서받으며 살라고 하신다. 돌아가신 뒤에는 가끔 어릴 때 그 시절로 돌아가는 그림이 그려지는 아련한 추억거리를 주신다. 아, 끊임없이 주시는 부모님! 고맙습니다.

이렇게 크시고 끊임없이 주시는 부모님을 불쌍하게 여기거나 미안해하면, 위로부터 부모님을 통해서 내려오는 생명의 힘이 약해져서 이런저런 병에 걸리거나 마음이 우울해지거나 불안해진다. 특히 술이나 도박 등 부모님 사랑의 대용품을 찾아서 헤매며 살거나(본인은 왜 그런 줄도 모르는 경우가 대부분이다), 주고받기의 조절이 잘 되지 않아서 사람 사이에서 생기는 불행을 계속 창조하며 산다. 문제는 고통을 겪으면서도 그게 고통인 줄도 모르고 산다는 데 있다. 남과 북이 분단된 지 70여 년이 다 되어가는데도 아무 문제가 없다고 생각하는 일부 우리나라 사람들처럼. 물이 위에서 아래로 흘러 뭇 생명을 살리듯이, 부모님의 사랑도 자녀에게로 끝없이 흐른다. 풀과 나무가 내려오는 물에 기뻐하듯이, 우리도 부모님의 사랑에 기뻐할 때 우리의 생명은 충만에서 충만으로 흐르기 시작한다.

◎ 가족세우기에서 하는 명상: 고개 숙임

헬링거 선생님은 '고개 숙임'에 대해서 다음과 같이 말했는데, 이 명상법은 나 자신을 위해서나 다른 사람들을 도울 때 자주 사용하여 많은 효과를 보고 있기에 여기에 그대로 옮겨 놓는다. 여러 사람이 하는 가족세우기를 이미 해본 사람이 고개 숙임을 꾸준하게 한다면, 행복과 평화에 이르는 경험을 할 것이다. 아직 해보지 않는 사람이 이 글대로 해본다면, 어떤 통찰과 평온을 체험할 것이다.

　　가족세우기에서 고개 숙임은 아주 큰 역할을 한다. 고개 숙이면 영혼에서 어떤 것이 변한다. 우리는 이것을 고개를 조금 숙임으로 우리 안에서 감지할 수 있다. 영혼에서 무엇이 발생할까? 저 깊이에서 어떤 것이 올라와, 머리를 통해 다른 사람에게 흐른다. 존경과 경의의 움직임이다. 이 움직임에서 우리는 우리를 다른 사람과 연결한다. 고개 숙임으로 우리가 작아지는 것 같다.
　　그러나 우리는 동시에 다른 사람과 같은 인간적인 차원에서 연결된다. 깊은 고개 숙임은 아주 다른 효과를 갖는다. 깊은 고개 숙임에서 나는 다른 사람 앞에서 나를 작게 만든다. 나는 그를 존경한다. 그리고 말한다: "나는 작고 당신은 큽니다." 이 깊은 고개 숙임에서 우리는 큰 어떤 것이 우리에게 주는 것을 향해 열린다. 이 고개 숙임은 우리 부모에게뿐 아니라 우리 조상과 생명의 신비에게도 알맞다. 이 고개 숙임에서 우리는 우리에게 선물로 주어진 것을 향해 우리의 마음을 넓게 열 수 있다. 그리고 우리는 곧게 서서, 우리 주위를 보고 우리가 받아들인 것을 다른 사람들에게 준다. 우리가 받아들이면서 작아진 후, 주면서 우리는 커진다. 이러한 고개 숙임이 우리가 큰 것을 주는 전제조건이다. 우리 것이 아니라, 우리 스스로 받은 것을 우리는 준다. 그리하여 우리는 생명의 큰 흐름에 있다. 생명의 큰 흐름이란 무엇인가? 받아들이고 줌이다. 여기에서 모든 인간은 같다.

또한 아주 깊은 고개 숙임도 있다. 이때 우리는 무릎을 꿇고 이마가 바닥에 닿도록 아주 깊이 고개를 숙이며 손을 앞으로 내고 두 손바닥을 위로 한다. 이 고개 숙임은 우리가 누군가에게 죄를 범한 경우에 알맞다. 깊은 간청과 같다: '저를 다시 보아 주세요.'

우리가 우리 부모에게 잘못한 경우, 우리는 이렇게 해야 한다. 성서에서 돌아온 탕자가 아버지께 무릎을 꿇고 아주 깊이 고개 숙이며 말한다: "저는 당신의 아들이라고 불릴 자격이 없습니다. 저를 종으로 받아주세요." 이 깊은 경의와 저 깊이 마음에서 오는 간청의 효과는 무엇인가? 아버지는 아들에게 손을 내밀어 아들을 세운다. 피해자를 향하는 가해자의 움직임이기도 하다. 이 움직임은 화해로 이끈다. 여기에서 화해란, 이제 모든 것이 지나도 된다. 이건 제 상(이미지)이지만, 무엇보다 죽은 가해자와 죽은 피해자가 함께 누워 있는 죽은 자들의 세계에서 이렇게 화해는 완성된다. 그러면 평화이다.

또 다른 숙임도 있다. 여기에선 배를 바닥에 대고, 두 손을 앞으로 한다. 가장 깊은 숙임이다. 우리에게 불의를 당한 사람들에게 우리가 이렇게 하는 게 알맞다. 또한 신이나 비밀에게도 알맞다.

그러나 우리는 신이나 비밀이 무엇인지 알지 못한다.

이 비밀에게 향하는 또 다른 고개 숙임이 있다. 깊이 고개를 숙이며, 두 손을 벌린다. 이 고개 숙임은 넓다. 더 이상 개인적이 아니다. 많은 사람들과 연결돼 있다. 이 숙임에서 우리는 인류 공동체에 순응되어, 평온하다 — 인류 공동체를 넘어갈 수도 있다.

◎ 부모와 자녀

부모와 자녀 사이는 자녀가 부모로부터 오는 대로의 생명을 제한 없이 온전히 한계와 함께 받아들임으로 본질적으로 완결된다. 그러한 내 부모를 통하여 나는 생명을 받아들인다. 오직 이 부모를 통하여 나에게 생명이 온다. 동시에 나는 부모가 생명의 흐름에서 단지 중간 단계인 것을 본다. 내가 더 멀리 보면 생명을 부모로부터 만이 아니라 더 멀리에서 받는다. 아주 깊은 종교적인 실행이요, 겸손의 실천이다. 그리하여 다른 부모를 가질 수 있다거나, 가져야 한다는 상상이나, 내 부모가 다르게 되어야 한다는, 또는 더 좋아야 한다는 것을 포기한다.

비밀을 존중하여 더 이상 알려고 하지 않는다. 부모님의 뒤를 보면서 생명을 추적하면 생명은 조부모에서 끝나지 않고 '말할 수 없이 먼 곳'에서 온다. 생명의 근원은 알 수 없다. 알 수 없는 데까지 간다. 부모에게 고개를 숙이고 부모로부터 생명을 내게 오는 대로 받아들이면 이 고개 숙임은 부모님 뒤에서 작용하고 있는, 명명되지 않으려는 비밀을 향한다. 이외의 다른 것을 가지려고 하지 않고, 또한 내가 받은 것이외의 어떤 것도 가질 수 없기에 종교적이고 언제나 겸손하다. 이제 모든 다른 소원은 끝난다. 부모를 향해 아무런 소원이 없기에 저 깊이에서 부모와 이별이 완결된다. 그럼에도 모든 것이 사랑과 존경으로 가득 찬다.

2) 부부 사이: 주고받기의 아름다운 조절이 사랑을 키운다

◎ 부부의 사이좋음이 부모 역할 잘하는 것보다 우선이다 (1)

자녀를 둔 모든 부모들은 자신들의 자녀가 잘 되기를 원한다. 몸이 튼튼하고, 마음도 따뜻하고, 공부도 잘하고, 친구도 잘 사귀고, 자신의 재능도 살려서 훌륭한 사람이 되기를 바란다. 이런 부모 마음은 동서 고금을 통틀어서 똑같을 것이다. 그렇지만, 그 전에 먼저 생각할 것이 있다.

'과연 우리 부부 사이는 원만한가?'

부부 사이의 연속이 부모 역할과 다르지 않다. 쉽게 생각해보자. 부부 사이가 안 좋은데, 자녀가 행복할 수 있을까? 친구 사이가 좋을 수 있으며, 공부하고 싶은 마음이 생길 수 있을까? 물론 더 공부에 열중할 수도 있겠지만, 이는 건강한 동기에 의한 것이 아니라 가정불화에 위기의식을 느껴 살아남으려는 몸부림 때문일 수도 있다.

나와 상담을 하는 많은 사람들을 보면, 부부 사이의 갈등이나 고민은 덮어둔 채로 자녀 잘 키우기에 올인하는 경우가 많다. 그러면 나는 묻는다.

"부모 됨과 부부관계 중 어느 것이 우선입니까?"

대부분이 대답을 주저한다. 몰라서가 아니라, 알아도 자신보다도 배우자가 잘못되어서 지금의 원만하지 못한 부부 사이가 만들어졌다고 생각했고, 그래서 '배우자 뜯어고치기'에 실패해서 원만한 부부 사이를 지레 포기하고 있었기에 그러는지도 모르겠다. 그리고 부부에게 아이가 생기면 부모의 역할을 위해 온힘을 다하기에, 정작 부부를 위해선 거의 아무것도 하지 못하는 것을 당연하게 생각할 수도 있다.

그러나 부모의 자식에 대한 사랑은 부부 사랑에서 그 힘을 얻는다. 부부 사랑은 자연스럽게 부모 역할 잘하기(부모 됨)와 연결된다. 부부 사이가 좋으면 부모 역할 잘하기는 수월하게 된다. 무엇보다도 부모가 남녀로서 서로 사랑하는 것을 경험하는 아이들은 매우 행복해 한다.

◎ 부부의 사이좋음이 부모 역할 잘하는 것보다 우선이다 (2)

가족관계는 복잡하다. 가족에서는 먼저인 것이 나중의 것보다 우선한다. 가족은 먼저 남녀가 만나야 시작한다. 그러기에 배우자 사이는 부모 사이보다 우선한다. 이제 두 사람 사이에 자녀가 태어나면, 부모 역할을 잘하려고 하려다가 얼마 지나서 자칫 부부 사이가 소원해지기도 하기에 모두들 힘들어 한다. 그러나 부모 역할은 부부 사이의 연속이라는 걸 잊으면 안 된다. 우선 부모는 부부 사이에서 부모 역할의 힘을 얻는다. 그리고 부모는 각자 자신의 부모님으로부터 받아들인 힘을 자녀에게 계속 준다. 이렇게 부모 역할은 두 곳에서 그 힘을 얻는다.

자신의 부모님으로부터 받아들이지 않은 사람은 자녀에게 조금밖에 줄 수 없다. 그는 자기 자신에 갇혀있기에 아이로 머물러 있다. 우리가 부모님으로부터 받은 것은 부모님에게 되돌려 줄 수 없다. 부모님은 주시고 자녀는 받는다. 자녀는 부모님으로부터 받은 것을 어른이 되어 자신의 자녀에게 줌으로써, 또는 다른 사람에게 줌으로써 받은 사랑을 조절한다.

만약에 부부가 이혼하고 재혼한 경우, 먼저 된 자녀와 부모 사이는 나중의 부부 사이보다 우선한다. 자녀를 가진 남녀가 재혼한 경우, 그 자녀의 부모인 남녀는 자녀를 위한 염려가 새로운 부부 사이보다 우선한다. 자녀를 데리고 살거나, 자녀와 떨어져 살거나와 상관없이 자녀와의 사이가 새로운 사이보다 우선한다.

그렇기에 새로운 배우자는 상대가 자신의 자녀를 돌보는 것을 보고 질투할 수 없다. 상대의 자녀를 위한 사랑은 지금의 부부 사이에서 흐르지 않는다. 이 사랑은 먼저인 부부 사이에서 흐른다. 이걸 존중해야 한다. 그래서 재혼한 배우자는 상대의 전 배우자를 첫 인연으로 존경해야 한다. 그들의 이별이 지금의 행복을 가능하게 한다는 통찰이 있어야 한다. 이 통찰은 그들 모두를 더 겸손하게 하여 그 희생으로 가능하게 된 행복이 지속된다. 이 순서가 지켜져야 가정에 경쟁이 없고 평화가 있다.

◎ 사랑의 질서: 이별

어떻게 부부 사이에 이별이 가능한가? 이별에 있어선 어느 누구도 죄가 없다. 이별은 불가피하기에 생긴다. 그리고 이별은 여러 가지 다른 배경을 가진다. 예를 들면, 운명적인 얽힘(가족과의 연결에서 오는 눈먼 사랑)이다. 아무도 모르게 어떤 사람을 따라해야 하는 운명적인 눈먼 사랑이다.

우리나라에서 있었던 일이다. 어떤 여자가 남편과 이혼하려고 결심했다. 조금 전까지 그녀는 남편과 그럭저럭 살고 있었는데, 이제는 도저히 화가 나서 못 참겠다고 말했다. 그러자 내가 물었다.

"당신은 몇 살입니까?"

"38살입니다."

"당신의 어머님이 38살일 때 어머님껜 무슨 일이 있었습니까?"

"어머니가 38살일 때 아버지와 이혼하셨어요."

나는 그녀에게 말했다.

"당신의 가족 양심에선 착한 딸은 38살이 되면 남편과 헤어져야 합니다. 그들은 이렇게 감춰진 사랑과 연대감을 표현합니다. 그런데 친정 부모님이 이혼하신 이유가 뭔가요?"

"아버지가 바람을 피우시는 바람에 어머니가 참다못해 이혼하셨대요."

"그러면 혹시 남편께서도 바람을 피우시나요?"

"예, 실은 바람피운 지가 꽤 오래 되었어요. 그동안은 나도 어머니처럼 되고 싶지 않아 모른 체하고 살았지만, 지금은 아니에요. 도저히 못 참겠어요."

이렇게 운명적인 얽힘(눈먼 사랑)이 작용하고 있었다. 나는 그녀에게

가족세우기 생명의 말을 따라서 하게 했다. 그리고 그녀의 남편도 만나서 상담을 진행했다

"두 분이 서로 사랑하시는데, 그 사랑이 눈먼 사랑이기에 힘들게 살아가고 있습니다. 두 분 사이에 끼어있는 자녀들도 힘들어 합니다. 남편께서도 이혼을 원하십니까?"

그러자 남편이 펄쩍 뛰면서,

"아닙니다, 이혼이라뇨? 저는 애들의 엄마를 정말 사랑합니다."

"그런데 여자들에게 인기가 아주 많다면서요?"

"예, 실은 제 직업상 술을 마실 수밖에 없는데, 거기에서 만난 여자들한테서 자꾸 연락이 옵니다."

"그러면 앞으로 어떻게 하실 거예요?"

"아내가 처가집에 가버렸으니, 가서 싹싹 빌고 데려와야지요."

"정말로 그렇게 하실 건가요?"

"그럼요. 꼭 그렇게 할 겁니다. 애들 생각해서라도 이혼은 안 됩니다."

나는 가족세우기 생명의 말을 따라서 하게 한 후에 상담을 마쳤다. 그 후 그 가정은 다시 회복이 되어 지금 행복하게 살고 있다.

이들 부부는 남편은 눈먼 사랑으로 아내의 친정아버지를 따라 하고, 아내는 친정어머니를 따라 했기에 이혼할 뻔했다. 그러나 다행히 남편이 정신을 차리고 자신의 행동을 철저하게 반성하고 사과했다. 아내도 이혼의 아픈 대물림을 애들에게 물려주고 싶지 않았기에, 적극적으로 상담에 참여해서 다행히 이혼의 아픔을 겪지 않을 수 있었다.

삶의 여정이 다른 길로, 또는 다른 운명으로 이끌기에 이혼이 불가피한 경우도 있다. 넬슨 만델라와 그의 첫 번째 아내인 위니 만델라는

백인들의 흑인차별정책에 대한 서로 다른 정책 때문에 이혼했다고 한다. 이럴 때도 누구의 잘못이 아니지만, 이혼은 불가피하다.

이혼의 경우 우리는 어떻게 해야 할까? 첫째, 좋았던 것과 첫사랑을 뒤돌아보고 말한다. "우리의 사랑은 여기까지입니다." 그리고 슬픔을 느끼도록 허락한다. 슬픔에 우리를 맡기면 그 슬픔은 아주 진하고 순간이다. 그런데 오래 계속되는 슬픔은 비난이다. 상대에게 복수하려고 한다. 슬픔에 맡기면 서로 존경으로 헤어질 수 있어, 이혼 소송을 쉽고 편하게 할 수 있다. 그리고 서로 다음과 같이 말할 수 있다.

"나는 당신을 아주 사랑했습니다. 당신이 제게 선물한 것을 저는 귀하게 받습니다. 저 또한 당신께 기꺼이 드렸습니다. 우리의 사랑은 여기까지입니다. 이제 제가 당신의 일로부터 한 걸음 뒤로 물러섭니다. 우리는 이제 사랑의 시작에 섭니다. 고맙습니다."

그러면 헤어질 수 있다. 그들은 헤어졌지만, 존경으로 연결돼 있다. 사람들은 이렇게 사이좋게 헤어질 수 있다.

언제나 이렇게 잘될 수는 없다. 가끔 한 배우자가 상대에게 악의를 버리지 않고 있을 수 있다. 그러면 상대의 운명에, 상대의 영혼에, 상대의 운명적인 얽힘에, 상대의 원가족에 고개를 숙이고 침묵으로 물러난다.

◎ 사랑의 질서: 윗사람과 아랫사람

윗사람이 아랫사람을 기분 나쁘게 하는 것은 교훈을 주는 것이고, 아랫사람이 윗사람의 기분을 나쁘게 한 것은 상처를 주는 것이다. 예를 들어서 윗사람(부모, 선배, 고참, 형·언니)이 아랫사람(자녀, 후배, 신참, 동생)을 나무란다. 그것도 사람들이 보는 앞에서. "너는 인간이 왜 그 모양이냐? 일 똑바로 안 해?"라는 말을 들어서 모욕감에 잠을 못 잘 정도가 되었다고 하자. 당한 아랫사람은 당연히 기분이 나쁘다. 도가 지나친 것 같다. 적당히 하면 이해하겠는데, 심하게 하니까, 그것도 사람들이 보는 앞에서 그렇게 심하게 말하니 매우 기분이 나쁜 건 누구나 그럴 것이다.

하지만 그 말의 속뜻을 보면 어떨까? 비록 표현이 서툴러서 심한 말을 했지만, 깊이 생각해보면, 거기에서 중요한 교훈을 얻을 수 있다. 나를 여러 사람 앞에서 인간 어쩌고 하는 건 내게 대한 기대가 크다는 뜻이다. 만약 내게 기대가 없다면 인간 어쩌고 하는 말은 아예 입 밖에 나오지 않았을 것이다.

원불교 대종경에 보면 소태산이 '열 개를 잘하다가 하나를 못하면 아주 심하게 나무라고, 열 개를 잘 못하다가 하나를 잘하면 칭찬을 듬뿍 했다'는 내용이 나온다. 왜 그럴까? 소태산은 전자를 더욱 완벽한 사람으로 만들고 싶기 때문이요, 후자는 선의 싹을 더욱 키우기 위함이라고 말했다고 한다. 정말 지혜로운 분 아닌가? 그렇다. 윗사람의 꾸지람, 훈계, 잔소리는 나를 더 키우고 영혼을 더 살찌우는 보약이다. 더 완벽한 사람으로, 더 멋진 사람으로, 더 실력 있는 사람으로 인도하는 채찍이다. 혹시 윗사람에게 꾸지람 들은 적이 있는가? 그 속뜻을 알아차린 사람이라면, 정말 복 받은 사람이다.

반대로 아랫사람이 윗사람을 기분 나쁘게 하면, 당하는 윗사람은 정말 괴롭다. 부모에게 대드는 자식을 보는 부모의 마음을 헤아려보면 이해가 될 것이다. 큰 상처가 되는 것이다. 그러므로 혹시 윗사람에게 죄를 졌거나 기분 나쁘게 했거나 상심하게 했다면, 사죄해야 한다. "정말 죄송합니다. 제가 당신의 마음을 상하게 했습니다. 용서해주세요." 이런 겸손한 태도를 가진 아랫사람은 죄를 졌기에, 실수를 했기에, 그리고 용서를 비는 용기 있는 행동을 했기에, 그 나이 또래의 사람보다 몇 배는 더 성장한다. 무게 있는 인격의 사람이 된다. 더 조심하고 더 삼간다. 그리하여 하는 일이 더 잘 된다. 사랑의 질서는 이처럼 우리를 복과 성숙으로 이끄는 큰 힘이다.

◎ 사랑의 질서: 사랑, 보상, 그리고 복수

영혼의 깊은 곳에는 균형을 잡고자 하는 욕구가 있다. 내가 상대방으로부터 어떤 것을 받으면, 줌으로써 조정하려는 욕구이다. 이 욕구가 어디에서 발생하는지 알 수 없지만, 이 욕구가 없는 사람들이 함께 살기가 불가능할 정도로 중요한 사회적 조절기능이다. 물건과 물건, 또는 물건과 돈을 서로 주고받는 거래는 결속을 가능하게 한다.

남녀가 서로 사랑해서 결혼을 하여 함께 살 때 상대가 얼마만큼 받을 수 있고, 얼마만큼 줄 수 있는가를 잘 알 수 있다. 그때 부부는 상대가 되돌려 줄 수 있는 만큼 주어야 한다. 상대방이 감당할 수 없을 만큼 주는 사이는 깨질 위험이 크다. 그래서 사람 사이에 있어서 주는 행위는 언제나 제한을 받는다. 사람은 다른 사람으로부터 무언가를 받을 때 갚아야 한다는 생각이 든다. 죄책감이라기보다는 빚이 의무로 느껴지고, 빚이 없는 것은 의무로부터의 자유를 뜻한다.

옛날 텔레비전 연속극에 자주 나오는 남녀 사이의 사랑 이야기는 이 주고받음의 차이가 조절되지 않아서 헤어지는 내용이 많았다. 상고를 졸업하여 은행에 취직한 여자 주인공이, 가난한 남자 주인공이 사법고시에 합격하도록 물심양면으로 돕는다. 자신은 검소하게 살면서 사랑하는 남자친구의 성공을 위해서 헌신하는 것이다. 두 사람은 결혼약속까지 한다. 드디어 남자 주인공은 여자친구의 헌신적인 뒷바라지와 자신의 노력으로 꿈에 그리던 사법고시에 합격한다. 그러나 남자 주인공은 끝내 여자 주인공을 버리고, 부잣집 여자에게 장가든다. 이두 사람의 사랑은 꿀처럼 달콤했지만, 이별은 항암제처럼 고통스럽다. 서로 사랑한 사이가 어쩌다 이렇게 되었을까? 한쪽은 어머니가 아들에게 주듯 조건 없이 주었고, 한쪽은 어린아이처럼 받기만 한 성숙하지 못한 사랑이었기 때문이다. 성숙한 사이는 사랑으로 연결된 조절의 욕구가 있을 때에라야 가능하다. 그렇게 함으로써 사랑이 커진다.

그러면 상처를 받은 경우에는 어떤가? 누군가로부터 어떤 일을 당한 나는 그것을 되돌려주고 싶은 욕구가 생긴다. 복수하고 싶은 욕구이다. 사람 사이에서 이것이 충족이 되면, 새로운 시작이 가능하다. 그러나 내가 어떤 일을 당했어도 용서해버리면, 나는 상대방보다 우월한 위치에 서 있기에 상대방은 나에게 악의를 품는 것 이외에는 동등한 사이에 이를 방법이 없다. 이것은 부정적인 조절 욕구이므로 사상이나 종교를 이유로 지켜지지 않을 수도 있다. 그렇지만 결과는 아주 좋지 않다. 조절의 욕구를 거슬렀기 때문이다. 보상을 요구함으로써 사이가 다시 맺어질 수 있는 것이다. 그러므로 상대방에게 상처를 입히거나 어려운 것을 요구하여야 한다.

그러나 두 사람 사이를 지속시키기 위해서는 내가 상대방에게 받은 상처보다 덜 주어야 한다. 사랑을 받았을 때는 더 많이 주고, 상처를 받았을 때는 더 적게 주어야 한다. 많은 사람들이 '사랑을 받을 때나 상처를 받을 때나 되돌려주어야 한다'는 점을 이해하지 못한다. 사랑(또는 우정)이 있는 곳에 좋은 것을 받았으면 더 많이 주고, 상처를 입었을 때는 상처를 적게 주면, 사랑의 사이가 가능하다. 사랑은 보상을 할 때만 지속 가능하다.

그런데 이 조절의 욕구는 20~30여 명의 작은 모임 안에서만 적용이 되어야 한다. 나라와 나라, 종교와 종교, 큰 무리와 큰 무리 사이에 보상을 청구한다면, 그것은 전쟁의 원인이 되고 만다. 보다 큰 모임 사이에서는 이 조절의 욕구를 포기해야만 평화가 가능하다. 이것이 '네 원수들을(성서 원어에 보면 원수가 아니라 원수'들'로 되어 있다) 사랑하라'는 예수의 가르침이다. 보상과 복수를 해야 할 사이가 있고, 이를 포기해야 할 사이가 있다. 이를 혼동하면 큰 혼란이 생긴다. 조절의 욕구를 한계를 가지고 충족시켜서 이 한계 안에서 질서를 찾아야 한다.

03 가족세우기 상담 및 치유 사례

◎ 아토피가 치유된 사례

요즈음 전북 진안의 뜻있는 사람들이 '아토피 제로 자연학교'를 열어서 자연 건강에 좋은 의식주 생활을 교육하고 훈련함으로써 아토피로 고통받고 있는 어린이나 청소년들에게 많은 도움을 주고 있다. 아주 훌륭한 일이다. 현대인들은 주로 육식을 하고, 인공조미료에 길들여져 있으며, 시멘트로 만든 아파트에 살고, 오염된 물과 공기를 마시고 살기에 아토피에 걸리기 쉬운 환경에 노출되어 있다. 좋은 자연 환경이야말로 건강의 필수 조건임은 누구도 부인하지 않을 것이다.

하지만 좋지 않은 이런 환경들만이 아토피의 원인일까? 흙으로 만든 집에서 맑은 물과 공기를 마시며 자연식을 하면서 살 땐 아토피가 없었을까? 아토피 피부염은 주로 유아기 혹은 소아기에 시작되어서 만성적이고 재발이 잘 되는 난치병으로 알려져 있다. 가족세우기를 시작하여 이를 전 세계에 알리고 있는 버트 헬링거는 가족세우기 통찰에 의하여 아토피를 가족 얽힘에서 오는 증오(저주) 때문임을 말하고 있다. 나도 박이호 선생님이 안내하셨던 가족세우기에서 아토피가 증오와 저주 때문임을 명백히 보았었다. (주: 증오와 저주에 대한 지금의 내 관점 ― 미안해서 화를 내는 것이 증오하고 저주하는 걸로 보인다고 생각한다)

하지만 가족세우기를 한 후에(아토피에 걸린 아이가 아니라 그런 아이의 부모가 가족세우기를 한다. 물론 아이는 대역을 세운다) 아토피 치유 효과가 바로 나타나다가 다시 발생한다는 이야기를 듣고 "가족세우기가 병 고치는 게 아니고, 또 그게 주요 관심사는 아니니까"하는 생각으로 잊어버리고 있었다.

그러다가 4년 전에 아토피가 있는 아이 때문에 힘이 들어서 가족세우기에 온 어머니가 참가 후에 아이가 점점 좋아져서 지금은 깨끗해졌다고 하는 말을 내게 해주었다. 그 말을 듣고 나는 '아, 아토피가 가족세우기로 풀리기도 하지만, 시간이 걸리는구나.' 하는 생각이 들었다. 나는 상담을 많이 해서 그녀의 일을 잊어버리고 있었는데, 자신의 경험을 말해주어서 알 수 있었다.

아토피를 주제로 한 가족세우기 세션에서 나타난 공통적인 현상은 저주였는데, 가족의 얽힘이 실타래 엉키듯 얽히고설켜서 잘 풀리지 않아서 자신이 무척 당황했었다고 한다. 세션 후에 내가 "가능한 한 많이 베풀어라, 많이 베풀 때 아토피가 사라진다."고 말했다고 한다. 그래서 내 말을 듣고 아토피에 걸린 아이를 위해 사회봉사도 하고, 자기가 베풀 수 있는 한계 내에서 어려운 형제자매도 도와주고, 종교단체에 기부도 했더니, 차츰차츰 좋아졌다고 말했다. 다음은 그녀가 나에게 한 말을 정리한 것이다.

"제 아버지의 외할아버지(외증조할아버지)께서는 땅을 아주 많이 가진 부자로서 첩을 많이 두셨다고 들었어요. 외증조할아버지께서는 첫 번째 아내에게서 자녀들을 낳으시고, 둘째 아내에게서는 자녀가 사산이 된 후에 자녀가 더 이상 생기지 않았다고 해요. 그리고 외증조할아버지께서는 셋째 아내와 넷째 아내에게 정을 주셨는데, 남편에게 버림을 받으신 둘째 아내는 그제야 자신 때문에 첫째 아내가 얼마나 힘들고 외로웠는지 아셨다고 봐요. 그렇지만 그런 말을 직접 못 하는 게 사람이잖아요? 가족세우기에서 그게 죄책감을 갖는 것으로 나타난 것 같아요. 얼핏 보면 증오와 저주인 것 같지만, 죄책감 같아요. 그 죄책감을 제가 가지고 있고, 제 아이도 가지고 있기에 아토피 피부염을 앓지 않았나 생각해요. 그때 가족세우기를 하면서 든 생각이에요."

그 말을 들은 나는,

"저도 같은 생각입니다. 조상들의 삶과 운명이 어찌되었든 이에 동의하고 존중해야 하는 게 우리의 할 일인데, 우리는 반대로 조상들이 느끼셨던 죄책감을 나도 모르게 동일시하여 그대로 반복하고 사는 게 효도라고 생각하고 살고 있는 것 같아요. 죄책감이 아니고 '고맙습니다.' 해야지요. 그리고 무엇보다도 선생님의 태도가 아이의 치유를 위해 열려있는 게 엄마로서 위대하고 힘이 있어 보입니다."
라고 대답했다.

이렇게 나는 가족세우기를 통해서 배웠다. 우리가 겪고 있는 어려움이 문제 때문이 아니라 사랑이 넘쳐서, 눈먼 사랑 때문임을 분명하게 보았다. 그래서 우리는 옛날을 바꾸려는 사랑을 줄이고, 과거를 있는 그대로 존중하고 받아들이는 사랑을 해야 한다고 생각했다. 혹시 자녀가 이런저런 일로 부모의 속을 썩이거나 난치병을 앓고 있다면, 자녀가 가리키는 그 사랑을 보아야 한다는 걸 알았다. 질병이 가리키는 사랑! 그리고 베풂의 혜택, 이걸 알 때, 문제는 더 이상 문제가 아니고 사랑의 다른 이름임을 알 수 있었다. 베풂은 없는 사람을 위한 것이 아니고 바로 나와 내 가족을 위한 행위임을 알 수 있었다. 아토피 치유 사례는 이런 신선한 통찰과 새로운 깨달음의 선물을 내게 주었다.

어떤 여대생이 목과 팔에 아토피가 심해서 고생하다가 우리 소문을 듣고 가족세우기에 참여했다. 아토피가 어릴 때부터 심해서 약도 많이 먹고, 음식도 굉장히 조심해서 먹었지만, 낫지를 않아서 스트레스가 심했다고 한다. 이 의뢰인의 대역을 세워서 보니 먼 곳을 보면서 몸을 긁는 행동을 반복했다. 물론 그 여대생의 대역을 선 사람은 서로 전혀 모르는 사이였다. 대역에게 몸을 긁는 행동이 나타난 건 의뢰인의 아토피를 낫고 싶다는 간절한 마음의 표현으로 나는 해석한다. 그리고 대역이 먼 곳을 보는 건 부모님 윗대에서 어떤 죄책감이 풀리고 않고 있다는 뜻으로 해석한다. 즉 이 의뢰인이 부모님 윗대에서 어떤 일로 생긴 죄책감을 사랑으로 동일시하여 스스로 죄책감을 느끼고 있는 것이다. 이를 떠맡은 느낌이라고 한다. 이 떠맡은 느낌으로 생긴 죄책감이 몸으로 나타나는 게 아토피라고 가족세우기는 보여준다. 그래서 나는 의뢰인이 가족세우기 기법을 통하여 가족들의 운명을 있는 그대로 존중하고 동의하도록 안내했다.

몇 주 후에 그 여대생을 다시 만났는데, 아토피가 깨끗하게 나은 걸 보여주며, 고맙다고 인사했다.

지성이면 감천이다. 진실로 간절히 낫기를 원하면 반드시 길은 있기 마련이다. 나는 이런 아토피 치유 사례 이야기를 보고 들으면서 가족세우기가 치유를 간절히 원하는 사람들에게 하나의 좋은 길이 될 수 있음을 확인했다.

그렇다고 가족세우기가 병을 고친다고 주장하기에는 정말 조심스럽다. 병이 낫는 건 식사, 마음 자세, 운동, 인간관계, 조상의 병력 유무,

약물 효과 등이 종합적으로 작용해야 한다고 생각하기 때문이다. 이 점 오해 없기를 바린다. 그리고 병의 치유는 가족세우기의 목적이 아니다. 다만 부가적인 현상일 뿐이다. 나는 다만 가족의 사랑이 어떻게 흐르고 있는지를 드러내는 데 중점을 둘 뿐이다.

◎ 특별한 힘을 가진 어느 고아를 만난 사례

어떤 중학교에서 상담한 일이 있었다. 그는 중학교 2학년 남학생이었다. 그 소년은 아주 밝고 명랑해 보였다. 그러나 가끔 불면증이 있고 머리가 아프고 생각이 많다고 했다. 그래서 물었다. "부모님은 무슨 일을 하고 계시냐?" 그 소년이 정말 아무렇지 않게 "저는 한 번도 부모님을 뵌 적이 없는 고아입니다."라고 답해서 나는 깜짝 놀랐다.

나는 그 소년에게 계속 물었다. "부모님이 원망스럽지 않니?" 그 소년은 아주 태연히 "무슨 사정이 있었겠지요. 하지만 제가 세상에 나온 것이 더 중요하지요. 어쩌면 제가 스스로 혼자 살기로 선택했는지도 모르지요" 일반적으로 고아원에서 자라는 어린이들은 부모님이 자신을 버렸다고 생각한다고 우리는 알고 있는데, 전혀 뜻밖의 말을 들은 것이다. 정말 놀라지 않을 수가 없었다. 그 아이는 어른들보다 더 빨리 성숙을 배웠는지도 모르겠다. 나는 기특한 이 아이에게 가족세우기 생명의 말을 선물했다. "저는 당신을 위해 기꺼이 했습니다. 제가 어머니를 위해 짐을 집니다. 어머니는 제게 생명 주심으로 다 주셨습니다." 그러자 그 소년은 크게 숨을 쉬었고, 바로 몸이 가벼워짐을 느낀다고 말했다.

◎ 자폐아 치유 사례 (1)

몇 년 전 이야기이다. 어떤 모르는 여자로부터 전화가 왔다. 아는 분에게 나를 소개를 받았다며, 만나고 싶다고 했다. 내가 무슨 일 때문이냐고 묻자 작은 목소리로, 애들이 둘인데 둘 다 자폐아여서 여간 힘들지 않다고 하면서 나를 만나면 도움이 될 것 같아서 고민하다가 연락을 하셨다고 했다. 나는 그녀에게 "그러면 일주일 동안 기도를 하시고 만나지요. 저도 기도할 테니까, 어머님께서도 기도하시고 만나지요. 자폐아를 제가 고치는 것이 아니라 하나님이 고치신다고 저는 믿거든요."라고 말했다. 그러자 그분이 그렇게 하겠다고 말하고, 우리는 일주일 후에 만나기로 약속했다.

일주일 후에 우리는 만났는데, 혼자가 아닌 남편과 함께 왔다. 나는 이런저런 이야기를 나누면서 남편의 태도를 관찰했는데, 대화 중에 내 눈을 쳐다보지 못했다. 뭔가 이상했다. 본격적으로 애들 때문에 힘들다는 이야기가 나왔다. 물론 모든 말은 다 아내의 입에서 나왔다. 이야기를 다 듣고 나서 나는 드디어 말을 꺼냈다. "제가 보기엔 애들 아빠께서 자폐 같은데요!" 내 말을 들은 남편은 갑자기 눈물을 뚝뚝 흘리며 대성통곡을 했다. 한참이 지난 후에 나는 가족세우기 생명의 말을 따라서 하게 했다.

일주일 뒤에 그녀에게서 전화가 왔다. 전화에서 들리는 목소리는 아주 들떠있었다. 왜냐하면 둘 다 자폐아인 애들이 학교에 가면서 "엄마, 학교에 다녀오겠습니다."하고 큰 소리로 인사를 하고 갔기 때문이다. 그전에는 무슨 말만 하려면 발을 동동 구르면서 난리 법석을 떨었는데(이는 자폐 스펙트럼 장애의 특징 중의 하나이다), 오늘은 큰 소리로 인사를 하고 학교에 기는 게 꿈만 같아서 너무 기분이 좋아 내게 전화를 한다고 했다.

◎ 자폐아 치유 사례 (2)

어느 초등학생의 어머니가 아이 한 명과 함께 상담실로 찾아 왔다. 큰아이가 학교에서 도벽이 심한데 어떻게 될지 몰라 걱정이 되어서 찾아왔다고 했다.

큰아이는 초등학교 6학년으로서 유난히 작은 키의 남자아이였는데 성격이 내성적이고 친구들과 어울리는 일이 거의 없다고 했다. 그래서 언제부터 도벽이 있었는지를 물었더니, 초등학교 4학년 때부터 그랬다고 했다. 그래서 혹시 동생이 있느냐고 물었더니 초등학교 3학년 동생이 있는데 동생에게 화를 많이 내고 가끔 동생을 때린다고 했다. 그러면 큰아이가 초등학교 4학년 때 무슨 일이 있었냐고 물었더니 초등학교 4학년 때 동생이 학교에 입학을 했는데 동생이 자폐아라고 친구들에게 놀림을 받았다고 했다. 큰아이는 동생이 왜 그런 행동을 하는지 이유를 몰랐고, 친구들이 놀려서 화가 난 걸 동생에게 분풀이를 해서 가끔 때렸다고 했다.

그러다가 상담하면서 어머니가 "네 동생이 자폐아야."라는 말을 처음으로 들었다고 한다. 둘째 아이는 태어날 때부터 유난히 똑똑해서 천재인 줄 알았는데 크면서 다른 아이들과 많이 달랐다고 한다. 어떤 면

이 달랐는지 물었더니 같은 행동을 반복하고 소리를 많이 질렀다고 했다. 그런 말을 들은 나는 큰아이가 동생 때문에 친구들과 멀어지면서 친구들에게 복수하는 것이 남의 물건에 손을 대는 것이라고 통찰되었다.

그래서 나는 큰아이가 남의 물건에 손을 대면서 불안함과 초조함이 생기고, 잠도 잘 못 잘 것 같아서 일단 잠을 일찍 자라고 권했다. 그리고 "네 동생은 몸이 아픈 게 아니라 마음이 아픈 거야. 너도 마음이 아픈 것 같아."라고 말하여 마음을 공감한 후에 "그러니 엄마와 대화를 많이 해서 마음속의 고민들을 다 털어놓는 게 좋아."라며 어머니와 대화를 많이 할 것을 권했다. 그러자 큰아이가 숨을 쉬며, 그렇게 하겠다고 했다. 그러면서 어머니에게는 가족세우기 워크샵에 참석하실 것을 권유했다.

그 후 어머니가 가족세우기에 참석을 하였는데, 이 어머니의 외할아버지는 빨치산에게 끌려가서 돌아오지 않았고, 그 이후에도 행방을 알 수가 없었다고 한다. 이 어머니의 어머님이 외할머니 뱃속에 있을 때 그렇게 되었다고 한다. 그 일은 가족 중에서 겨우 한두 사람만이 아는 비밀이라고 했다. 그래서 고개를 숙이고 가족세우기 생명의 말을 따라서 하게 했다. "저는 외할아버지 일에서 한 걸음 뒤로 물러섭니다. 외할아버지의 삶을 있는 그대로 받아들이고 존중합니다……."

그런 지 일주일 후에 이런 이야기를 들었다. "둘째 아들의 머리는 더 좋아졌고, 이제 소리를 지르거나 엄마를 힘들게 하는 일이 거의 줄었어요."

◎ 동성애 치유 사례 (1)

몇 년 전에 아는 남자로부터 전화를 받았다. 자신에게 엄청난 고민이 생겼다고 했다. 그래서 나는 그 고민이 무엇이냐고 물었다. 자신은 기독교인데, 지금 자신이 하나님의 말씀을 어긴 것 같아 무척 괴롭다고 했다. 자신의 어머니는 처녀의 몸으로 아버지를 만났는데, 그때 아버지는 이미 결혼을 하신 상태였지만, 그의 어머니에게 그런 사실을 속이고 만나서 결혼 약속을 했다고 한다. 결혼을 한 지 3년 만에 이 사실이 들통이 나서 결국 그의 아버지는 첫째 어머니(아버지의 첫 번째 아내)와 헤어지고, 자신의 어머니와 살았다고 한다.

이 사실을 어릴 때부터 알았던 그는 교회를 다니면서 어머니가 죄인처럼 느껴져서 무척 괴로웠다고 한다. 그런 가정 분위기 속에서 자라면서 이상하게 여자(이성)보다도 남성(동성)에게 더 관심이 갔다고 한다. 여자 아이들을 보면 편하게 느껴졌지만, 자기가 좋아하는 남자 아이를 보면 가슴이 두근거리고 눈을 마주치지 못했다고 한다. 게다가 여자처럼 수줍음도 많은 성격이었으며, 손재주가 남달리 뛰어나서 여성들이 하는 일들에 익숙했으며, 주방에서 하는 일들도 자연스럽게 익혀졌다고 한다. 그래서 그런지 몰라도 남성중에서도 강하고 카리스마가 느껴지는 사람에게 많이 이끌리기 시작했고, 지금도 동성애를 하고 있다고 했다. 이미 결혼 적령기를 넘기고 있어서 부모님이 "결혼 안 하느냐?"고 자꾸 물어보는데, 사실대로 대답할 수도 없고, 그렇다고 자신의 마음을 속이면서 이성과 결혼하고 싶은 마음도 없는데 이러지도 저러지도 못해서 정말 괴롭다고 말하며, "나는 어쩌면 좋아요?" 하며 나에게 전화 상담을 요청했다.

나는 그에게 "집안에 또 다른 일이 없었느냐?" 하고 물었다. 얼마 전에 우연히 알았는데, 그가 태어나기 전에는 쌍둥이였다고 한다. 그런데 불행하게도 다른 아이는 어머니 뱃속에서 죽고, 자신만 살아서 태어났다고 했다. 그리고 그의 어머니는 이 아들에게 마치 여자처럼 예쁜 옷을 입혀주고 예쁜 머리핀을 꽂아 주었으며 머리카락도 두 갈래로 묶어 주셨다고 한다.

나는 그에게서 이런 이야기를 들으면서 그는 태어나기 전에 벌써 여성처럼 행동하기로 결정을 해서 태어난 것 같은 느낌을 강하게 받았다. 그는 뭇 사람들의 시선이 따갑기도 하고, 부모님의 결혼 강요 때문에 마음이 흔들릴 때도 있었지만, 이성친구보다는 동성친구가 훨씬 더 편한 걸 어떻게 하느냐고 하소연을 했다. 그는 지금 사귀는 동성친구와 결혼해서 살고 싶은데, 어떻게 부모님을 설득해야 할지 난감하며, 또한 교회에 계속 다니고 싶은데, 죄책감에서 해방되는 방법이 없느냐는 질문도 했다. 이런 말을 들은 나도 몹시 딱하게 느껴졌다. 이런 일은 전화로 상담하기에는 너무 무거운 주제였기에 일단은 나를 찾아오라고 말했다.

우리는 며칠 후에 만났다. 그는 남성인데도 불구하고 정말 여성스러웠다. 단정하고 단아한 옷차림이었다. 조금 낯설게 보였지만 티를 내지 않고 그와 대화를 나누었다. 그러면서 나는 알 수 있었다.

그는 자신의 어머니를 있는 그대로 존중하고 있지 않음을! 그리고 어머니 자궁 속에서 10달이나 같이 살다가 죽은 자신의 형제를 아직도 잊어버리지 못하고 있음을! 아! 동성연애도 가족과의 깊은 연결에서 오는 눈먼 사랑에서 오는 거겠지…….

나는 그에게 몇 마디 가족세우기 생녕의 말을 따라서 하게 했다. "부모님의 사랑으로 저는 태어났습니다. 저는 단지 부모님의 아들일 뿐입니다. 저를 부모님의 아들로 보아주시고, 받아주셔요. 우리는 어머니 뱃속에서 둘이라서 행복했습니다. (죽은 형제가 앞에 있다고 생각하고) 비록 너는 갔지만, 내 안에 내 형제로 살아있다. 지금까지 내가 산 것은 네 덕이다." 그러자 아까 상담실에 들어올 땐 여성스럽던 그의 모습이 갑자기 남성스러워짐을 나는 느낄 수가 있었다.

그리고 얼마 후에 그한테서 전화가 왔다. 동성 연애하는 그 친구와 이별을 하고 서울로 올라갔는데, 이제는 이상하게도 이성 친구가 눈에 더 들어온다고 했다. 그러면서 "이제 어떻게 해야 해요?"라고 묻기에, 나는 "당신이 동성 친구를 좋아한 것이 자연스러웠듯이, 이제 이성 친구를 좋아하는 것도 자연스러운 것 아니겠느냐?"고 대답해주었다. 그리고 우리는 한참을 크게 웃었다.

위의 사례에서 보듯이, 동성애도 제외되거나 잊힌 가족과의 유대감에서 오는 눈먼 사랑인 경우가 많다. 우리는 그들을 부도덕하다고 비난하거나 손가락질하기 전에 '왜 그들이 그럴 수밖에 없는가?'를 먼저 생각하는 게 사람의 도리라고 생각한다. 그들도 어떤 알 수 없는 힘(가족 운명의 얽힘에서 오는, 가족과의 끈끈한 유대감으로 인한 눈먼 사랑에서 오는)에 이끌려서 그러는 것이다. 우리가 이성친구를 어떤 힘에 이끌려서 만나고 사귀듯이 그들도 마찬가지다.

가끔 언론에 동성애 반대 광고가 등장할 때가 있다. 몇 년 전에 드라마 「인생은 아름다워」를 방영한 SBS 시청거부운동 및 광고 안 내기 운동에 많은 단체들, 특히 개신교 보수 단체들이 적극 나섰다. 그들은 성서를 근거로 동성애가 죄라고 공격한다. 물론 동성애가 일반 사람들의 눈으로 볼 때 자연스러운 것이 아니라고 할 수 있다. 성서에도 하지 말라고 말하고 있기에 그들, 특히 일부 크리스천들의 도덕적 양심이 거리낄 수 있다.

하지만, 방송 드라마에서 동성애가 소개된다고 해서 동성애 하는 사람들의 숫자가 더 늘어날 리도 없고, 단죄하고 혐오한다고 동성애가 없어지지도 않는다. 걱정도 지나치면 팔자다. 우리는 이제 동성애에 대한 혐오나 그 반대인 옹호를 떠나서 먼저 그들과 그들의 부모님의 운명을 존중해야 한다. 그럴 수도 있다고 보고, 그들이 세상 밖으로 나와 떳떳하게 자신들의 삶에 대해서 말할 수 있는 기회를 주어야 한다.

그리고 이성연애의 좋은 점에 대해서도 말할 수 있어야 한다. 나그네의 외투를 벗긴 건 바람이 아니라 태양이었다. 우리가 가족 운명에서 자유롭지 않듯이, 그들도 마찬가지이다. 우리가 우리 가족 양심에 충실하듯이 그들도 그들 가족 양심에 충실하고 있는 것이다. 우리가 서로 다른 사람의 가족 운명과 양심을 존중하는 눈으로 볼 때 동성애에 대한 시각도 바뀔 수 있다. 그런 눈을 가질 때 그들의 아픔이 보일 것이고, 그들이 도움을 요청할 때 기꺼이 도울 수 있을 것이다.

◎ 동성애 치유 사례 (2)

어떤 초등학생을 상담했다. 다행스럽게도 그 초등학생의 아버지와도 상담할 기회가 있었다. 처음에는 둘째 애(초등학생 내담자) 이야기를 주로 하다가 갑자기 아버지가 한숨을 크게 쉬었다. 그래서 "나는 무슨 일이 있나요?"라고 물었고, 아버님은 주저주저 하더니 말을 했다.

"실은요, 제 딸이 고등학생인데, 노는 게 여자친구들하고만 놀아요."

"여자가 여자와 노는 게 왜 이상하죠?"

"그런 게 아니라 같이 잠을 잔단 말입니다."

"걱정하실 것 없습니다. 여자가 여자와 아무리 같이 잠을 자도 애기가 안 생기거든요. 만약 남자친구와 잠을 자면 어떻게 되었겠어요? 벌써 외할아버지가 되실 수도 있었는데, 얼마나 다행입니까?"

나의 이상한(?) 말을 들은 아버지는 처음에는 얼떨떨하다가 이내 무슨 말인지 알아듣고는 "어, 정말 그러네요. 허참! 정말 그러네요." 하며 안도의 숨을 쉬었다. 이어서 내가 말했다.

"○○○ 아버님, 청개구리 이야기 아시지요? 사람도 청개구리처럼 동쪽으로 가라고 하면 서쪽으로 가고, 서쪽으로 가면 동쪽으로 간대요. 그러니 이렇게 해보시지요. 큰 애 보고 말씀하세요. '○○야, 네 (여자)친구랑 우리 집에 와서 살아라. 네가 자꾸 외박하니까 아빠가 걱정이 되거든. 네가 네 친구랑 집에서 자면 네 동생하고도 놀아주고, 아빠도 안심이 되고. 다 좋지 않냐?'라고 말씀해보세요. 그러면 얼마 안 있다가 그 친구와 헤어질걸요?"

그는 그런 말을 진짜로 큰 애에게 했고 큰 애는 친구를 집으로 데리고 왔다. 아니나 다를까? 큰 애는 며칠이 지난 후에 그 여자친구와 헤어졌다. 그리고 이제 남자친구가 눈에 들어온다고 했다고 한다.

청소년 시절에 주로 이성친구들(한 사람이 아니라 여러 사람임에 주의할 것. 한 사람의 이성친구와 놀면 이성친구를 사귄다고 보는 게 상식이다)과 잘 노는 애들이 동성애에 빠질 확률이 높다. 왜냐하면 이성친구들이 친구처럼 정말 편하기 때문이다. 반면에 동성친구는 어렵게 느껴진다. 그러다가 서로 눈이 맞으면 소위 동성연애가 된다. 그러므로 청소년 자녀를 둔 부모님이나 청소년 상담자들은 자녀가 동성친구들과 노는지, 아니면 이성친구들과 노는지를 잘 관찰할 필요가 있다. 그래서 만약 이성친구들과 잘 노는 게 발견된다면, 조심스럽게 접근할 필요가 있다. "이성친구들이 그렇게 좋으니?" 하면서 대화를 하다 보면, 도울 수 있는 말이 생각날 것이다. 특히 부모님이 자녀에게서 그런 행동을 발견했다면, 다음과 같은 가족세우기 생명의 말을 혼자서 한 후에 대화를 하면 좋다.

"나는 네 반이 네 아빠(엄마)임을 인정한다."

낙태가 끼치는 영향

- 이현주 -

01 인공유산(낙태)에 대한 가족세우기 통찰

◎ 인공유산(낙태)에 관한 헬링거의 글

남녀 관계에서 누군가가 죄를 지었다고 느끼면, 예를 들면 인공유산(낙태) 등, 죄를 지은 남자나 여자는 이상한 상상으로 반응한다. 그들은 속죄하려 한다. 어떻게 우리가 이 문제를 대하느냐에 따라 우리 삶에 아주 중요한 영향을 준다.

모든 인간관계에 있어서는 이익과 손실을 조절하려는 아주 깊은 욕구가 있다. 이 욕구는 모든 좋은 관계를 위한 기본이다. 사랑으로 주고받는 관계에 있어서는 그 주고받는 교환이 증가함에 따라 사랑이 풍부해진다. "나는 당신에게 사랑으로 주고 당신으로부터 사랑으로 받습니다." 그러면 상대는 "나도 당신에게 다시 사랑으로 주고 당신으로부터 사랑으로 받습니다." 이게 충만한 남녀 관계의 기본이다. 같은 욕구가 상처를 주고받을 때도 나타난다. "당신뿐 아니라 당신 원가족은 낭비벽이 있어."라고 하면, 상대방에게 아주 큰 상처를 입힌다. 또는 "당신은 다른 사람과 결혼했어야 했어."라고 한다면 그 말은 들은 상대방은 어떻게 생각할까?

그러나 그렇게 말하는 사람들이 있다. 그러나 그런 말들은 아주 깊이 상처를 입힌다. 그러면 상처를 입은 사람은 조절하려는 욕구를 갖는다. 상대에게 상처를 준다. 그런데 이상하게도 조금 더 상처를 입힌다. 조절하지 못하고 넘는다. 그 뒤엔 아주 이상한 상상이 작용한다. 우리를 아프게 하는 것들을 우리는 없애려 한다. 질병 등을 우리는 없애려 한다. 다른 사람이 우리에게 상처를 주면 아마도 우리는 그를 없애려 한다. 그러기에 우리는 상대가 우리에게 상처 준 것보다 더 많이 상처를 준다. 가끔 그때 나타나는 화는 살의의 표현이기도 하다.

인간이 그렇게 악의가 있다는 말은 아니다. 이건 영혼의 깊은 움직임이다. 우리의 생명과 생존에 관한 것이다. 우리를 위협하는 것을 우리는 없애려 한다. 그러하기에 나는 누구도 비난하지 않는다. 그러나 우리는 그런 게 있다는 것을 알아야 한다. 다시 잘 되게 할 수 없도록 우리가 누군가에게 상처를 입혔다면, 우리는 자주 우리가 그처럼 좋지 않게 되면서 조절한다. 인공 유산인 경우 죽으면서 조절하려 한다. 조절했기에 마음 편하게 느낀다. 우리는 이걸 속죄라 이름 짓는다. 속죄는 같은 고난과 같은 운명으로 조절하려는 시도이다. 그러나 누군가 속죄한다면 그는 누구를 바라보는가? 인공 유산된 아이를 바라보는가? 아니면 자신을 바라보는가? 속죄하려는 사람은 눈을 감는다. 상처나 손실을 당한 사람을 바라보지 않는다. 오직 자신만 바라본다. 바라보지 않기에 손실을 입은 사람은 홀로 남는다. 속죄는 사랑에 방해가 된다.

그런 상황에서 사랑은 전혀 다른 방향이다. 예를 들면 아이를 보고 어머니는 말한다: "내가 너를 살해했다." 이게 사실이다. 단번에 심각하고 진지하게 된다. "나는 너를 없애려 했다." 그런 후 어머니는 아이를 바라본다. 아이를 보고 말한다: "너는 내 아이고,

나는 네 어머니다. 나는 내가 무엇을 했는지 안다. 이제 나는 그 결과에 동의한다."

그런다고 모든 게 끝난 건 아니다. 그러면 정말 무엇을 할 수 있을까? 이 차원에서 무엇을 할 수 있을까? 아니다. 할 수 없다. 그럼에도 우선 어머니가 아이를 바라본 후, 아이를 넘어 아이의 운명을 바라본다. 그리고 아이를 아이의 운명에 사랑으로 맡긴다. 또한 자신의 운명을 바라보고 말한다: "예, 나는 내 운명과 내가 한 행동의 결과에 동의합니다." 운명에 고개를 숙이고, 운명을 넘어 더 멀리 바라본다. 단번에 모두는, 어머니와 아이는 더 큰 어떤 것과 공명에 이른다.

그곳에선 조절을 넘는 다른 법칙이 작용한다. 이 더 큰 힘 앞에서는 우리가 그것을 어떻게 이름 짓든, 아무것도 없어지지 않는다. 인공 유산된 아이도 없어지지 않는다. 모두는 이 더 큰 것 안에서 잘 있다. 이 장에선 모든 게 같다. 그러하기에 인공 유산된 아이도 없어지지 않는다. 아이는 거기 있다. 그리고 작용한다.

옛 관계에서 인공 유산을 한 후 다른 배우자와의 관계에서 태어난 아이가 부모의 인공 유산된 아이를 바라보고 다음과 같이 "내 마음에 너는 자리를 차지한다."라고 말한다면, 인공 유산된 아이로부터 축복의 움직임이 아이에게 흐른다. 인공 유산된 아이가 이 큰 관계에 받아들여지기에 인공 유산된 아이는 축복으로 작용한다. 그리고 무슨 말을 하는가? 아이가 먼저 인공 유산된 아이에게 말한다. "제발(Please).", 그런 후 "고맙습니다." 그리고 부모도 인공 유산된 아이에게 말한다: "이제 너는 우리들의 마음에 자리를 차지

한다."

  이제, 전혀 다른 사랑의 움직임이 있다. 훨씬 깊은 사랑의 움직임이다.

  헬링거 선생님은 낙태와 같이 남녀 사이에서 죄를 지었다면 거의 본능적으로 조절의 욕구를 가지고 속죄하려고 하는데, 이는 사랑과 행복에 방해가 되는 움직임이라고 말한다. 사랑으로 향하는 움직임은 있는 그대로 인정하고, 운명 너머를 보고 사랑으로 맡기며, 낙태한 아이를 더 큰 관계에서 받아들일 때, 전혀 다르고 훨씬 더 깊은 사랑의 움직임으로 간다고 말한다. 낙태에 대해서 가족세우기만큼 확실하고 분명하게 말하는 심리치료이론은 없다(가족세우기를 심리치료이론에 넣는 걸 헬링거 선생님은 꺼리시지만 말이다). 그래서 나는 낙태를 가족세우기 통찰에 근거해서 생각해보고, 치유 사례도 말하고자 한다.

02 낙태 현상에 대한 이해

우리나라에서는 해마다 약 34만 명의 생명들이 태어나보지도 못한 채 어머니 뱃속에서 죽임을 당하고 있는 가슴 아픈 현실이 벌어지고 있어서 한국은 '낙태 공화국'이라는 오명까지 얻고 있다.

유일한 낙태 현황 조사인 2005년도 보건복지부 자료에 의하면, 한 해 동안 최소 34만여 건의 낙태가 이뤄지고 있는데, 이 중 95.6%가 불법이라고 한다. 15~44세 여성의 연간 낙태율은 1,000명당 평균 30명 정도인데, 미국이나 영국보다 더 높다.

낙태율이 이렇게 높은 이유는, 첫째, 낙태를 이유로 처벌되는 사례가 1년에 20건 안팎에 불과할 정도로 처벌이 미약하기 때문이다.

둘째, 이른바 '가족계획 시대'부터 자리 잡아 온 '낙태는 으레 할 수도 있는 것'이라는 사회적 통념도 문제다. 많은 국민들이 낙태가 법적 처벌을 받을 수 있는 '범죄'라는 사실조차 모르고 있다. 임신 관련 상담이 이뤄지는 각종 인터넷 게시판에는 '아이를 지우고 새 출발하겠다', '아이가 생겼지만 지금은 낳을 수 없다'는 식의 낙태를 암시하는 글들이 적지 않게 올라와 있다.

위와 같이 우리나라에서는 많은 낙태가 행해지고 있으며, 사람들은 낙태하는 걸 아무렇지도 않게 생각하고 있다. 아마도 낙태 행위가 낙태한 여성뿐만 아니라 낙태한 아이의 아버지에게, 그리고 후에 태어날 아이에게까지 끼칠 영향을 거의 생각하지 않는 것이 아닌가 싶다. 한 생명이 천하보다 귀하다는 예수의 가르침도 있지만, 한 사람의 생명이 잉태되고 어머니 뱃속에서 자라서 태어나기까지의 과정은 한 편의 우주 탄생 드라마라고 할 수 있다. 장엄하고 귀하고 위대한 대사건이다. 이 귀하고 위대한 생명을 '새 출발하겠다'는, '지금 경제 사정이 안 좋다'는, '불장난으로 생겼다'는 등등의 단순한 생각으로 없애버리는 것은 종교 유무에 상관없이 엄청난 죄를 짓는 행위이다. 특히 처음 아이를 낙태한 부모는 다음 아이를 낳을 수 있는 확률이 매우 낮아진다고 한다.

생각해보자. 아이를 지워버리고 하는 새 출발이 정말 새 출발일까? 오히려 새로운 고통의 출발은 아닐까? 끊임없는 죄의식에 시달려야 하고, 악몽에 가위 눌려서 잠도 제대로 자지 못하며, 몸이 여기저기 아픈 걸 참아야 하고, 자신이 살인행위를 했음에도 불구하고 이를 회피하거나 모른 채 덮어야 하는 괴로움! '어쩔 수 없어서' 했다는 생각으로 그냥 덮어버리고 싶지만, 과연 무의식까지 없앨 수 있을까? 인간의 마음은 다른 사람은 속일 수 있을지 몰라도 자기 자신은 결코 속일 수 없다. 눈에 보이는 생명은 쉽게 지워버릴 수 있을지 몰라도, 눈에 보이지 않는 마음은 쉽게 지워버릴 수 없다. 낙태는 낙태로 끝나는 것이 결코 아니다. 아래와 같이 마음과 몸에 큰 아픔을 주며, 이후의 이성관계가 삐그덕거리게 하며, 이후에 태어날 자녀의 마음에까지 심각한 영향을 끼친다.

사실 가족세우기에서 가장 많이 나오는 주제 중의 하나가 낙태이다. 지금 40~50대의 부모들은 시대의 영향으로 낙태를 많이 할 수밖에 없었겠지만, 어쨌든 낙태는 치유와 정화의 과정에서 결코 피해갈 수 없는 사건인 것은 분명하다. 헬링거 선생님도 "낙태의 결과는 남녀 모두에게 아주 깊은 흔적을 남긴다."고 했다. [11]

그는 또한 "낙태가 갖는 첫 번째의 결과는 대개 남녀 사이가 이걸로 끝이라는 거다. 이는 분명하다. 아이와 같이 배우자도 낙태되었다. 이는 마치 이별 의식과도 같다. '우리는 이제 헤어졌다. 우리에게는 한 쌍으로서는 미래가 없다.' 그러나 낙태에 대해 공통의 아픔을 느낀다면, 이 사람들은 같이 살 수 있다. 두 사람은 책임을 나누어 가짐으로써 새로운 시작이 가능해진다. 그러나 두 사람의 친밀함은 전과 같지 않다. 다른 한편으로는 대개 여자들은 낙태 이후 자기 스스로에게 벌을 준다. 홀로 되거나 지속적인 관계를 맺지 않는다."라고 말했다.

우리는 13년이 넘게 가족세우기를 배우고 가르치면서 낙태가 이외에도 많은 영향을 끼치는 걸 보았다. 지금부터 그것들을 소개하고자 한다.

03 낙태가 자녀에게 끼치는 영향

① 우울증

② 대인기피증

③ 자살충동

④ 틱장애 (아이들이 특별한 이유 없이 자신도 모르게 얼굴이나 목, 어깨, 몸통 등의 신체 일부분을 아주 빠르게 반복적으로 움직이거나 이상한 소리를 내는 것)

⑤ 불면증

⑥ 불안증

⑦ 이름 모를 병

낙태를 했다고 자녀에게 위와 같은 문제들이 생긴다고 단언하거나 오직 낙태 때문에 그렇다고 주장하는 건 아니다. 다만 만약에 자녀가 위와 같은 일로 힘들어 하고, 그리고 부모님으로서 낙태한 일이 있다면, 먼저 부부가 낙태에 대해 공통의 아픔을 느끼라고 권하고 싶다. 두 사람은 부모로서 책임을 나누어 가지는 게 필요하다. 그러면 부부 사이가 다시 깊어지며, 부모로서 자녀에 대한 태도가 달라져서 자녀를 향한 치유의 새로운 빛을 비출 수 있다.

◎ 첫째 아이 낙태와 치유 사례 (1)

버트 헬링거 선생님은 낙태가 미치는 영향에 대해서 다음과 같이 말하고 있다.

"이전에는 낙태는 부모 사이의 문제이고 자녀들과는 상관없다고 나는 파악했다. 그러나 내 경험뿐만 아니라 많은 사람들의 경험으로 낙태아도 전 가족시스템에 속할 뿐 아니라 살아있는 자녀들에게 많은 영향을 미친다는 것이 드러났다." [12]

우리는 그동안 수많은 사람을 만나서 상담하고 치유하고 있다. 그들의 적극적 해결 의지와 협력이 있었기에 성공한 수많은 사례를 경험할 수 있었다. 모든 상담과 치유가 그렇겠지만, 특히 가족세우기에서는 의뢰인의 적극 협조가 아주 중요하다. 자신이나 자신의 자녀가 겪고 있는 고통과 이별하고 싶다는 적극적인 마음이야말로 상담과 치유에서 핵심 사항이다. 낙태한 아이에 관한 상담은 더 말할 필요조차 없다. 아이를 낙태한 경우 의뢰인이 마음의 문을 열기가 쉽지 않다. 또 마음의 문을 연다고 해도, 낙태한 사실에 대한 수치심과 두려움, 낙태한 아이에 대한 미안함 등이 내면에 깊이 섞여 있다. 의뢰인이 이 모든 저항들과 고민들에도 불구하고 낙태에 대한 일을 말하거나 인정하는 용기를 낸다면, 그 가족세우기 진행 과정은 훨씬 쉬워질 수밖에 없다.

그동안의 낙태에 대한 상담을 통해서 첫째 아이를 낙태한 경우가 그 영향력이 아주 큼을 알 수 있었다. 성경에도 첫 열매에 대한 중요성을 강조하고 있는데(레위기 23:10-11, 출애굽기 23:19), 첫사랑(혹은 첫 남녀 관계 실행)의 열매인 첫 아이를 낙태함은 그 어떤 상처보다 큰 상처일 것이다. 부모가 가진 마음의 상처와 죄책감을 후에 태어난 아이도 느낀다. 자기도 왜 그런지 모른 채 조절의 욕구에 의한 속죄를 하려고 하는 것이다.

그래서 첫째 아이를 낙태한 후에 태어난 아이는 성장하면서 정서가 불안하고 주의가 산만하며, 자기를 스스로 지켜야 한다는 무의식 때문에, 다른 사람들에게 공격적인 행동을 할 가능성이 높다고 할 수 있다.

몇 년 전에 어떤 초등학교 저학년 어린이를 만난 적이 있었다. 그 아이는 유난히도 사람을 싫어했다. 사람을 만나면 몸을 꼬집고 물고 할퀴는 일이 많았다. 학교에서도 친구들과 어울리지 않고 혼자 노는 일이 다반사였고 담임선생님도 그 아이를 어떻게 할 수 없다고 했다. 아무도 그 아이를 통제할 수 없어서 그 학교에서 요주의인물이 되어 있었다. 그런 이야기를 들은 나는 그 아이의 어머니에게 "벌써부터 그렇게 많은 사람들에게 관심을 받고 유명한 사람이 되어있으니, 앞으로 커서 얼마나 큰 인물이 되겠느냐?"며 위로했지만, 그녀는 쓴웃음만 지을 뿐이었다.

그 아이는 또한 잠잘 때 심한 가위에 눌렸으며, 아버지를 어머니 곁에 아예 오지도 못하게 했다. 그 아이의 어머니는 가족을 비롯하여 주변 사람들을 무척이나 힘들게 하는 아들의 뒷치다꺼리 하랴, 사람들 눈치 보랴 쩔쩔매고 살았다.

나는 그 아이의 어머니와 상담을 하면서 첫째 아이를 낙태한 경험이 있다는 사실을 알 수 있었다. 그래서 낙태한 아이가 앞에 있다고 상상하라고 하며, 다음과 같은 몇 마디 문장을 따라서 하라고 했다. "내가 너를 죽였다. 그래서 나는 살인자다. 그 책임을 이렇게 내가 진다. 너는 갔지만, 내 아이다." 그리고 옆에 남편이 있다고 생각하고 "여보, 이 인을 우리 같이 책임져요." 이 문장을 그대로 따라서 한 후에 그녀는 안도의 숨을 내쉬었다.

그 후로 그 아이의 상태는 어떻게 되었을까? 그렇게도 주의가 산만했던 그 아이는 성격이 많이 차분해지고, 남의 몸을 꼬집거나 깨물거나 할퀴는 행동도 하지 않고, 학교 선생님의 말씀도 잘 듣는 아이로 변했다는 기쁜 소식을 어머니를 통해서 들었다.

◎ 첫째 아이 낙태와 치유 사례 (2)

어느 날, 30대 중반의 민들레(가명)라는 어떤 여성이 우리 부부를 찾아왔다. 그녀의 얼굴은 많이 수척해보였다. 그녀 옆에는 초등학교에 들어가기 직전의 나이로 보이는 어린 여자아이가 있었다.

그녀 말에 의하면 데리고 온 자신의 딸이 고개를 들지 않고, 유치원에도 가지 않으려고 하고, 모든 일에 지나치게 소극적이고, 마치 자폐아처럼 말이 거의 없고, 밤에 잠을 잘 때 가위에 눌리고, 잘 울고, 엄마만 곁에 없으면 몸을 파르르 떤다고 했다. 그런 아이를 키우느라 그녀는 몹시 긴장되고 지쳐 보였다.

아이의 상태가 심각하여 정신과에 가서 치료를 받으려고 하였으나, 그곳에 가면 마치 큰일이라도 생긴 것 같아서 못 가고, 고민하다가 나를 소개받아 찾아왔다고 했다.

나는 의뢰인이 상담실 문을 열고 들어올 때를 놓치지 않으려고 주의

한다. 왜냐하면, 사람은 낯선 곳에 처음 들어올 때는 그 사람 특유의 몸짓이나 행동을 하는데, 나는 의뢰인이 자기도 모르게 하는 몸짓이나 행동을 통해서 그 사람이 정말 말하고 싶은 바를 무의식적으로 전하고 있음을 보아왔다. 그리고 대화 중에 내담자의 시선이 가는 곳도 관찰한다. 먼 곳을 보느냐, 앞을 보느냐, 아래를 보느냐에 따라서 의뢰인의 지금 내면 상태를 알 수 있기 때문이다. 나는 여기서 얻은 통찰을 가족세우기 워크샵이나 개인 상담에서 활용하여 좋은 효과를 얻어왔다.

그녀는 두 손을 모아서 아랫배를 가린 채 상담실로 들어왔다. 그리고 시선은 주로 아래를 향했다. 이는 그녀가 이제 겪고 있는 아픔이 멀지 않은 때에 생겼음을 가리킨다. 나는 그녀의 몸짓과 시선, 그리고 대화를 통해서 얻은 통찰이 이끄는 대로, 하지만 조심스럽게 질문했다. "혹시 첫 아이를 낙태한 적이 있었나요?" 그녀는 부끄러운 듯 고개를 숙이며, "네."라고 대답했다. 그녀는 부모님이 결혼을 반대해서 할 수 없이 첫 아이를 낙태했었다고 대답했다. 나는 그녀에게 첫 번째 아이를 낙태한 경우에 나타나는 영향에 대해서 설명했다. 어머니가 느끼는 죄의식과 두려움을 그 후에 태어난 아이도 엄마와 동일시하여 느끼기에 아이에게서 어머니를 힘들게 하는 모습이 나타날 수 있으며, 이는 어린아이의 눈먼 사랑이라고 말해 주었다.

가족세우기 통찰에 의하면 인간의 내면에는 가족, 특히 부모를 향한 깊은 동경이 있다. 이 동경은 어린아이의 경우에는 더욱 민감하게 작용한다. 어머니가 첫 아이를 낙태한 사실을 그 후에 태어난 자녀가 보지 못해도 안다, 저 깊은 무의식에서! 그리하여 자녀는 원한다. 부모님이 책임을 나누어 가짐으로써 새로운 시작을 하시기를! 그리하여 부모님이 사이좋게 지내고, 건강하고 행복하게 살아가시기를!

아이에게서 보이는 이상행동은 바로 가족을 향한 사랑이라고 알면, 우리는 숙연해지고, 그동안 자녀를 고치려고 애썼던 태도에서 돌이켜 부모로서 자신의 행동에 책임지기 시작한다. 부모 자신이 지금의 현실을 만든 자신의 마음과 태도에 정화(회개)의 생수를 붓는 것, 이것이 바로 부모가 자녀와 자신들을 위해서 할 수 있는 눈뜬 사랑이다. 이런 사랑이 바로 부모 자신과 자녀가 동시에 치유되고 좋아지는 기적의 시작이다. 부모님, 특히 어머니의 영혼이 정화되어 평안해지면, 자녀의 영혼도 평안해진다. 아이의 이상행동이 정상행동으로 바뀌는 것도 당연하다. 이상행동을 하는 자녀는 부모에게 산 인생 공부를 하게 했으니 얼마나 큰 효자인가?

"모든 자녀는 부모 앞에서 착하다." - 버트 헬링거

그녀는 내 말을 이해하고 내가 불러주는 대로 몇 마디 문장을 따라서 했다. 그랬더니 그녀가 안도의 숨을 쉬고, 옆에 있던 딸도 덩달아 깊은 숨을 내쉬었다. 그리고 며칠이 지나서 그녀에게서 전화가 왔다. 딸아이의 성격이 명랑해지고 쾌활하게 행동하며, 말수도 많아졌으며, 몸의 떨림 현상도 사라져서 정말 고맙다고 말했다. 밤에 잠잘 때 있었던 가위 눌림 현상도 봄바람에 눈 녹듯이 사라졌음도 물론이다.

◎ 무서운 10대들?

내 어린 시절을 되돌아보면, 부모님께 꾸지람을 듣거나, 누군가가 나에게 가해를 하거나 내 물건에 말없이 손을 대면 불현듯이 화를 냈던 기억이 있다. 그리고 왜 내가 화가 났는가에 대해서도 어느 정도 알고 있었다. 그런데 요즘 10대들은 장난인지 폭력인지를 구분하지 못하고, 자기 물건이건 남의 물건이건 물건을 소중하게 여기지 않는다. 그리고 자기가 화가 났는데도 왜 화가 났는지조차도 모른다. 또 별일도 아닌데 화를 크게 내는 것도 당연하게 생각한다. 자기가 남한테 내는 화나 농담은 당연한 것이고, 남이 나한테 내는 화나 농담은 그럴 수가 없다며 마구 화를 내기도 하는 모습도 가끔 볼 수 있다.

또한 자기가 거짓말을 하면서도 그것이 거짓말인 줄도 모르고 아무렇지도 않게 살아가고 있는 모습도 자주 눈에 보인다. 또한 조금만 힘들어도 견디지 못하는 10대들도 상담을 하다보면 많이 만날 수 있다. 한마디로 요즘 어린이들과 청소년들은 유난히도 '생명이 소중하다'는 개념이 없이 살아가는 걸 볼 수 있다. 도대체 이유가 뭘까? 단순히 매스컴이나 인터넷 탓일까?

얼마 전에 어떤 모임이 있었다. 어른들과 어린이들이 함께 식사를 한 후에 어른들은 어른들끼리 이야기를 하면서 놀고 있었고, 어린이들은 어린이들끼리 재미있게 놀고 있었다. 그런데 어린이의 놀이가 장난이 되더니, 장난이 점점 더 심해지기 시작했다. 그곳이 실내인데도 라이터로 촛불을 켜서 신문에 불을 붙이며 노는 불장난을 하지 않나, 책을 집어 던지지 않나, 슬리퍼를 신고 다니다가 여기저기 벗어놓지를 않나, 내 참을성의 한계를 넘어서고 있었다.

나는 이렇게 내버려두어서는 안 되겠다 싶어서 그들에게 큰 소리로 말했다. "누가 이렇게 했느냐?" 그런데 이 녀석들은 아무도 안 했다며, 오히려 큰소리를 질렀다. 그래서 나는 청소용 빗자루를 거꾸로 잡고 탁자를 '탁' 하고 내리쳤다. 그런데 놀라운 일이 벌어졌다. 이 녀석들은 모두 4명이었는데, 모두가 똑같은 자세를 취하는 게 아닌가? 어디서 많이 본 자세였다. 바로 낙태한 경험이 있는 부모가 자기도 모르게 자주 취하는 자세 ― 한 손이 다른 손의 손등을 덮은 채 아랫배 근처를 가리는 모습 ― 를 이 녀석들도 그대로 하고 있었다. 이를 본 나는 깜짝 놀랐다. 그리고 이 녀석들을 더 나무랄 힘이 내 몸에서 쭉 빠져버리고 말았다. 영혼은 모든 정보를 갖고 있다고 하더니, 세상에 이렇게 똑같을 수가!

1920년대에 하버드 대학의 맥두걸 교수는 집단적 정보가 영점공간(미립자 차원의 우주를 양자물리학자들이 일컫는 말)에 저장돼 있다는 사실을 발견했다. 그는 쥐들이 미로를 어떻게 헤쳐 나가는지 유심히 관찰하다가 어머 쥐가 새로 태어난 쥐들에게 미로를 찾는 법을 가르쳐주지 않았어도 오로지 스스로의 시행착오만으로 미로를 찾아가는 것을 보았다. 그런데도 새끼 쥐들은 세대를 거치면서 선조들보다 점점 더 빨리 미로를 찾았다. 비로 선조들이 터득한 미로 찾기 정보와 지혜가 영점공간에 저장돼 있었기 때문이다.

미시간 대학의 심리학자 니스벳 박사가 사람을 대상으로 실험을 해보았다. 그는 학생들로 하여금 한 사람씩 비좁은 복도를 지나가도록 했다. 그리고 복도 중간에서 한 뚱뚱한 남자가 캐비닛 서랍을 열어 놓고 뭔가 하는 척하도록 했다. 그러다 보니 비좁은 복도는 더욱 비좁아져 통과하기가 몹시 불편해질 수밖에 없었다. 그것만으로도 짜증나는 일이었다. 그런데 그 뚱뚱한 남자는 한술 더 떴다. 학생들이 그처럼 비좁아진 지점을 간신히 통과할 때마다 학생들이 심한 모욕감을 느끼도록 자극했다. 즉 서랍을 느닷없이 쾅 닫고는 학생을 어깨로 툭 밀친 뒤 나지막한 목소리로 이렇게 외쳤다.

"병신새끼, 꼴값하고 있군!"

이런 말을 들은 학생들은 어떤 반응을 보였을까? 니스벳은 실험 전후로 학생들의 타액을 채취해 남성호르몬 '테스토스테론'과 스트레스호르몬 '코르티솔'의 수치를 측정해보았다. 또 평소보다 손아귀에 얼마나 더 힘이 들어가 있는지 파악하기 위해 악수도 해보았다. 즉, 심한 모욕을 받은 뒤 얼마나 공격성을 보이는지 살펴보는 실험이었다. 결과는 판이하게 갈렸다.

북부출신 학생들은 별 변화가 없었다. 하지만 남부출신 학생들은 테스토스테론과 코르티솔 수치가 훌쩍 뛰어올랐다. 손아귀에도 바짝 힘이 들어가 있었다. 더 건드리면 누구든 박살내고 말겠다는 태세였다. 남부 학생들은 왜 하나같이 이런 강한 공격성을 보일까? 그건 200년 전 그들의 선조들이 공격적이었기 때문이다. 그들의 선조들은 18세기에 남부에 정착한 카우보이들이었다. 논리적으로는 도저히 이해가 가지 않는다. 후손들은 지금 북부의 미시간 대학에 다니고 있다. 그들은 카우보이를 본 적도 없다. 부모들도 카우보이가 아니었다. 대개 중산층인데다가 대도시에서 자라난 세대였다. 그런데도 왜 200년 전 카우보이 선조들의 강한 공격성을 가지고 있을까?

니스벳은 이렇게 말한다.

"문화적 유산은 수 세대가 지나도 지속됩니다. 참 이상한 일이죠? 유전자가 달라진 것도 아니고, 옛 환경에 노출되는 것도 아닌데."

양자물리학자들은 영점공간에 저장된 선조들의 문화적 정보가 시공간을 뛰어넘어 후손들에게 대대로 전달되는 것으로 분석한다. 쥐들이 영점공간에 저장된 집단정보를 자자손손 물려받듯이 말이다. 내 영혼은 이 모든 걸 갖고 있다. [13]

우리는 이런 연구 결과만 보아도 알 수 있다. 오늘 청소년들의 행동과 옛날 부모님의 행동이 시공간을 뛰어넘어 전달되고 있음을 말이다. 식당에서 보였던 애들의 그런 무질서한 행동과 내가 나무라는 시늉을 하자 그들이 보였던 자세는 바로 우리 부모님이 행했던 낙태, 즉 생명 경시와 죄책감이 애들에게 그대로 전이되고 있음을 여실히 알리고 있다.

'거시기'한 10대들의 입, 거친 10대들의 행동! 오늘의 그들을 있게 한 우리 어른들! 과연 누구의 입과 행동을 먼저 정화해야 할까? 과연 우리 어른들이 그들에게 채찍을 들 자격이 있을까? 생명을 가볍게 여겨 낙태를 저지른 건 우리 어른들이다. 그런 우리가 우리 아이들에게 '욕하지 마라', '때리지 마라', '왕따 시키지 마라'라고 말하고 교육하는 걸로 — 교육이나 대화가 일방적인 훈계보다는 나으나, 교사나 부모가 낙태한 책임을 외면한 채 하는 것이라면, 이는 피장파장이다 — 해결이 될까?

어른들은 낙태라는 살인을 해놓고 '나 몰라라' 하면 되고, 우리 아이들은 '그러면 안 된다'고 하는 교육이나 대화가 얼마나 효과가 있을까? 윗물이 맑아야 아랫물이 맑은 법이다. 정말 무서운 건 소위 '무서운 10

대들'이 아니라 아이들에게 책임을 떠넘기는 어른들이다. 우리 어른들은 자기가 생각하여 결정한 경험들이 모두 옳다고 생각할 수 있다. 그러나 어떤 큰 힘에 이끌린 성의 실행으로 생긴 생명을 '불장난'이라고 여겨 한 낙태를 아무 일이 아닌 것 같이 생각한다면, 우리 아이들은 파괴적인 힘에서 결코 자유로울 수 없을 것이다. 자신의 말과 행동이 거칠어지는 이유도 모른 채 말이다. 아이들은 우리 어른들에게 항상 생명의 소중함을 깨우쳐주는 훌륭한 스승이다.

"어린이는 어른의 아버지
원하노니 내 생애의 하루하루가
천생의 경건한 마음으로 이어질진저……"

- 윌리엄 워즈워드

◎ 존경하는 스승이 없어요

모든 스승은 자신의 제자들이 잘 되는 것을 보고 있는 것만으로도 정말 행복할 것이다. 하지만 요즘 여러 가지 매스컴을 통해서 보고 듣듯이 제자가 스승(선생님)을 구타하고, 스승이 제자에게 매를 들거나 욕을 했다며 고소하는 일들이 늘어나고 있는 현실은 매우 안타깝다.

얼마 전에 청소년들에게 집단 상담을 하면서 "존경하거나 생각이 나는 스승이 있느냐?"라고 물어보았다. 그러나 그들의 대답은 정말 허무

했다. 그 청소년들은 아무 거리낌도 없이, 그리고 아주 당당하게 대답했다. "없어요." 오히려 질문한 내가 무안해졌다.

어쩌다 요즘 청소년들에게 스승이 스승 대접을 받지 못하고, 존경은 커녕 학생들이 오히려 대들고 고소하는 지경에까지 이르렀을까? 어디서부터 잘못된 것일까? 물론 우리나라의 모든 청소년이 다 그런 것은 아니다. 여전히 스승을 존경하는 청소년들이 꽤 많이 있을 것이라고 생각한다. 그렇지만 요즘 세태가 스승을 존경하는 마음이 아예 없거나 그런 마음이 옅어진 것만은 사실인 것 같다. 그렇다면 요즘 청소년들의 마음씨가 우리 어른들이 자랄 때보다 더 강퍅해져서일까? 아니면, 어른들의 눈이 잘못된 걸까?

스승들의 수난 시대! 이 말은 곧 지금 우리나라의 질서가 무너졌음을 뜻하는 것은 아닐까? 숭례문이 불타던 날에 나는 하루 종일 슬펐다. 우리나라의 오랜 전통인 예(=질서)가 무너졌다는 공공연한 표적으로 나에게 느껴졌기 때문이었다. 전과가 화려한, 곧 '무질서=불법=탈법'의 한 표본이라고 할 수 있는 사람이 우리나라 대통령에 당선된 것과 숭례문(崇禮門, 질서를 숭상함)이 불타는 것은 어떤 함수 관계가 있을까?

우리 딸이 나에게 자주 하는 말이 있다. "아빠, 길거리를 지나가시다가 청소년들이 모여 있으면, 피해 가셔야 해요. 참견하시면 안 돼요." "응, 알았어." 대답은 그렇게 하지만, 속은 쓰리다. 요즘 청소년들은 화를 마음에 품고 있어서 난폭하기 때문에 괜히 참견했다가 폭력이라도 당할까봐 걱정되어 딸이 부모를 조심시키는 세태이다. 부모가 자녀 걱정하는 게 아니라 자녀가 부모 걱정을 해야 하는 우리나라의 현실이다. 우리의 어린 시절엔 동네 어르신들이 예의범절을 가르치고, 잘못하

면 꾸짖기도 하는 게 당연했다

지금의 청소년들은 어느 날 갑자기 하늘에서 뚝 떨어진 사람들일까? 나하고는 상관이 없는 남의 집 아이들 이야기일까? 아니다. 바로 우리들이 낳은 아이들이고, 우리들이 키운 아이들이다. 우리나라의 역사는 어쩌면 전쟁 역사일지도 모른다. 6·25 전쟁이 끝난 지 50여 년이 지난 지금까지도 우리는 평화협정이 아닌 정전협정을 체결한 채 남과 북이 서로 대치하고 있다. 전쟁은 사람 목숨을 아주 가볍게 여긴다. 사람 목숨보다 어떤 이념이나 국가와 같은 추상적인 말들이 더 상위개념이 된다. 사람 목숨이 파리 목숨보다 가볍게 여겨지는 것이다.

그래서 우리나라에서는 1970년대를 전후해서 '둘만 낳아서 잘 기르자'라는 국가 캠페인 아래에서 그토록 많은 낙태가 자행되었던 것이다. 이것은 국가 주도로 일어났던 '태아 집단살인 사건'이었다. 그리고 급격한 경제 성장으로 인한 도시 팽창과 맞벌이 부부의 증가, 지나친 경쟁 위주의 교육, 이런 이유들 때문에 성장기 청소년들은 화를 마음에 품은 채 태어나서 자라고, 또 부모들도 그들에게 사랑의 질서를 제대로 알려주지 못하고 있다.

모든 사람들은 부모로부터 생명을 받는다. 그 생명 받음의 소중함과 고마움을 알면서 자라가야 한다. 서구 문명에 때묻지 않은 아프리카 원주민 청소년들에게는 사춘기가 없다고 한다. 생명의 질서에 맞게 자라기 때문이다. 그러나 수많은 전쟁의 상처와 낙태는 생명의 소중함을 산산조각 내고 만다. 그리고 전쟁과 낙태의 위협에서 살아남아 태어난 우리 아이들(지금의 청소년들)은 자기도 모르게 자기 목숨을 자기가 지켜야 한다는 강박관념이 무의식 속에 만들어진다. 그래서 자기도 모르게 난폭한 행동을 하고, 소위 '까칠한' 성격의 사람이 되어 간다. 오죽하면 중학교 2학년 학생들 때문에 북한이 남침을 못한다는 우스갯소리까지 나올까?

우리들의 청소년기가 우리에게 옳듯이, 지금의 청소년들도 그들에게 옳다. 우리 어른들은 이제 청소년들의 잘못, 또는 그들의 부모님의 가정교육 잘못이라는 손가락질 대신에 먼저 우리들의 지난 날(낙태와 생명 경시 풍조, 그리고 사랑의 질서와 예(禮)와 같은 인류의 아름다운 가치 대신에 잘 먹고 잘 사는 게 최고라는 가치를 따른 것 등)에 동의해야 한다. 우리 스스로가 피해자이면서 가해자임을 인정해야 한다. 그리고 청소년들의 부모의 운명에도 동의해야 한다.

이 세상에서 가장 쉬운 일이 '나는 아니야' 하면서 남에게 손가락질 하는 일이다. 그러나 손가락질은 나도, 남도 바꿀 수 없음은 누구나 알고 있는 진리이다. 학교에서는 선생님들이 자신의 부모님과 자신의 운명에 기꺼이 동의하기, 그리고 학생들의 부모님의 운명과 학생들의 운명(생명 경시와 물질 만능, 경쟁 제일의 풍조에 방치된 것 등)에 기꺼이 동의하기! 이것이 존경하는 스승이 없다는 이때에 우리가 가장 먼저 취해야 할 태도라고 여겨진다.

04 낙태가 부모에게 끼치는 영향

① 이별이나 이혼

② 끊임없는 부부 싸움

③ 자살 충동

④ 우울증

⑤ 억누르기 힘든 화

⑥ 불안증

⑦ 불면증

⑧ 두려움에 시달림

◎ 첫째 아이 낙태와 자기 처벌과 치유 사례

벌써 몇 년 전의 일이다. 나와 몇 차례 만난 적이 있는 사람의 여동생인 수선화 씨(가명)가 하혈이 아주 심해서 어떤 병원에 입원하여 치료를 받고 있다고 했다. 문제는 그녀의 여동생의 결혼식 날짜가 얼마 남지 않았는데, 치료를 받아도 하혈이 멈추지를 않는 것이었다. 담당 의사는 결혼식 날짜를 미루라고 하여, 이러지도 저러지도 못하는 처지라고 하면서, 그녀는 나에게 그 병원을 방문해서 동생을 위하여 기도를 해달라고 정중하게 부탁했다. 나는 얼굴을 한 번도 보지 못한 사람이지만, 사정이 딱하여 그렇게 하겠다고 했고, 우리는 만날 일시와 장소를 정한 후에 헤어졌다. 약속한 장소에서 다시 만난 우리(그날은 토요일 오후였다)는 함께 그 병원을 방문했다. 그녀의 여동생은 여러 명을 수용하는 병실에 입원해 있었는데, 다행히도 간이 커튼이 있어서 상담이나 기도를 위한 임시 공간을 확보할 수 있었다. 나는 먼저 커튼을 치고 나서 속으로 기도를 한 후에 이런저런 말로 위로를 하면서 상담을 시작했다.

언니의 말에 의하면, 자신의 여동생은 지금 결혼하려는 남자와의 사이에 아이를 가졌었는데, 친정집에서 결혼을 반대해서 할 수 없이 낙태를 했다고 했다. 즉, 첫째 아이를 낙태한 것이다. 그 말을 들은 여동생은 창피해서 얼굴이 빨갛게 되었다. 나는 느낌으로 어느 정도 눈치를 채고 있었지만, 언니의 입으로 직접 들으니 내 통찰에 대한 확신이 들었다. 지금 이 환자가 하혈하는 것은 자신의 죄를 속죄하려는 무의식적 행동이 틀림없다! 즉, 첫째 아이를 낙태한 행위에 대한 죄책감으로 스스로 자기 몸에 고통을 주고 있는 것이다.

나는 그녀에게 말했다.

"당신은 지금 낙태 행위에 대한 죄책감으로 자기 스스로를 처벌을 하고 있네요. 그래서 멈추지 않는 하혈을 하는 겁니다. 자신의 분신을, 그것도 사랑하는 사람 사이에 생긴 첫째 아이를 낙태해버렸으니, 죄의식으로 인한 마음의 고통이 얼마나 크겠습니까? 그러나 괴로워한다고, 몸이 아프다고, 자기가 자기를 처벌한다고 죄책감이 사라지지는 않습니다. 낙태한 행위를 인정하고, 자기 행위에 대한 책임을 져야 합니다. 자신이 무슨 일을 했는가를 인정하고 받아들여야 합니다. 그것이 성서에서 말하는 회개이기도 하구요."

내 말을 들은 그분은 고개를 끄덕였다. 시인한 것이다. 나는 의뢰인 앞에 낙태한 그 아이가 있다고 상상하라고 말하며, 다음과 같은 문장을 불러주며 따라서 하라고 했다.

"애야, 내가 너를 죽였다. 나는 살인자다. 그래서 이렇게 책임을 진다. 너는 비록 갔지만, 내 아이이다."

내 말을 그대로 따라서 한 의뢰인의 눈에서 빗줄기 같은 굵은 눈물이 쏟아졌다. 나는 "그 아픔을 가슴으로 느끼세요. 가슴으로 느끼셔야 합니다."라고 말하며, 그녀의 아픔이 정화되기를 기도하며 기다렸다. 시간이 어느 정도 흐르자 핏기가 없던 의뢰인의 얼굴에 핏기가 돌기 시작한 것이 보였다. 이윽고 나는 그녀의 아랫배에 동행한 사람들의 손을 얹게 하고, 간절하게 기도를 했다.

"하나님, 이분이 자신의 행위를 있는 그대로 인정하고 회개를 하였습니다. 이제 건강을 허락하여 주시옵소서. 다음 주 일요일에 결혼식을 해야 합니다. 지금 치료하여 주시옵소서. 몸이 회복되어 여러 사람들의 축하 속에서 결혼식을 하고, 건강한 아들딸 낳아 행복하게 살게 해주시옵소서."

그리고 자신있게 말했다. "모레, 월요일에 퇴원하셔도 될 것 같은데요."

그리고 이런저런 이야기를 나누고 병실을 나서는데, 그 의뢰인이 침대에서 일어나서 우리를 배웅하러 병실 문밖으로 따라나오는 것이었다! 언니 말에 의하면, 그전에는 일어서기만 해도 하혈을 했기에 일어서는 걸 아주 힘들어했다고 한다. 그랬던 여동생이 아무렇지도 않은 듯이 일어서서 문밖으로 배웅을 나오는 걸 보고, 몹시 놀라워했다.

그리고 월요일에 그녀는 퇴원했고, 이미 나눠준 청첩장에 적힌 일시에 행복한 결혼식을 올렸으며, 건강하고 행복하게 살아가고 있다.

"우리는 잘못을 저지르면 죄책감을 느끼고 그에 상응하는 처벌이 있을 것이라 예상한다. 이런 상태가 바로 잡히지 않고 오래 지속되면, 스스로 처벌하려는 경향이 생겨 실패도 마다하지 않게 된다. 그것이 인간의 심리이다. 이러한 상황을 바로 잡으려면 우선 잘못된 일을 말끔히 청산해야 한다. 그러면 죄책감이 사라지고 실패를 통하여 자신을 처벌할 필요가 없어진다."

— 노먼 빈센트 필

"까다로운 초자아를 가진 사람들은 환상의 죄책감을 만들어 낸다. 그로 인해 힘든 고통, 정신·신체 질병, 이유를 알 수 없는 실패 등 '옳은 처벌'이라고 생각하는 것을 스스로에게 가한다."

— 가브리엘 뤼뱅

"인공유산(낙태)는 대개 영혼에 아주 깊이 막중한 죄로 경험된다. (임신과 출산 후의) 부담으로부터 풀어지려고 아이에게 마지막을 요구했다. 그리고 이제 자유롭다고 생각한다. 그러나 영혼은 그렇지 않다. 영혼은 죄책감을 느낀다. 그러한 남녀에게는 그 죄책감을 벗으려는 과정이 시작된다. 속죄를 통해 죄책감을 벗으려고 한다. 불행해하거나 더 이상 남녀 관계를 하지 않으면서 속죄하려고 한다."

— 버트 헬링거

◎ 자녀를 낳은 후에 낙태를 한 경우

우리 주변에서 어쩔 수 없는 사정 때문에 낙태를 했다는 이야기를 가끔 듣는다. 그렇지만 그 결과는 어떨까? 어쩔 수 없거나 현실적인 필요 때문에 낙태를 행하였지만, 자기도 모르게 죄책감을 느낀다.

'나는 인간도 아니야.'

'나는 내가 생각해도 잔인한 사람이야.'

'나는 내 자식들도 지키지 못했어.' (어머니의 경우가 더 심하다)

'나는 벌 받아도 싸.'

'나는 불행하게 살아야 해.'

이런 어두운 마음들이 무의식의 곳간에 켜켜이 쌓인다. 이런 부모님의 마음을 자녀들은 귀신같이 알아챈다. 자기가 안다는 생각도 모른 채 알아챈다. 그리고 이를 동일시하여 여러 가지 이상행동을 하거나 하려고 한다.

어떤 가정에 큰아들이 있는데, 성격이 아주 사나운(?) 여성을 만났다. 이 여성은 모든 일을 자기 맘대로 한다고 한다. 다니던 직장도 자기 마음에 안 든다고 못 다니게 하고, 만날 때마다 핸드폰을 열고 조사를 하며 '누구를 만났느냐?' '이 사람은 만나지 마라'고 하는 등 사생활뿐만 아니라 시시콜콜한 일까지 간섭을 하는 통에 죽을 맛이었다.

일반적으로 아들은 어머니를 닮은 여자를 좋아하고, 딸은 아버지를 닮은 남자를 좋아한다. 그런데 이 아들의 경우에는 성격이 온순한 어머니를 닮은 여성이 아니라 한 성질 하는 여성을 만난 것이다. 전에 사귀다 헤어졌던 여성도 남자 같은 행동을 많이 했다고 한다. 하여튼 두 사람이 서로 사랑해서 사귀고 있지만, 사귀는 걸 아주 힘들어해서 가족세우기 기법을 활용하여 상담을 했다. 나행히 그 자리에 부모님도 함께 있었다.

먼저 의뢰인과 의뢰인의 애인을 각각 대역으로 세웠다. 뜻밖에도 의뢰인이 모르고 있는 진실이 드러났다. 오히려 의뢰인이 애인을 증오하고 있었다. 현실에서는 애인이 사납고 거칠게 행동했지만, 가족세우기에서는 오히려 의뢰인이 애인을 무시하고 화를 내고 있었다. 이건 의뢰인이 애인을 애인 그대로, 즉 그 여성을 그 여성 그대로 보지 못하고 자기 내면의 상에 따라 보고 있다는 뜻이다.

그래서 나는 부모님에게 "혹시 낙태한 적이 있으신가요?" 하고 조심스럽게 물어보았다. 어머니는 "큰아들을 낳은 후에 약을 먹었는데, 병원에 가서 검사를 해보니 애기가 생겼다고 하더군요. 기형아가 태어날 가능성이 많다고 해서 어쩔 수 없이 낙태를 했습니다."라고 대답했다.

나는 낙태를 했을 경우에 하는 가족세우기 문장을 따라서 말하게 했다. 그러자 의뢰인 대역의 얼굴이 평온해졌다.

이어서 나는 의뢰인 대역에게 "여자친구를 보는 느낌이 어떠세요?" 하고 물어보았다. 의뢰인 대역은 "지금까지는 여자친구가 괜히 무섭고 제가 작아지는 느낌이 들었는데, 이제는 마음이 편안해지네요. 그냥 여성으로 보이네요."라고 대답했다. 그때 내 옆에 있던 의뢰인이 물었다.

"궁금한 게 있어요. 제가 왜 그렇게 여자친구 때문에 힘들었을까요?"

"그것은 여성을 근본적으로 믿지 못하는 마음의 반영이겠죠. 의뢰인은 어머님이 낙태하신 사실을 의식 차원에서는 전혀 모르고 있었지만, 영혼(가족 무의식)에서는 알고 있었습니다. 생명을 세상에 태어나게도 하고 죽이기도 하는 힘이 있는 어머니는 자녀들에겐 하나님이나 마찬가지입니다. 그런 어머니가 생명을 가볍게 여겼습니다. 때문에 자녀는 자기도 모르게 생명을 가볍게 여기신 어머니, 곧 여성에 대한 복수심이 생깁니다. 또 여성은 무섭다는 마음도 들고요. 동시에 죽은 아이(동생)의 자리가 채워지지 않기에 허전함을 채우기 위해 난폭해지거나 비굴하게 행동합니다. 그래서 그런 여자 친구를 만났고, 의뢰인은 그에 맞게 행동한 것이고요."

이런 사례를 통해서 우리는 낙태가 부모 자신은 물론이고, 자녀에게도 아주 심각한 영향을 끼치고 있음을 확인할 수 있다. 또한 의뢰인의 어머니가 아들을 위해서 적극적으로 상담을 도왔기에 해결의 빛이 비친 사례이기도 하다. 나는 자녀에게 어떤 어려움이 생겼을 경우에 부모, 특히 어머니가 먼저 자신의 아픔을 정화하려는 노력을 해야 한다고 생각한다. 부모 자신이 자신들의 삶을 반성하고 돌이켜볼 때, 그 문제는 이미 50% 이상 해결된 것이나 마찬가지이다. '혹시 우리가 낙태해서 그런 게 아닐까?' '혹시 내가 우리 부모님의 어떤 면에 저항해서 그런 것이 아닐까?' '내가 어릴 때 부모님께 어떻게 처신했지?' 하고 스스로 질문을 하며 진단해 간다면, 해결의 실마리가 풀리리라고 생각한다.

한편, 낙태는 낙태한 여자의 신체뿐만 아니라 마음상태, 부부 사이에 많은 영향을 끼친다.

첫째로, 낙태는 자살 충동, 억누르기 힘든 화, 불안증(매사에 잔걱정이 많음, 늘 불안하고 초조하며 작은 일에도 잘 놀라고 긴장함), 우울증, 불면증 등의 주요 원인이다(우울증과 불면증 치유 사례 참조). 남자도 여자만큼 심하지는 않겠지만, 낙태가 있었다면, 우울증이나 불면증에 영향을 끼친다.

둘째로, 낙태한 후에 헤어지는 경우가 아주 많다. 먼저 혼인 전에 임신을 해서 낙태를 한다면, 이는 '이제 우리 헤어지자'는 말과 같다. 둘 사이에 아이가 생겼다 함은 둘이 이미 부부가 된 것이다. 꼭 혼인식을 올리지 않더라도 아이가 생겼다면, 이미 부부이다. 이것은 자연의 이치요, 법이다. 군이 동물 이야기까지 하지 않더라도 쉽게 수긍이 갈 것이다.

이야기가 잠깐 빗나가지만, 혼전에 임신하여 낙태를 한 후에 헤어졌다면, 둘은 서로에게 첫 번째 남편이나 아내가 된다. 나중에 만난 배우자에게는 두 사람 다 둘째가 된다. 이 사실은 숨겨도 결코 숨겨지지 않는다. 왜냐하면, 새 배우자와의 사이에 뭔지 모르는 이상한 분위기가 생기기 때문이다. 낙태 당사자는 자기도 모르게 죄책감에 시달리므로 배우자에게 온전한 관심과 사랑을 쏟을 수 없다. 그러니 사랑으로 만나서 혼인을 했어도 같이 살아가기에 뭔지 모르는 불편한 분위기가 형성된다. 또한, 나중에 태어난 아이도 원인을 알 수 없는 이상행동을 한다. 아이는 자신의 아버지 혹은 어머니가 생명을 우습게 여겨 자신의 형제자매를 없애버렸다고 생각하기에 그 누구도 잘 믿지 못한다. 그리고 끊임없이 첫째 남자나 여자를 대신하려(눈먼 사랑하려) 하기에, 자기도 모르게 이상행동을 한다. 그러므로 낙태 사실을 없는 척 하고 부부 사이를 좋게 하거나 아이의 이상행동을 고치려 한다면, 단언컨대, 밑 빠진 독에 물 붓기 식이 될 것이다.

다음은 '인연과 그 결과'라는 버트 헬링거 선생님의 글이다.

부부나 연인이 헤어지면, 어찌하여 마음이 그렇게 아픈가? 어찌하여 헤어질 때 그렇게 심하게 싸우는가? 그리고 왜 실패감과 죄책감이 따라오는가? 인연이 있기에 그러한 것이다.

한 여자와 한 남자가 사랑의 실행으로 서로 맺어진 후 헤어져서 다른 새로운 상대를 만나면, 첫째 인연이 계속 효과를 발휘하고 있기에 두 번째 상대와의 인연이 첫째 인연과 같지 않다는 것을 그들은 금방 확인할 수 있다. 그래서 두 번째 상대와의 이별의 경우에 아픔과 죄책감이 첫 번째 이별의 경우보다 적다. 세 번째 상대의 경우는 더 적어지고, 네 번째부터는 거의 아픔이 없다.

어떤 사람이 나에게 오래 지속되는 확실한 관계를 찾고 있다고 말했다. 그래서 나는 질문했다. "몇 번의 진실한 관계를 가졌습니까?" 그가 일곱 번이라고 말했다.

"당신은 더 이상 오래 지속되는 관계를 맺을 수 없을 것입니다." 라는 말을 듣고 그는 되물었다.

"방법이 없습니까?"

"있습니다. 당신이 일곱 여자 분을 모두 존경하여 그녀들이 당신께 선물한 것을 사랑으로 받아들여 귀하게 여기고, 그 선물들을 당신 마음에 모아 새로운 관계에 흐르게 한다면, 가능성이 있습니다."

예전의 인연이 있다고 해서 나중의 관계가 불가능하다는 것은 아니다. 옛 상대가 존경되고 존중되면, 나중의 관계는 가능하다. 그런 상황에 있는 사람을 상담할 때에, 예를 들면, 나는 한 남자가 그의 첫째 여자에게 다음과 같이 말하게 한다.

"우리의 사랑은 변하지 않습니다."

이리하여 첫째 여자는 존경되고, 대개 화해가 이루어진다. 이런 과정이 없으면 기이한 얽힘이 일어나서, 나중의 관계에서 생긴 아이는 아무에게도 의식되지 않지만, 첫째 여자를 대신하게 된다.

이처럼 남녀는 사랑의 실행, 특히 임신으로 뗄 수 없이 서로 연결되는데, 낙태는 '이 인연을 없었던 일로 하자'는 쌍방 동의이므로 서로 헤어질 수밖에 없다. 설사 체면이나 다른 사정 때문에 같이 살더라도 두 사람 사이는 낙태 전과 같을 수 없다.

셋째로, 혼인한 후에 낙태를 했으나 같이 사는 경우를 보아도 낙태 전의 부부 사이와 같지 않다. 자기 자신에 대한 생각이나 배우자를 바라보는 마음이 예전과 같지 않다. 죄책감에 시달리고, 이유 없이 화가 나고. 가정에 무슨 안 좋은 일만 생기면 이를 상대방 탓으로 돌리기 때문에 훨씬 부정적이게 되고 공격적으로 바뀐다.

◎ 우울증과 불면증 치유 사례 (1)

앞에서도 이야기했듯이 낙태는 우울증의 중요 원인이다. 우울증은 슬픔, 공허감, 짜증스러운 마음과 수반되는 신체적, 인지적 증상으로 인해 개인의 기능을 현저하게 떨어뜨리는 부적응 증상을 뜻한다. 이는 심리적 독감이라고 부를 정도로 매우 흔한 장애이다. 또한 우울증은 개인의 능력과 의욕을 떨어뜨려 현실적 적응을 어렵게 만드는 주요한 요인으로 알려져 있다. 전 세계적으로 직업적 부적응을 초래하는 가장 중요한 요인이라는 조사 자료도 있다. 뿐만 아니라 자살에 이르게 한다는 점에서 치명적인 심리적인 장애이기도 하다.

미국에서 연구되어 출판되는 이상심리학 책을 보면, 주요 우울장애의 원인으로는 주로 부정적인 생활 속 사건, 즉 커다란 좌절감을 안겨주는 충격적인 생활 속 변화를 일으킨 사건이 우울장애를 촉발한다고 한다. 한편 이런 환경적 요인과 더불어 개인의 심리적 요인도 고려해야 한다고 주장하고 있다.[14] 하지만 우울증의 원인을 낙태라고 기술한 내용은 없다.

여기서 '커다란 좌절감을 안겨주는 충격적인 생활 속 변화를 일으킨 사건'으로서의 '낙태'가 우울증에 커다란 영향을 끼치고 있다는 것이 가족세우기의 통찰이다.

꽤 오랫동안 우울증 상태로 고통을 겪은 여성이 있다. 불면증에 신경은 아주 날카로워졌으며, 거의 대부분을 날마다 지속되는 우울한 마음 속에서 살고 있었다. 일상 활동에 대한 흥미나 즐거움이 거의 없었다. 이 여성의 가족세우기를 하면서 낙태를 많이 한 것을 알 수 있었다. 낙태로 인한 심리적 후유증인 심각한 죄책감으로 잠이 잘 안 오고, 우울증상이 심해진 것으로 보였다.

그래서 나는 낙태로 인한 죄책감에서 벗어날 수 있도록 했다. 가족세우기에서는 낙태아의 대역을 바닥에 눕혀 놓고 그를 바라보며 다음과 같은 생명의 언어를 말하게 한다. "내가 살기 위해서 너희들을 죽였다. 그래서 이렇게 책임을 진다. 너희들은 비록 갔지만, 내 마음 속에 내 자식으로 영원히 남아 있다."

그리고 옆에 있는 남편 대역을 보고 "여보, 이 일을 우리 같이 책임져요. 저 혼자시는 못해요."라고 말하게 한다. 이렇게 하면 내담자의 굳은 얼굴이 펴지며, 죄책감이 사라지고, 안도의 숨을 쉬기 시작한다.

이런 치유 과정을 거쳐서 낙태 후유증으로 인한 죄책감이 정화되자 우울증이 많이 사라졌다. 잠도 잘 자기 시작했다.

이제 이 가정에는 웃음이 있고, 부부 화목이 있으며, 부모님을 공경하는 자녀가 있다. 생명의 질서에 맞게 서로 존중하며, 서로 아끼며 사랑하는 우리네 보통 가정의 모습을 회복했다. 아니, 보통 가정보다 훨씬 더 행복하게 살아간다.

얼마 전에 그녀로부터 받은 전화 메시지는 이렇다. "우리 이렇게 행복해도 되나요?" 나는 대답했다. "예, 얼마든지요. 당신들은 사랑받기 위해서, 그리고 행복을 경함하기 위해서 이 지구별에 귀빈으로 오셨답니다."

나는 주부 우울증은 낙태로 인한 죄책감이 아주 많은 부분을 차지함을 수많은 상담 사례를 통해 알 수 있었다. 만약에 이런저런 상담기법으로도 우울증 증상이 사라지지 않는다면, 아마도 그 원인은 낙태로 인한 죄책감일 가능성이 크다.

◎ 우울증과 불면증 치유 사례 (2)

대개 나이가 40살 이전에 낙태를 2명 이상 했을 때, 45살 무렵부터 우울증이 깊어지다가 갱년기가 오면 더욱 심해진다.

어느 날 50대 초반으로 보이는 주부 한 명이 상담실을 찾아왔다. 그녀는 어느 날부터 불면증에 시달리고 감정의 기복이 심해졌다. 그래서 정신과에 갔더니 우울증이 왔다고 진단하며 약을 주어서 먹었다. 그래도 별로 변화가 없어서 고민하던 중에 아는 분으로부터 내 상담소를 소개받아 찾아왔다고 했다.

나는 조심스럽게 "혹시 낙태 경험이 있으세요?"라고 물었더니, 그녀는 "자녀 둘을 낳은 후 낙태를 서너 명 했다."라고 대답했다. 그래서 나는 혹시 자궁에 이상이 없는지를 물었더니, 그렇잖아도 얼마 전에 자궁이 좋지 않아 자궁적출수술을 받았다고 했다. 나는 낙태 수술로 많은 여성들이 큰 죄의식을 앓고 있고, 이로 인해 우울증, 불면증, 각종 질병으로 시달리는 걸 많이 보았다고 말하며, 상담을 더 진행한 후에 가족세우기 생명의 말을 따라서 하게 했다. 그녀는 그날 밤부터 잠을 잘 자고 있고, 울적한 기분도 사라져서 고맙다는 전화를 며칠 후에 내게 했다. 또한 딸과의 사이도 안 좋았는데, 딸을 보는 마음이 많이 편안해졌다며 좋아했다.

주부들이 갱년기 때 그렇지 않아도 힘이 드는데, 거기에 낙태로 인한 죄책감까지 겹쳐진다면, 몸과 마음이 더 힘들어지는 건 어쩌면 당연한 결과가 아닌가 싶다. 엎친 데 덮친 격이라고 하지 않는가? 갱년기 장애에다 주부 우울증과 불면증, 억누르기 힘든 화로 고생하는데, 거기에 낙태 경험까지 있다면, 그 원인에 대해서 진지하게 고민할 필요가 있을 것이다.

◎ 신경성 두통과 요통 치유 사례

최근에 내가 안내하는 가족세우기 워크숍에서 있었던 일이다. 나는 의뢰인이 내 옆에 앉기 전에 자신의 대역을 하실 분을 미리 세우고 오라고 한다. 어떤 여자가 자신의 대역을 세우고 내 옆에 앉았다. 나는 의뢰인의 대역의 행동을 유심히 보고 있었다. 그런데 대역이 갑자기 아랫배가 아프고 머리도 아프고 허리도 아프다는 행동을 취하고 있었다. 이는 의뢰인이 실제로 그렇다는 뜻이고, 몸이 아프니까 낫고 싶다는 표현으로 받아들인다. 또한 낙태를 했다는 표현이기도 하다.

그래서 내가 그분에게 작은 목소리로 물었다. "혹시 낙태 경험이 있으세요?" "예. 자녀를 둘 낳은 후에 다섯 명을 낙태했어요."라고 하셨다. 그러면서 요즘 큰딸하고도 다투는 일이 잦다고 하셨다. 또 딸이 우울증 증세를 보여서 신경을 많이 썼는지 머리도 아프고 허리도 아프다고 했다. 나는 "알겠습니다." 대답한 후에 낙태 죄책감을 정화하는 가족세우기 생명의 말을 따라서 하게 했다. 그녀는 절실하고 열린 마음으로 따라서 했다. 그러자 마음이 편안해지고 머리도 맑아지고 가슴이 뻥 뚫리는 느낌이라고 말했다. 얼굴도 평안해지고 더 예뻐 보이는 건 덤이었다.

그녀는 한 달 후에 다른 일로 가족세우기에 왔는데, 머리와 허리 아픈 것도 개운해지고, 딸과의 사이도 좋아졌고, 딸의 우울증도 많이 좋아져서 마음이 평안해져서 좋다고 말하셨다.

혹시 이런저런 몸과 마음의 고통으로 힘들어 한다면, 그리고 낙태 경험이 있다면, 버트 헬링거의 말대로 낙태를 아무 일 아닌 것 같이 생각하는 것으로부터 이별해야 한다. 길은 멀리 있지 않다. 조금만 용기를 내면 된다. 사실 지금 40~50대에서는 낙태가 자주 행해졌던 것도 사실이다. 어제도 오늘도 태양은 떠오르고 있건만, 아직도 어둠 탓과 추위 탓만 하는 분이 있다면, 부디 이 글이 조그만 도움의 햇살이 되기를 바란다.

◎ 어머니의 불면증과 딸의 질병 치유 사례

최근의 가족세우기에서 있었던 일이다. 의뢰인의 대역이 머리가 어지럽다고 하면서 한 곳에서 빙빙 돌기 시작했다. 한참을 그렇게 하더니 아랫배를 움켜잡고 힘들어하는 모습이 보였다. 그래서 나는 조용히 의뢰인에게 물었다. "혹시 낙태 경험이 있으신가요?" 의뢰인은 "예. 첫째 아이와 둘째 아이 사이에서 두 명을 낙태하고, 둘째 밑으로 네 명을 더 했다."라고 했다. 그래서 나는 "평상시에도 머리가 아프셨습니까?"라고 물었다. 이에 의뢰인이 "큰딸이 자궁에 혹이 있어서 병원에서 수술을 하라고 해서 머리가 아파요."라고 했다.

그래서 나는 낙태아 여섯 명을 바닥에 눕히고 가족세우기 생명의 말을 따라서 하게 했다. 이어 대역에게 "느낌이 어떠세요?"라고 물었더니 머리가 맑아지고 평안하다고 했다. 내 옆의 의뢰인 얼굴을 살폈더니 굳었던 얼굴이 활짝 펴졌다. 또 자신의 머리도 개운하고 마음도 평안하다고 했다.

이 의뢰인이 3개월 후에 다른 일로 가족세우기에 왔는데, 그때 가족세우기를 하고 난 뒤에 딸은 수술도 하지 않고 완쾌되었다고 좋아했다. 또한 자신도 그건에는 불면증으로 시달리고 있었는데, 지금은 잠도 잘 자고 마음도 평안하다고 말했다.

위와 같은 치유 사례들은 내가 직접 조사하거나 물어보아서 알았던 것은 하나도 없다. 나는 가족세우기가 끝나면 참여했던 사람들을 모두 그들의 운명에 두고 잊어버린다. 개인 상담이나 가족세우기 워크샵에 참석한 사람들이 나중에 스스로 치유 사례를 말해주기에 알 수 있을 뿐이다.

◎ 부모 강요로 낙태하면 어떻게 되나요?

최근에는 초등학생이 성관계를 하는 과속 스캔들이 실제 현실로 일어나는 일이 가끔 있다고 한다. 아찔한 생각이 드는 현실이다. 첫 성관계 경험 연령이 갈수록 낮아지는 건 알고 있었지만, '설마 초등학생들까지?' 했는데, 첫경험 나이 평균이 14.3세라고 하니 도무지 믿기지가 않는다. 만약에 초등학생이 임신을 한다면? 어이쿠! 대학생 때 임신을 해도 낙태를 할 확률이 아주 높은데, 초등학생 때라면 이는 불을 보듯 뻔한 일이다. 낙태, 그중에서도 첫째 아이를 낙태해서 생기는 후유증이 얼마나 큰지를 많은 상담을 통하여 알고 있는 사람으로서 놀랄 수밖에 없는 현실이다. 더욱이 부모 강요로 낙태를 했을 경우에는 그 후유증이 생각보다 더 심각하다.

우리 사회에서는 성인의 기준을 대략 19세로 본다. 성인 영화도 19세를 기준으로 관람가, 관람불가를 나누지 않는가? 그런데, 만약에 어떤 남녀가 15세에 성관계를 하여 임신을 했다면, 이들은 성인일까? 청소년일까? 사회적 나이로는 미성년인데, 이미 임신을 했으니 이를 어떻게 보아야 할까? 특히 부모의 처지에서는 이를 어떻게 보아야 할까? "너희들은 미성년이니까 당연히 낙태를 해야 해! 어린 녀석들이 뭘 알아? 철부지 없는 녀석들이 불장난하여 아이를 낳는다면 너희들 앞날은 어떻게 되고, 그 애를 누가 양육할 거야?" 이런 말들이 거의 대다수의 부모의 입에서 나오지 않을까? 그리고 임신한 딸을 데리고 가서 낙태를 시키지 않을까? 물론 임신한 딸아이의 앞날을 생각하면, 낙태를 먼저 생각하는 게 부모로서 당연하다고 생각할 수 있다.

그렇지만, 여기 꼭 알아야 할 진실이 있다. 이유 여하를 막론하고, 부모의 강요에 의해 낙태를 한다면 그 청소년의 삶은 매우 황폐해진다는 것을! 나는 첫째 아이를 낙태하여 생긴 몸과 마음의 고통을 치유한 경험을 꽤 했지만, 이는 어디까지나 의뢰인의 적극적인 협조가 있었기에 가능했지, 내 능력 때문이 아니다. 이는 나나 그들에게나 어디까지나 행운이요, 하나님의 은총이라고 볼 수밖에 없다. 그리고 치유되었다고 하지만, 지금의 몸이 낙태 전보다 더 건강해질 수 있을까? 그리고 낙태 후에 겪었던 몸과 마음의 고생은 어떤가? 남모르게 흘렀을 눈물들, 이불 속에서 보냈던 수많은 불면의 밤들, 낙태 후 새로 만난 이성에게 나도 모르게 생기는 미안한 마음들, 툭하면 터져 나오는 살인적인 분노, 낙태 후 결혼해서 살고 있지만 서로 상대방 탓하며 심하게 싸우며 받았던 상처들, 그 후에 태어난 아이의 이상행동을 고친다고 여기저기에 쏟아 부은 경제적 비용들……. 나열하자면 끝이 없다.

특히 청소년기에 부모의 강요에 의해 낙태를 하면, 정신연령이 그 나이에서 멈추어 버린다! 성장 속도가 멈추어 버리는 것이다. 만약 15세에 강제 낙태를 하면, 그 사람은 평생 15살의 눈과 귀로 세상을 보고 들으며 산다. 사람의 마음은 신체 나이와 더불어 성숙해지는 게 자연의 이치이다. 어려운 심리학 이론까지 들먹일 필요도 없다. 젊었을 때 보았던 세상과 나이 들어서 보는 세상이 다르게 보이지 않는가? 사람이 나이를 먹는 건 산을 오르는 것과 같다고 한다. 산에 오를수록 숨이 가쁘지만, 오르고 나면 크고 넓은 세상이 보인다. 이것이 나이 듦이 주는 선물이다. 그런데 강제 낙태하면 이 자연스런 나이 듦 현상이 주는 선물이 사라져 버린다. 왜 그런가? 나이가 어려도 성의 실행으로 임신을 하면, 그들은 이미 성인이 된 것이고, 부모가 된 것이다!

물론 주민등록상의 성인을 말하는 게 아니라 자연의 이치가 그렇다는 뜻이다. 어린 나이에 아이를 가지면 부모가 아니고, 성인이 되어서 아이를 가져야 부모인 것이 아니다. (이런 말 자체가 난센스이다. 하지만 우리 사회에 이미 사랑의 질서가 무너진 난센스가 널리 퍼져 있기에 당연한 자연의 이치를 말하는 난센스를 나도 하고 있다.) 그런데 이미 성의 실행으로 생명이 오게 한 자녀를 부모가 무시해 버린다면, 즉, 부모가 그들의 성의 실행으로 인한 성장을 인정하지 않고, 생명의 힘을 받아들이지 않는다면, 자녀의 내면에서는 부모에게 충실한 자녀의 양심에 따라 정신적인 성장이 그만 멈추어 버리는 것이다.

50대 후반의 어떤 남성을 만난 적이 있었다. 그는 자신의 큰아들이 속을 너무 많이 썩인다고 투덜댔다. (참고로 낙태나 자연유산이 없이 태어난 큰아이는 대개 부모의 속을 크게 썩이지는 않는다는 게 내 오랜 관찰에 의한 생각이다.) 군대에서 탈영을 하지 않나, 아버지 돈을 자기 마음대로 가져다 써버리지 않나, 청개구리처럼 아버지가 우로 가라고 하면 좌로 가고, 좌로 가라고 하면 우로 가고, 그야말로 골치덩어리라고 했다. 그 말을 들은 나는 "선생님의 청소년 시절에 아버지와의 사이는 어땠는데요?"라고 질문을 했는데, 그는 자기도 모르게, "아, 내가 좋아하는 여자가 임신을 했는데, 부모님의 반대로 결혼을 못 했지." 즉, 강제 낙태를 했다는 뜻의 말을 했다. 그래서 그런지 그의 언행은 청소년들과 비슷했다. 주위 사람들에 대한 배려가 없고, 거의 독단적인 언행이었다. 참으로 장점이 많은 분인데, 부모의 강요로 인한 낙태 카르마가 그분의 장점을 갉아먹고 있었고, 큰아들의 속 썩임이라는 고통을 경험시키고 있었다.

만약에 자녀가 청소년기에 임신을 했다면, 부모로서 어떻게 해야 할까? 나에게 조언을 구한다면, 나는 낙태 여부를 부모가 결정하지 말고, 그들이 합의하여 결정하도록 맡기라고 충고할 것이다. "당신이 임신한 자녀의 부모이지만, 자녀는 임신으로 이미 부모로서의 자격을 갖추었고, 아주 깊은 인연에 의한 귀속감이 생겼으니, 그들 스스로 선택할 자격과 힘이 있다."고, 그리고 그 행위에 대한 책임은 그들 스스로 져야 하고, 질 수 있는 힘이 있다고 말할 것이다. 이것이 부모로서 임신한 자녀의 운명과 생명을, 그리고 그들의 장래를 존중하는 태도일 것이다.

성의 위대함 - 버트 헬링거

　사랑의 실행으로 남녀 사이엔 아주 깊은 인연에 의한 귀속감이
생긴다. 이 인연은 결혼이 아니라 사랑이 실행됐기에 해소될 수 없
다. 근친상간뿐만 아니라 강간의 경우에도 마찬가지이다. 성이 위
대하다는 어떤 점을 말해준다.

　많은 사람들은 성이 나쁜 것이라고 생각한다. 성은 아주 강렬한
충동이기에 아무도 거의 대항할 수 없다. 성은 어떠한 방해에도 생
명을 오게 한다. 그렇다면 성이 사랑보다 위대하다. 성의 실행의 위
대함을 존중하는 것이 사랑이 잘 되게 하는 가장 중요한 조건이다.

5부

일반적인 가족세우기 이해하기

- 하현숙 -

01 버트 헬링거에 대하여

1925년에 태어난 버트 헬링거는 철학, 신학, 교육학을 전공하고 종교적 신념에 따라 수도회에 들어 간 후 선교사로서 남아프리카에 파견됐다. 1970년대 초에 수도회를 떠나 심리치료에 발을 들여 놓았다.

처음에는 심리분석 훈련을 받았고, 그룹 다이나믹, 프라이멀 요법, 게쉬탈트 치료법, NLP, 밀튼 에릭슨의 기법, 홀딩요법, 최면요법 등을 통해 아주 독특한 자신의 조직적 가족치료인 가족세우기를 시작했다.

그렇게 40여 년을 가족치료에 몸담아 왔다. 그는 체험을 통해 행동을 직접 변화시키는 강력한 도구인 '가족세우기 국제 워크샵'만을 행한다. 20세 때 어릴 적 꿈을 깨닫고 가톨릭 교회에 들어가서 여러 해의 영적 수련 후 선교를 위해 아프리카 줄루족과 살았으며, 학교에서 지도하고 교구 신부로서 활동했다. 줄루족과의 시간은 그에게 커다란 의미가 있었다. 너무나 많은 것을 배웠고 그들과의 삶이 마치 고향에 있는 듯 편하게 느껴졌기 때문이다. 그 시기에 그는 그룹 다이나믹을 통해 영국 성공회 신부로부터 인종을 초월한 세계교회주의 훈련을 받았다.

독일로 돌아온 그는 결혼하고 심리치료 분야에 발을 들여놓았다. 처음에는 심리분석 훈련을 받았고 여러 분야의 더 나은 해결책을 찾기 위해 몇몇 다른 접근법들도 배웠다. 또 하나 중요한 훈련은 프라이멀 요법(Primal Therapy, 억눌러 있던 고통을 겉으로 표출함으로써 때로는 소리 지르는 행위를 통해 심리적 문제를 치료. 언어가 발생되기 전에 생긴 트라우마까지 치료함)이다. 거기에서 버트 헬링거는 한 사람이 표현되지 못한 제1차 적 느낌에 사로잡혀 있을 때 그것을 즉시 알아챌 수 있었다. 그리고 이 능력은 사람을 돕는 그의 능력에 있어서 중요한 역할을 했다. 그는 그룹 다이나믹을 연구했고, 각 종족의 문화를 공부했으며, 게쉬탈트 치료법, NLP, 밀튼 에릭슨 최면기법, 홀딩요법, 그 외 많은 형태의 가족 치료법을 배웠다.

02 가족세우기의 이론적 배경과 기초

1) 가족세우기의 시대적 배경

가족세우기는 독일의 역사적·시대적 배경을 전제로 발달된 심리치료 모델이다. 독일은 세계대전을 두 번이나 치르면서 국토가 쑥대밭이 되었고, 수많은 젊은이가 죽거나 부상당했다. 헬링거 자신도 강제 징집을 당하여 2차 세계대전에 참전했다가 미군 포로로 잡혔고, 극적으로 탈출하여 살아남은 경험도 있다. 이렇게 전쟁으로 인한 상처와 아픔을 독일의 대부분의 가정이 지닌 채 살아가고 있다. 한국과 비슷한 전쟁 상흔을 가지고 있다. 가족세우기 창시자인 버트 헬링거는 이러한 상처와 아픔을 바탕으로 가족마다 지니고 있는 억울한 죽음과 개인적 고통에 대해 관심을 가졌다. 죽음을 당한 유대인 피해자와 독일인 가해자를 세워 시대적 아픔과 개인의 고통을 해결하고 화해하기 위한 시도를 했다. 그 결과 이들의 문제에 일정한 역기능적인 패턴이 있음을 발견하고 그것을 '얽힘'으로 보아 해석하고 해결하는 데 중점을 두었다.

독일의 문화적 토양 속에서 성장한 가족세우기가 한국에서 의미 있게 다가오는 것은 놀랍게도 한국과 독일이 유사한 경험을 공유하고 있기 때문이다. 한국은 가해자가 아닌 피해자의 입장에서 일제강점기와 동족상잔의 비극인 한국전쟁을 경험했다. 이러한 시대적 비극 속에서 한국의 많은 가정은 시대적 아픔으로 인한 상처를 안고 살아가고 있다. 이러한 맥락 속에서 가족세우기는 한국인과 그 가정 속에 잠재되어 있는 얽힘의 문제와 상처를 해결하는 데 의미 있는 가능성을 제공한다. (최광현, 2008.)

2) 버트 헬링거의 심리치료 분야 경험과
   가족세우기의 이론적 기초

① 카톨릭 마리안 힐러 수도회

내면의 정화에 관한 훈련을 1년 동안 받았다. 정신적이고 영적인 생활의 준비 기간을 보낸 것이다. 여기서 헬링거는 명상, 공동 기도, 영적인 성서 봉독, 강의 듣기 등을 통해 한 가지 일에 집중하는 엄한 배움의 과정을 거쳤다. 이렇게 훈련받은 정신 집중은 나중에 가족세우기의 기본 태도인 현상학적 알아봄의 토대가 되었다고 한다. 가족세우기 마당에서 대역들의 움직임을 관찰하여 '감춰진 것이 내면의 눈에 드러나 본질을 보일 때까지 하나의 일에 집중하는' 힘을 이때부터 기른 것이다.

더 나아가 시각과 청각, 후각으로부터 방해받지 않기 위해 감각적인 느낌들로부터 주의력을 돌리는 '감각의 밤을 통한 정화'를 거쳤다. 이어서 지식과 호기심, 모든 노력을 포기하고 상황에 자신을 맡기는 '정신의 정화 과정'을 거쳤다. 마지막으로 '영혼의 밤' 혹은 삶의 상황에 의해 비밀에 쌓인 밤이 더해졌다. 이 암흑의 밤이 결정적인 정화라고 말한다.[15] 이렇게 헬링거는 감각의 밤, 정신의 밤, 영혼의 밤을 경험하면서 가족세우기의 깊은 통찰에 이른 것이다. 이 깊은 통찰은 가족세우기 전문가가 가져야 하는 가장 중요한 태도이다.

② 남아프리카 공화국의 줄루족과 선교와 만남

헬링거는 여기서 25년 동안 살면서 그 수도회 전통인 '일하고 기도하는', 특히 노동을 하면서 학교를 세우고 농사법을 가르쳤다. 그러면서 줄루족의 부모를 향한 존경과 어머니들이 자녀를 키우면서 갖는 안정감을 보면서 좋은 인상을 받았다고 한다. 줄루족의 어머니들은 언제나 자녀들에게 사랑으로 향한다고 한다. 이런 좋은 인상은 나중에 가족세우기에서 가족을 사랑의 질서에 맞게 재배치하는 데 많은 통찰을 주는 경험이었다.

③ 1964년 남아프리카에서 그룹 다이내믹(집단 역동)의 경험

흑인, 백인, 인도 사람, 혼혈인, 천주교인과 개신교인 등 다양한 사람들을 만나면서 '(가톨릭)신앙이 없는 사람들도 좋은 사람'이라는 걸 체험했다. 특히 결정적인 체험은 첫 번째 세미나에서 받은 다음과 같은 질문이었다고 한다. "무엇이 중요합니까? 사람입니까? 아니면 이상입니까? 당신은 무엇을 위해 무엇을 희생시킵니까? 사람을 위해 이상을 희생시킵니까? 이상을 위해 사람을 희생시킵니까?"

헬링거는 이 질문 앞에 밤을 새워 고민하다가 자신이 사람을 제대로 보지 못했다는 자각이 분명해지자, 삶의 방향이 바뀌었다고 한다. 그제야 헬링거에게는 이념이나 이상보다 사람이 가장 중요하게 다가왔다고 한다. 이는 심리치료 분야에서 가족세우기를 개발하고 발전시키는 데 아주 중요한 태도가 되었다. 즉, 어느 학파에 속하지 않고 제한 없이 감지할 수 있는 자유로움을 얻은 것이다. 만약에 헬링거가 어느 학파에 소속되어 활동했다면, 뛰어난 심리치료가가 되었겠지만, 가족세우기는 개발되지 못했을 것이다.

심리치료를 하는 분들은 내담자를 위한, 그리고 내담자에게 맞는 심리치료 이론을 적용해야 하는데, 내담자를 자신의 심리치료 이론에 맞추는 경우를 가끔 볼 수 있다. 심리치료(상담) 하는 사람들과 가족세우기를 배우고 싶은 사람들은 헬링거의 삶의 방향을 바꾼 이 질문을 곰곰이 생각해봐야 할 것이다.

④ 지그문트 프로이트의 정신분석학 공부

100년 전 현대 심리학을 창시한 프로이트가 어린 시절에 경험하는 부모와의 관계가 인간의 심리적 발달의 미세한 부분에까지 영향을 끼친다는 사실을 발견했다. 특히 어머니의 양육 방식이 아이에게 신경증이나 정신장애, 절망감 등을 유발할 수도 있다고 보았다. 이런 정신분석학은 그의 심리 치료 이론의 든든한 바탕이 되었다. 하지만 잘스부르크 심층심리학회에서 아르투어 야노브(Arthur Janov)의 '원초적 울부짖음'라는 책을 보고했다고 축출되었다.

⑤ 에릭 번(Eric Bern)의 초고(각본) 분석

'각 개인은 개인의 삶을 무의식적으로 지향하는 개인적인 대본을 가지고 있다'는 에릭 번의 주장이 헬링거에게 중요한 역할을 했다. 그것은 아주 어려서 부모로부터 온 것이라고 에릭 번은 말한다. 헬링거는 더 나아가 수 세대 전의 운명이 나중 세대에서도 운명으로 얽히는 것을 보았다.

이와 관련하여 프랑스 심리학교수 안느 안셀인 쉿첸베르거는 한 가족의 무의식 속에 자리하고 있는 비극적 사건의 상흔이 때로는 수백 년 넘게 계속된다는 점을 발견했다. 그래서 해당 조상에게 사고가 일어났던 시기와 정확하게 같은 시점에 후대의 가족 안에서 질병, 사고 혹은 자살 기도 등이 발생한다. 아주 힘든 육체적 질병, 그리고 심한 심신 질환을 앓는 환자들에게, 옛 프랑스 대혁명 때 비극적 상황에서 죽어 제대로 추모하지 못한 조상들이 있다는 사실이 발견되었다. 그리고 이 조상들을 기억하여 제대로 추모하였을 때, 그 후손들의 병 증세가 지속적으로 사라졌다.

⑥ 아르투어 야노브(Arthur Janov)의 원초적 치료(Primal Therapy)

프라이멀 요법을 수년 동안 실제로 행하면서, 헬링거는 많은 느낌이, 특히 아주 강렬한 느낌들도 개인적인 체험과 관계가 없는 것을 관찰할 수 있었다. 이는 분명히 동일시를 통해 조상의 느낌을 자기 것으로 받아들인 것이다.

⑦ 미국의 밀턴 에릭슨(Milton Erickson)의 깊은 영향

특히 밀턴 에릭슨이 의뢰인을 존중하고 의뢰인의 움직임과 함께 가는 태도에서 아주 많이 배웠다. 그리고 정신 집중이 잘 되게 하기 위해 한 목소리로 말하고, 단순한 말을 사용해서 최면 상태에 빠지게 하는 것도 배웠다.

헬링거는 이렇게 여러 가지 심리치료법을 통합하여 가족세우기를 만들었지만, 가족세우기는 여러 가지 심리치료를 합친 것보다 훨씬 효과적이다. 가족세우기는 그 자체로 유기적인 체계이며, 지금까지 연구된 것 중에서 가장 강력하고 심오한 심리치료 방법이다. 가족세우기는 단지 20여 분만의 짧은 세션 한 번으로 자신과 가족의 깊은 진실을 드러낸다. 그 진실이 드러나기 시작하면 우리 삶은 자유를 얻고 치유되며 극적으로 바뀐다.[16]

03 가족세우기 이해를 돕는 몇 가지 지식

1) 현상학적 인식으로서의 가족세우기

현상학은 하나의 철학적인 방법이다. 현상학은 보다 큰 내가 이해할 수 없는 상관관계에 나를 맡김을 말한다. 도우려는 혹은 무엇을 증명하려는 의도 없이 나를 맡김을 말한다. 나타날 수 있는 것에 대한 공포 없이 나를 맡긴다. 아주 참혹한 것이 나타나도 공포가 없어야 한다. 존재의 모든 것에 나를 맡기는 것이다.

가족은 하나의 살아있는 유기체 조직과 같아서 가족조직(Family System)이라 부른다. 가족세우기를 통해서 한 개인은 관계 내에서 얽혀있던 가족구성원의 긴장을 풀 뿐 아니라 해결을 위한 새로운 기회를 얻게 된다. 가족세우기 마당에 서 있는 사람뿐만 아니라 서 있지 않는 사람도 본다. 그들 모두는 앞에 있다. 그렇게 나를 맡기고 있으면 현상의 뒷면에 있는 통찰력이 번개같이 온다.

예를 들면 하나의 가족세우기에서 갑자기 한 아이가 살해된 것을 본다. 일반적으로 이것은 보이지 않는다. 현상은 뒤에 있기 때문이다. 이 가족 구성원의 행동에 결정적인 역할을 하는 것은 압축되어 있으며 본질적인 것은 보이지 않는다. 현상을 직시함으로써만 갑자기 빛으로 나타난다. 이것이 현상학적 방법이다. 어떤 학파에도 속하지도 않고 어떤 학파의 기초가 될 수 없다. 다른 사람에게서 이것을 받을 수 없다.

현상을 직시하고 목적과 공포 없이 나를 맡길 때만 내면이 정화되어서 배울 수 있는 것이다. 순식간의 번뜩임은 누구나 경험한다. (Hellinger, B. 2002)

2) 프랙탈 이론과 가족세우기

가족세우기는 참가한 집단 속에서 내담자의 부모와 형제자매 또는 배우자와 자녀를 선정하여 내담자가 느끼는 대로 대리인을 세운다. 예를 들어 세워진 모든 가족이 벽을 바라보며 일렬로 서게 된다. 대리인으로 참가한 가족은 내담자 가족을 전혀 본 적이 없고 아주 적은 정보만을 갖고 있을 뿐이다. 이 대리인들은 내담자가 느끼는 대로 각자의 자리에 서게 되면 놀라운 경험을 하게 된다. 이들은 실제 가족구성원들이 갖는 느낌을 그대로 느끼게 된다.

여기서 대역들은 알 수 없는 불안과 분노를 느낀다고 고백한다. 이 말을 듣고 있던 내담자는 충격을 받는다. 왜냐하면 자기는 말을 하지 않았지만 그것이 사실이기 때문이다. 어떻게 이런 일이 가능한가? 꿈이 개인적 무의식을 반영해 주는 것과 비슷하게 가족세우기는 가족체계의 무의식을 반영해준다(Schafer, 1977). 헬링거는 이것을 프랙탈 이론을 통해 설명하고 있다.

프랙탈(Fractal)은 수학자 맨델브로트(B. Mandelbrot)가 고안해 낸 용어로 '대상을 잘게 쪼갠다'는 의미를 가지고 있으며, 쪼갠 대상들이 다시 원래 체계의 원형을 유지하면서 더 작은 규모로 쪼개진다는 일련의 역동성을 가리킨다. 규모는 다르지만 쪼개진 하부단위체 속에서 다시 유사한 모습들이 반복되어 나타난다는 것은 우리가 알지 못하는 어떤 질서가 담겨 있다는 것을 나타낸다. 프랙탈 이론에 의하면 물질과 정신의 진화 이전에 공간의 진화가 선행되었으며, 이 공간은 질서 있게 균형이 잡혀 있다. 이 질서는 같은 방식으로 계속 유지되는 원리를 가지고 있다. 예를 들어, 나뭇잎 하나는 전체 나무와는 다른 개별적인 것이기보다는, 전체의 나무와 같은 질서와 조직을 가지고 있다(김용운, 2000; 심광현, 2005). 나뭇잎들은 나무와는 다르게 보이지만 같은 질서를 가지고 있다고 설명될 수 있다.

가족세우기 안에서 대역들은 내담자의 가족을 전혀 모르지만, 진짜 가족처럼 느낀다. 헬링거에 의하면 이것은 프랙탈의 법칙에 따라서 가족 안에서도 반복되고 있는 것이다. 가족세우기를 통해 가족 구성원들 안에 잠겨 있던 생각과 감정이 같은 질서 속에서 재연되는 것이다. 가족세우기의 효과는 이러한 방식 속에서 나타난다. 이런 프랙탈의 법칙이 적용되는 가족의 질서 안에는 과거와 미래가 동일하다. 거기에는 시간이 없고 단지 공간만이 있다고 한다. 대역들이 이 공간과 마주하면서 숨겨져 있던 가족의 모습들이 드러난다.

3) 루퍼트 쉘드레이크(Rupet Sheldrake)의 형태유전장

루퍼트 쉘드레이크에 의하면, 유전은 유전인자뿐만 아니라 형태장에 의해서도 발생한다고 본다. 장에 의해서 각 종의 집단 기억이 형성

될 뿐만 아니라 각 개인은 그로부터 이익을 본다. 또한 각 개인은 이 기억에 접속된다. 형태장은 마치 전자기장과 같다고 ㄱ는 말한다. 예를 들어서 그는 샴쓰톤(Southampton)에서 여러 종류의 박새가 열매의 껍질을 부리로 깨서 그 안의 우유를 양식으로 마시며 수년간 살았다는 것을 발견했다. 한때 전쟁으로 인해 열매가 사라졌는데, 훗날 이렇게 먹는 법을 배우지 않았던 전후의 박새들이 다시 이 방법으로 열매 속의 우유를 먹기 시작했다. 그는 이런 능력들이 형태 유전으로 뿐만 아니라 집단 기억으로도 유전된다고 주장했다. [17]

가족세우기의 효과가 형태유전장과 같다고 인정할 수 있는 이론 중의 하나이나, 실제적인 치료에 큰 도움이 되는 건 아니다. '가족세우기 효과를 이런 이론으로도 설명할 수 있다'는 정도로 이해하면 좋겠다.

04 가족 공통체계의 얽힘을 풀어지게 하는 생명의 말

가족세우기에서 헬링거는 의뢰인들에게 가족세우기 생명의 말을 따라하게 한다. 가족세우기 생명의 말은 전체 가족세우기 장에서 눈에 띄는 변화를 가져다준다. 현장에서 의뢰인들의 가족들의 대역을 세우면 형태유전장을 통하여 가족관계의 얽힘들이 보인다. 이렇게 영혼의 얽힌 상태들이 대역이나 본인들에게 치유를 오게 하는 생명의 말들을 따라하게 하면 마술처럼 관계의 얽힘들이 풀어지는 것을 볼 수 있다. 어떻게 문장 하나에 상이 바뀌는가?

물리학에서 물질과 에너지는 본질이 같다. 그러나 존재 형태에 따라 에너지는 바뀐다. 본질적인 인식이 창조적인 힘과 통해 있으면 상이 변하게 된다. 영과 통하는 말, 영의 사랑과 통하는 말을 하면 상이 바뀌고 얽힘이 풀린다.

가족 공통체계의 얽힘을 풀어지게 하는 생명의 말 [18]

① 엄마가 자연 유산된 아이에게, "내 사랑하는 아이야."
② 성적이 나쁜 아들에게 아버지가, "나도 그랬다."
③ 일찍 죽은 형제에게, "너는 먼저 갔어. 그러나 너는 내 안에 살아있어. 나도 여기에서 조금 더 살다가 너에게 갈게."
④ 어렸을 적 키워 준 누이나 형제에게, "저는 압니다, 누님이 나에게 무엇을 선물했는지를. 저는 이것을 귀하게 여깁니다, 당신이 선물한 것을."
⑤ 아버지를 손가락질하는 엄마에게, "당신과 아버지 사이에 무슨 일이 일어났든 간에 저는 당신들을 부모로서 존경합니다. 이제 저는 당신들이 저에게 주신 것을 받습니다. 그리고 당신들의 일로부터 한 걸음 뒤로 물러섭니다."
⑥ 딸이 체면을 잃을까 두려워하는 아버지에게, "존경하는 아버지! 제가 당신의 체면을 지킵니다."
⑦ 자살을 한 형제자매에게, "나는 네 결정을 존중한다. 그래도

너는 내 형제자매이다."

⑧ 자살한다고 아들을 협박하는 어머니에게 아들이, "존경하는 어머니! 제가 당신을 위해 대신합니다."

⑨ 재혼한 어머니가 남편의 첫째 아내에게, "당신은 첫째이고 저는 둘째입니다. 저와 제 딸을 축복해주세요."

⑩ 위 어머니의 딸이 아버지에게, "이분만이 제 어머니이고 저는 이분의 딸입니다. 당신의 첫 번째 아내와 저는 아무 관계가 없습니다."

⑪ 남편이 알코올 중독자인 엄마가 아들에게, "나는 네 안에 있는 네 아버지를 사랑한다. 나는 네가 그렇게 되어도 괜찮다." (그 사람의 상태가 괜찮다는 것이 아니라 그 사람을 통해서 아이가 태어났기 때문이고, 아들은 자신의 아들이기도 하지만 자신의 남편인 아버지의 아들이기도 하기 때문이다.)

⑫ 부모를 멸시하는 자녀들이 부모님께, "저는 당신들께 영광을 돌려드립니다. 제 가슴이 아픕니다. 저는 몰랐습니다. 용서해주세요. 제발, 부디."

⑬ 아버지를 멸시하는 아들에게 아버지가, "애야, 잘 들어라. 나는 아버지고 너는 내 아들이다."

⑭ 근친상간의 경우 엄마가 딸에게, "네가 나를 위해서 그렇게 했구나. 이제 모든 것이 잘 된다. 내가 아버지에게 여자로 서 겠다. 아이들은 언제나 죄가 없단다."

⑮ 근친상간을 한 자녀가 부모에게, "저는 당신들을 위해서 기꺼이 했습니다."

⑯ 낙태한 엄마가 낙태된 아이에게, "나는 너를 죽였다. 내가 살기 위해서 너를 죽였다. 너는 언제까지나 우리의 아이다. 우리의 가족으로서 한 자리를 차지한다."

⑰ 부부 관계에서, "당신은 제 아내(남편)입니다. 저를 당신의 배우자로 선택해 주셔서 고맙습니다. 그 선택에 책임을 지겠습니다."

⑱ 헤어진 전 남편(전 아내)에게, "당신의 사랑은 컸습니다. 나의 사랑도 같았습니다. 우리의 사랑은 언제까지나 영원합니다. 당신을 제 전 남편으로(전 아내로) 가슴에 간직하겠습니다."

⑲ 부모의 이혼과 외도에 자녀가 관계할 때 "부모님들 사이에 일어난 일입니다. 저는 자녀로서 부모님 일에 나서지 않습니다. 아들(딸)로서 물러섭니다."

05 버트 헬링거의 가족세우기 세션 및 사례

1) 남편이 직업이 없어서 고통받는 여성 [19]

"어머니를 거절하면 직업도, 일도, 돈도 없습니다."

> 헬링거: 무슨 일로?
>
> 의뢰인: 결혼한 후 얼마간을 빼놓고는 남편이 직업이 없습니다.
>
> 헬링거: 질문을 하나 하겠습니다. 남편과 남편의 어머니와는 관계는 어떠하십니까?
>
> 의뢰인: 초등학교 6학년 때 아버지가 돌아가시고, 결혼 6개월 전에 어머니가 돌아가셨습니다.
>
> 헬링거: 다른 뜻의 질문이었는데, 남편과 남편의 어머니와 관계는 어떠했습니까?
>
> 의뢰인: 잘은 모르지만 속으로는 밀착, 겉으로는 특별한 것은 없는 것 같아요
>
> 헬링거: 남편과 남편의 어머니를 세우겠습니다. 자, 남편입니다. 그리고 남편의 어머니입니다.

【가족세우기 세션】

의뢰인의 남편과 남편의 어머니를 세우기 — 의뢰인이 볼 수 있

도록 오른편에 남편의 대역(남성)을, 왼편에 남편의 어머니의 대역
(여성)을 세운다.

　남편의 어머니 대역은 남편 대역을 바라보면서 입을 오므리면서
노려보고 화를 낸다. 남편의 대역은 그런 어머니를 물끄러미 바라
본다.

　　헬링거: 자! 저는 모든 것을 보았습니다. (대역에게) 고맙습니다.
　　　　　(관중들에게) 그렇게 가까운 사이는 아니었습니다. (관중
　　　　　들이 모두들 웃는다)
　　헬링거: 어머니와 가깝지 않은 사람들은 똑같습니다. 어머니와
　　　　　의 관계 — 어머니를 거절하면 일도 없습니다. 어머니와
　　　　　좋은 관계이면 언제나 일도 있고 돈도 있습니다. 어머니
　　　　　없이는 일도 없고 돈도 직업도 없습니다. 어머니가 없으
　　　　　면 배우자도 없습니다. 모녀관계도 마찬가지입니다. 이것
　　　　　을 알면 다른 사람을 도울 수 있습니다. 언제나 우리가
　　　　　일을 가족세우기에서 세우면 똑같이 보입니다. 일이 그
　　　　　남자를 원하지 않습니다. 여자든 남자든 그 사람이 그
　　　　　일을 존경하지 않기 때문에 그렇습니다.
　　헬링거: (의뢰인에게) 선생님은 뭘 하려고 하십니까?
　　의뢰인: 필요한 것이 있다면 하고 싶습니다.
　　헬링거: 어머니에게 편지쓰기 — 제가 제안을 하겠습니다. 선생
　　　　　님께서 친정어머니께 편지를 쓰세요. 앉아서 10페이지
　　　　　정도로 어머니께서 주신 모든 것에 감사하세요. 출생부

터 시작해서 10페이지를 쓰세요. 남편분도 똑같이 하실
수 있습니다. 그러면 두 분 다 일을 찾을 겁니다.

2) 풀림을 원하지 않는 남성 [20]

"풀림을 원하지 않는 사람은 정신을 집중하여 가족을 세우지 않
습니다."

헬링거: 무슨 일로?

의뢰인: 화가 자주 나고 불안해요

헬링거: 어떻게 나타나는지?

의뢰인: 아이들에게 화를 잘 내요.

헬링거: 자녀는 몇입니까?

의뢰인: 큰애가 여자아이고 작은애가 남자아이입니다.

헬링거: 좋습니다. 여러분들께 아주 자세한 가족세우기를 보여
드리겠습니다. 이분과 자녀들을 세웁니다. (관중들에게)
대역을 하고 싶으신 분 손을 들어보세요. 저분 올라오세
요. (관중석에서 대역을 지목하여 올라오게 한다)

【가족세우기 세션】

헬링거: 자! 본인과 아내와 자녀의 대역입니다. 느끼시는 대로 가
서서 손을 잡고 관계에 맞게 세워 보세요.

의뢰인에게 가족들의 대역을 관계에 맞게 세우도록 한다. 의뢰인은 아내 대역을 본인의 대역 옆으로, 딸을 아들 대역 옆으로 세운다.

헬링거: 선생님은 두 사람만 세우셨습니다. 이렇게 사람들을 잡고 네 명을 모두 세우세요. 뒤로 가서서…….

의뢰인에게 다시 세우도록 하지만, 아들을 아내 대역의 옆으로, 딸을 아들대역을 옆으로 나란히 세운다. 다시 두 사람만 위치 이동을 한다.

헬링거: (관중들에게) 이분이 정신을 차리고 있습니까? (관중들이 "아니요" 라고 대답을 한다)

헬링거: (관중들에게 설명을 한다) 이분이 정신 집중해서 세웠습니까? 아닙니다. 저는 더 할 수 없습니다. 집중되지 않습니다. 이분은 놀이를 하려 합니다. 저를 가지고 놀려고 합니다. 정신 차려서 집중해서 하는지 그냥 하는지는 금방 알 수 있습니다. 이럴 경우는 잘 안 됩니다. 풀림을 원하지 않습니다. 저하고 장난을 하려 합니다. 이분은 저를 아주 높게 치켜세우지만, 그 말씀은 속으로는 저를 무시하는 것입니다. 나를 속일 수 있다고 생각합니다. 아닙니다. 저는 속임을 당하지 않습니다.

헬링거: 자, 어느 분이 저와 일하기를 원하십니까? 자, 올라오십시오.

3) 정신분열과 간염으로 죽은 언니의 여동생 [21)]

"나는 네가 죽어서 기쁘다"

헬링거: 무슨 일?

의뢰인: 10년 전쯤 언니가 정신분열로 돌아가셨습니다.

헬링거: 무슨 일이 일어났습니까?

의뢰인: 앓다가 간염으로 돌아가셨습니다.

헬링거: (관중들에게) 제가 두 가지 정보를 얻었습니다. 이분이 지금 문제가 있습니까? 언니가 돌아가신 것이 이분과 무슨 상관이 있습니까? 선생님과는 관계가 없습니다. 왜 언니가 돌아가신 것이 문제가 될 수 있습니까? 그러나 신호를 보냈습니다. 자세히 제가 보았습니다.

헬링거: (의뢰인에게) 자! 본인은 이쪽으로 서세요. 그리고 언니 대역입니다. 여기 서세요!

【가족세우기 세션】

본인과 언니의 대역을 서로 마주 보게 세운다.

헬링거: 언니를 보고 따라하세요! "나는 네가 죽어서 기쁘다."

　　　(이 말을 들은 의뢰인은 다소 혼란스런 표정이 된다. 한참을 망설이다가 조그마한 소리로 문장을 따라한다)

의뢰인: 나는 네가 죽어서 기쁘다.

헬링거: 크게 말씀하세요.

의뢰인: (의뢰인이 차마 말을 못한다는 표정으로 작은 소리로) 네가 죽어서 나는 기쁘다.

헬링거: 더 세게 하세요! 더 크게 하시라고요.

의뢰인: (겨우 아까보다 조금 커진 목소리로) 나는 네가 죽어서 기쁘다!

헬링거: (관중들에게) 여러분, 느끼세요. 보세요! (의뢰인과 언니 대역에게) 자리에 앉으세요.

헬링거: 어떻게 보셨습니까? 느끼세요. 보세요. 이분에게 크게 문제가 있습니다. 말씀을 하시기 전에 후우! 이렇게 한숨을 쉬셨습니다. 아주 작은 신호입니다. 그게 무슨 뜻인가 하면, 나는 너를 보내버리련다, 라는 신호입니다. 이분은 두 개의 다른 정보를 주었습니다. 그게 무슨 뜻인가 하면, 뭔가를 숨기고 있습니다. 그렇지 않다면 두 개의 정보를 제게 줄 리가 없습니다. 아주 전혀 다른 것이 문제가 됩니다.

의뢰인: (작은 목소리로) 저도 자주 죽고 싶습니다.

헬링거: 맞습니다. 다른 사람이 죽기를 원하는 사람은 사실은 자기가 죽고 싶다는 것입니다. 이제 심각해졌습니다. 삶과 죽음의 문제입니다.

헬링거: (관중들에게) 알아차리기 연습을 하겠습니다. 이런 데 오면 우리는 알아차리는 연습을 할 수 있습니다. 감을 잡을 수 있습니다. 여러분들이……

헬링거: (잠시 침묵 후 다시 관중들에게) 제가 이분과 계속 일을 해도 됩니까? (몇 명은 그렇다고 몇 명은 아니라고 대답을 한다)

헬링거: 아닙니다. 그렇지 않습니다. (다시 관중들에게) 만약 제가 일을 하면 잘 될 것입니까?

헬링거: 아닙니다. 되지 않습니다. 만약 진실했다면 저를 속이려 하지 않았을 것입니다. 이런 분과 저는 일을 해서는 안 됩니다. 할 수 없습니다. 만약 제가 일을 시작한다면 한 번 상상을 해보세요. 그렇게 되면 에너지가 어떻게 됩니까? 올라갑니까? 내려갑니까? 내려갑니다. 이럴 때 일을 해서는 안 됩니다. 여러분께 중요한 이야기를 해드렸죠.

헬링거: (의뢰인에게) 이제 됐습니다. 내려가세요

헬링거: (관중들에게) 자, 이제 어느 분이 저와 일을 하시겠습니까? 어느 분에게 심각한 문제가 있습니까? 손을 드시고 계세요. 제가 봐야 합니다. (손을 든 여성 의뢰인에게) 당신은 아닙니다. 심각하지 않습니다. 저는 금방 볼 수 있습니다.

4) 자살욕구를 하소연 하는 남성 [22]

"자살을 성공하지 않으면 죽을 때까지 살 수 있습니다."

헬링거: (관중들에게) 어떻게 하면 알아차릴 수 있는지를 연습할 수 있습니다. 누가 아주 심각하고 중요한 문제가 있습니

까? 저분 올라오십시오. (단상 밑의 남성 의뢰인을 올라오게 한다)

헬링거: 처음에 시작할 때 시간을 충분히 줍니다. 그렇게 해야지 의뢰인과 함께 통합니다. 나와 같이 공명합니다. 이분도 시간이 충분해야 나랑 같이 공명할 수 있습니다. 그렇게 되면 같이 일할 수 있는 관계가 됩니다. 시작할 때 아주 중요합니다.

헬링거: (의뢰인에게) 무슨 말씀을 하시고 싶으십니까?

의뢰인: 제가 저를 죽이고 싶어 하는 것 같습니다.

헬링거: 어떻게 상상을 했어요? 무슨 방법으로 죽이려 했어요?

의뢰인: 몸을 아프게 해서······.

헬링거: 만약 진짜라면 분명한 방법을 알고 있을 것입니다. 나중에 말씀하시는 것을 여러분은 신뢰했습니까? 이분은 말할 엄두를 내지 못합니다. 아주 위험합니다. 그렇게 이야기하는 것은 저는 이해할 수 있습니다. 그렇게 이야기할 수 있습니다. 그러나 저는 거기에 빠져들어가면 안 됩니다. 제가 보기에 이분은 분명한 방법을 알고 있습니다. 그 방법을 가지고 있습니다. 어떻게 자살을 할지······.

제가 왜 그런 질문을 합니까? 물에 빠져 죽으려고 합니다. 혹은 절벽에서 떨어질 수도 있습니다. 수면제를 많이 먹을 수도 있습니다. 권총으로 자살할 수도 있습니다. 목매달아 죽을 수도 있습니다. 이런 방법들은 차이가 있습니다. 그러나 말씀하셨다면 가족들 안에서 옛날에 뭐가 일어났다는 것을 이야기 했을 겁니다. 스스로 권총을 쏴서 죽는다든지, 엄청난 일들이 있습니다. 수면제를 많이 먹고 죽는 것과는 다릅니다. 저는 더 이상 질문을 하지 않습니다. 그렇게 함으로써 저는 이분을 존경합니다. 제가 만약에 더 질문을 한다면 이분은 저에 대한 신뢰를 잃어버립니다.

저는 이분을 존중해야 합니다. 가장 중요한 것을 고백합니다. 저는 이분에 대한 두려움이 없습니다. 저는 분명히 이야기를 합니다. 그래서 저는 질문을 할 수 있습니다. 만약 자살을 하신다면 어떻게 죽으려고 합니까? 물어볼 수 있습니다. 그러면 이분은 알 수 있습니다. 나하고 진심으로 이야기를 할 수 있다는 것을 내가 두려워하지 않기 때문에, 그렇지 않으면 내가 두려워하는가 보다, 하고 이분도 조심을 합니다. 그렇게 되면 제가 의뢰인이 되어버립니다. 그렇게 되면 이분이 저를 가지고 놉니다.

아주 솔직히 이야기를 해야 됩니다. 예를 들면 "어떻게 죽으려고 합니까?"라고 물었습니다. 이제 저는 이분을 당연히 볼 수 있습니다. 만약 죽으려 했다면 여기에 안 왔을 겁니다. (관중들 모두 웃는다. 약간의 긴장감이 해소되는 듯한 느낌이 든다) 이분은 제가 돕기를 기다리고 있습니다. 분명한 것은, 살려고 하십니다. (의뢰인도 헬링거를 바라다보면서 고개를 끄덕이면서 미소를 띤다) 그래서 이제 이분도 원하고 저도 원합니다. 공동으로 풀리고 있습니다.

이분은 계속해서 저를 믿을 수 있습니다.

헬링거: (관중들에게) 이제 둘이 통했습니까? (관중들이 "예." 라고 대답을 한다) 이분은 얼굴색이 아주 좋아졌습니다. 자, 선생님 가족에서 누가 자살을 했습니까?

의뢰인: 자살을 한 사람은 없습니다.

헬링거: 선생님 경험에 의하면 가족 중에서 누가 언제 죽을 거라는 두려움을 가지고 있습니까?

의뢰인: 지금 아내와 별거 중인데 제 아내가 자살을 시도한 적이 있습니다.

헬링거: 아주 중요하고 구체적입니다. 이제 제가 질문을 합니다. 누가 스스로 자살을 한다고 하면서 다른 사람을 위협했습니까? 아내가 그렇게 말씀하셨습니까?

의뢰인: (고개를 끄덕이면서) 예, 약을 먹고……

헬링거: 원가족에서 누가 죽겠다고 다른 사람을 위협한 적이 있습니까?

의뢰인: 어머니와 아버지요.

헬링거: 이것이 결정적입니다. 자살을 했습니까?

의뢰인: 아닙니다.

헬링거: (웃으면서) 자살을 성공하지 않으면 생각만 가지고는 죽을 때까지 살 수 있습니다. (여기저기에서 관중들의 커다랗고 유쾌한 웃음소리가 들려온다)

의뢰인: 말은 죽겠다는 이야기죠!

헬링거: 선생님도 지금 그렇게 이야기를 하고 계십니다. 그렇게 계

속 오래 살 수 있습니다. 이제 이분은 아주 편해졌습니다. 그 생각을 하는 것을 다른 것과 연결시켜 드렸습니다. (의뢰인이 휴우, 하고 깊은 숨을 쉬면서 편안한 표정이 된다)

헬링거: 알아차리는 연습 — 알아차리는 방법의 연습입니다. 제가 이분과 더 일을 할 필요가 있습니까? 충분합니다. 에너지가 딱 올라 찬 상태입니다. 제가 무엇을 더 한다면 에너지가 떨어져 없어지기 시작합니다. 저희들이 감지하고 느낄 수 있었습니다. 저는 할 수 있는 것은 다 했습니다. 이제 이 선생님은 힘을 얻었습니다. 무엇보다도 그 생각에 관해서 웃을 수가 있습니다. (의뢰인이 천천히 고개를 끄덕인다) 바로 그것이 산 정상에 와 있다는 표시입니다. (의뢰인이 아주 활짝 웃음을 짓는다)

헬링거: (의뢰인을 웃으며 바라보면서) 아주 유쾌하게 웃으십니다. 우리가 잘했다는 증거입니다. 끝내겠습니다. 장수하시기를 바랍니다. (관중들의 웃음소리와 박수소리가 장내에 가득 차며 아주 좋은 기운이 감돈다)

헬링거: 치료를 끝내는 시기 — 이제 고려할 점이 있습니다. 어디에서 시작해야 하는가? 뭐가 본질적인 것인지를 잘 알아야 합니다. 두 번째로 중요한 것은 좀 더 어렵습니다만, '언제 끝나는가' 입니다. 더 어렵습니다, 끝내는 시기는. 저분을 보셨습니다. 저희들은 내면에서 느낄 수 있었습니다. 만약 제가 계속한다면 에너지가 떨어질 것인가? 올라갈 것인가? 제가 계속해서 하면 에너지가 떨어집니다.

또 중요한 것은 힘을 주는가, 빼는가입니다. 중요한 것은 언제나 한 가지입니다. 바로 여기에서 한 가지가 중요했습니다. 끝나버렸습니다. 해결되었습니다.

만약 "더 자세히 이야기를 해보세요." 했더라면, 그러면 본질적인 것을 벗어나 버립니다. 그러면 본질이 나타나지 않습니다.

---

1) 버트 헬링거·가브리엘라 텐 훼펠, 『삶의 얽힘과 풀림에 관한 Bert Hellinger와의 대화』, 박이호 옮김, 도서출판 진우, 2002, 102쪽.

2) 버트 헬링거·가브리엘라 텐 훼펠, 『삶의 얽힘과 풀림에 관한 Bert Hellinger와의 대화』, 박이호 옮김, 도서출판 진우, 2002, 69쪽.

3) 버트 헬링거·가브리엘라 텐 훼펠, 『삶의 얽힘과 풀림에 관한 Bert Hellinger와의 대화』, 박이호 옮김, 도서출판 진우, 2002, 160쪽.

4) 버트 헬링거, (2004), 「2004년 3월 4일 미내사의 Bert Hellinger와의 인터뷰」(인터넷 게시물), 박이호 옮김, www.korea-family.net 에서 검색.

5) 스바기토 R. 리버마이스터, 『삶의 얽힘을 푸는 가족세우기』, 박선영·김서미진 옮김, 동연, 2009, 303쪽.

6) 버트 헬링거, 『대장정』, 박이호 옮김, 디자인흐름, 2007, 59쪽.

7) 각묵, 『금강경 역해』, 불광, 2001, 77쪽.

8) Bhikkhu Buddhapala, 『BUDDHA 가르침』, 김해: SATI SCHOOL, 2009, 17장 '마음과학' 인용 및 참조. 이 책은 기억 구조를 '기억이미지=이미지×마음오염원'으로 깅티하고 있는데, 필자는 이 부분에서 도움을 받았다. 『BUDDHA 가르침』에서 이 수식을 읽었을 때 정말 시원한 생수를 마시는 듯했다. 필자는 다만 무의식, 특히 가족 무의식에 대한 생각이 다르기에 이 수식을 첫째 기억이미지와 둘째 기억이미지로 나누어서 설명했음을 밝힌다. 그리고 이 책에는 마음오염원을 '싸티'와 '싸티 집중 힘'으로 해체할 수 있다고 되어있는데, 이에 필자도 전적으로 동의한다. '나' 대역 세우기와 홀로 가족세우기는 알아차림(싸티)을 기본으로 한다. 본문에서 기술했다시피, 마음오염원을 알아차린 후에 첫째 기억이미지를 있는 그대로 존중하고 받아들임으로써 붓다팔라 스님의 표현처럼 '마음 공간을 청정하게 하고 기억 질량을 감소'시키는 것이다. 기억 구조와 마음오염원, 그리고 마음 특성과 마음 발생 등을 명료하게 정리해주신 붓다팔라 스님께 감사드린다. 마음공부에 관심 있는 사람들에게 일독을 권한다.

9) 각묵, 『금강경 역해』, 불광, 2001, 383-384쪽.

10) 다릴 앙카, 『가슴 뛰는 삶을 살아라』, 류시화 옮김, 나무심는사람, 1999, 17-19쪽.

11) 버트 헬링거·가브리엘라 텐 훼펠, 『삶의 얽힘과 풀림에 관한 Bert Hellinger와의 대화』, 박이호 옮김, 도서출판 진우, 2002, 170쪽.

12) 버트 헬링거, (2004), 「Bert Hellinger와 대화」(인터넷 게시물), 박이호 옮김, www.korea-family.net 에서 검색.

13) 김상운, 『왓칭』, 정신세계사, 2011

14) 권석만, 『현대 이상심리학』 2판, 학지사, 2013, 300쪽.

15) 버트 헬링거, 『대장정』, 박이호 옮김, 디자인흐름, 2007, 32-34쪽.

16) 스바기토 R. 리버마이스터, 『삶의 얽힘을 푸는 가족세우기』, 박선영·김서미진 옮김, 동연, 2009, 19쪽.

17) 버트 헬링거·가브리엘라 텐 훼펠, 『삶의 얽힘과 풀림에 관한 Bert Hellinger와의 대화』, 박이호 옮김, 도서출판 진우, 2002, 112쪽.

18) 조남희, 『한국이 울었습니다』, 이화, 2008, 226-228쪽.

19) 조남희, 『한국이 울었습니다』, 이화, 2008, 143쪽.

20) 조남희, 『한국이 울었습니다』, 이화, 2008, 155쪽.

21) 조남희, 『한국이 울었습니다』, 이화, 2008, 157쪽.

22) 조남희, 『한국이 울었습니다』, 이화, 2008, 163쪽.

참.고.문.헌.

◎ 단행본

- 라빈드라나드 타고르, 『까비르 명상시』, 석지현 옮김, 서울: 일지사, 1983.
- 라마나 마하리쉬, 『나는 누구인가』, 이호준 옮김, 서울: 청하, 1987.
- 해리 팔머, 『창조학』, 박취산 옮김, 서울: 금비문화, 1992.
- 니사르가다타 마하라지, 『아이 앰 댓』, 허철 옮김, 서울: 늘푸름, 1993.
- 김용운, 『프랙탈과 카오스의 세계』, 서울: 우성, 1998.
- 오쇼 라즈니쉬, 『소중한 비밀』, 손민규 옮김, 서울: 태일출판사, 1999.
- 다릴 앙카, 『가슴 뛰는 삶을 살아라』, 류시화 옮김, 나무심는사람, 1999.
- 지두 크리슈나무르티, 『자기로부터의 혁명』, 권동수 옮김, 서울: 범우사, 1999.
- 각묵, 『금강경 역해』, 서울: 불광, 2001.
- 버트 헬링거·가브리엘라 텐 훼벨, 『삶의 얽힘과 풀림에 관한 Bert Hellinger와의 대화』, 박이호 옮김, 도서출판 진우, 2002.
- 버트 헬링거, 「미래탐구: 사랑과 운명」, 『지금여기』 9-5호 별책부록, 박이호 옮김, 미내사클럽, 2004.
- 심광현, 『프랙탈』, 서울: 현실문화연구소, 2005.
- 버트 헬링거, 『변하고 있는 진리』, 박이호 옮김, 디자인 흐름, 2006.
- 버트 헬링거, 『대장정』, 박이호 옮김, 디자인 흐름, 2007.
- 조남희, 『한국이 울었습니다』, 이화, 2008.
- 최광현, 『가족세우기 치료』, 학지사, 2008.
- 존 페인, 『가족 세우기』, 풀라 옮김, 샨티, 2008.
- 버트 헬링거, 『충만된 존재』, 박이호 옮김, 디자인 흐름, 2008.
- Bhikkhu Buddhapala, 『BUDDHA 가르침』, 김해: SATI SCHOOL, 2009.
- 스바기토 R. 리버마이스터, 『삶의 얽힘을 푸는 가족세우기』, 박선영·김서미진 옮김, 동연, 2009.

- 이병창, 『에니어그램을 넘어 데카그램으로』, 서울: 정신세계사, 2011.
- 김상운, 『왓칭』, 서울: 정신세계사, 2011.
- 권석만, 『현대 이상심리학』 2판, 서울: 학지사, 2013.

◎ 학술논문 ─────────────────────────────────

- 최광현, 「청소년 내담자에 대한 가족세우기 치료의 적용사례연구」, 『한국가족치료학회지』 제16권 제2호, 한국가족치료학회, 2008년 12월.
- 최광현, 「Hellinger의 가족세우기와 가족조각」, 『가족과 상담』 제1권 1호, 숭실대학교 부부가족상담연구소, 2011년 2월.

◎ 웹사이트 ─────────────────────────────────

- 「대한가족세우기」, http://www.koreafamily.org
- 「Bert Hellinger 선생님에 의한 한국 가족세우기」, http://www.korea-family.net